北大版中国文化通识教育书系

中国民俗文化
（第二版）

柯 玲 编著

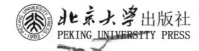
北京大学出版社
PEKING UNIVERSITY PRESS

图书在版编目(CIP)数据

中国民俗文化 / 柯玲编著. —2版. —北京：北京大学出版社，2017.6
（北大版中国文化通识教育书系）
ISBN 978-7-301-27985-4

Ⅰ.①中… Ⅱ.①柯… Ⅲ.①风俗习惯—中国 Ⅳ.①K892

中国版本图书馆CIP数据核字（2017）第012954号

书　　　名	中国民俗文化（第二版） ZHONGGUO MINSU WENHUA
著作责任者	柯　玲　编著
责 任 编 辑	张弘泓
标 准 书 号	ISBN 978-7-301-27985-4
出 版 发 行	北京大学出版社
地　　　址	北京市海淀区成府路205号　100871
网　　　址	http://www.pup.cn　　新浪微博：@北京大学出版社
电 子 信 箱	zpup@pup.cn
电　　　话	邮购部 62752015　发行部 62750672　编辑部 62752028
印 刷 者	北京鑫海金澳胶印有限公司
经 销 者	新华书店
	730毫米×980毫米　16开本　20.25印张　272千字 2011年8月第1版 2017年6月第2版　2024年2月第8次印刷
定　　　价	56.00元

未经许可，不得以任何方式复制或抄袭本书之部分或全部内容。
版权所有，侵权必究
举报电话：010-62752024　电子信箱：fd@pup.pku.edu.cn
图书如有印装质量问题，请与出版部联系，电话：010-62756370

目录

第一章 中国民俗文化概说 / 1

第一节 民俗文化的含义、特征与本质 / 1

第二节 中国民俗文化的特点 / 9

第三节 中国民俗的分类 / 16

第二章 服饰民俗 / 21

第一节 中国服饰民俗的特点 / 21

第二节 汉族服饰民俗 / 29

第三节 少数民族服饰民俗 / 37

第三章 中国饮食民俗（上）/ 45

第一节 日常饮食习惯 / 45

第二节 节日饮食习俗 / 50

第三节 地方菜系 / 57

第四章　中国饮食民俗（下）/67

第一节　各地风味小吃 / 67
第二节　民间宴请习俗 / 100
第三节　饮茶习俗与饮酒习俗 / 106

第五章　中国居住民俗 / 113

第一节　居住民俗的特点 / 113
第二节　民居的主要类型 / 117
第三节　民居的建造与搬迁习俗 / 127

第六章　中国交通出行民俗 / 138

第一节　交通出行民俗的特点 / 138
第二节　交通民俗 / 140
第三节　出行习俗 / 154

第七章　人生交际礼仪民俗 / 157

第一节　人生及交际礼仪的特点和作用 / 157
第二节　人生礼仪民俗 / 159
第三节　交际礼仪民俗 / 176

第八章　中国岁时节日民俗 / 182

第一节　春节和元宵 / 183
第二节　清明和端午 / 187
第三节　中秋和重阳 / 191

第四节　少数民族节日 / 194

第九章　中国生产商贸民俗 / 203

第一节　农业生产民俗 / 203

第二节　狩猎业生产民俗 / 206

第三节　渔业生产民俗 / 209

第四节　商贸民俗 / 211

第十章　中国社会组织民俗 / 219

第一节　血缘组织民俗 / 219

第二节　地缘组织民俗 / 222

第三节　业缘组织民俗 / 225

第四节　社会组织民俗要素总述 / 228

第十一章　中国民间信仰 / 231

第一节　民间诸神 / 232

第二节　民间禁忌 / 240

第三节　民间消灾 / 243

第十二章　中国娱乐民俗 / 248

第一节　娱乐民俗的特征 / 249

第二节　民间游戏 / 251

第三节　民间竞技 / 256

第四节　民间杂艺 / 263

第十三章 中国语言民俗 / 268

第一节 谚语和俗语 / 268

第二节 谜语和歇后语 / 273

第三节 吉祥语和禁忌语 / 277

第十四章 中国民间文艺 / 284

第一节 民间文艺概述 / 284

第二节 民间文学 / 287

第三节 民间艺术 / 296

参考文献 / 313

第一章　中国民俗文化概说

关于中国民俗文化，有两句俗语生动地描述了它的特点和重要性：一句是"十里不同风，百里不同俗"，意思是说一个地方有一个地方的风俗，而中国面积广大，不同地方的风俗习惯有很大不同；另一句叫"入境而问禁①，入国而问俗，入门而问讳"，意思是说，到了一个新地方，要先弄清楚那里的禁忌和风俗习惯，尊重人家的规矩。汉语中还有"入乡随俗"之类的成语。民俗文化既有普遍性又有一定的权威性，到某地旅行或留学、从事贸易或文化活动，以及定居生活，要是不了解当地的民俗文化，不懂得当地人的规矩，轻则闹出笑话、发生误会，重则造成损失，甚至还可能导致政治冲突。

那么，什么是民俗文化？中国民俗文化包括哪些种类？民俗文化的一般特征及本质又是什么呢？

第一节　民俗文化的含义、特征与本质

一、民俗文化的含义

民俗文化，简要地说，是世间广泛流传的各种风俗习惯的总称，

---

① 禁：禁忌，法令或习俗所不允许的事情。

是人类社会独有的文化现象。

民俗文化首先是一种生活文化。在生活中，民俗是一种生活的方式，或者说是一种生活的样子。如，中国人吃饭喜欢用筷子，住房喜欢朝南，谈恋爱一般男方主动……这些看似平常、普通的生活方式，其实包含了非常丰富的民众智慧和中国式思想。以住房为例，中国人建房买房都喜欢坐北朝南，普遍认为朝南的房子才是"正"的。以前，大户人家庭院深深，也以朝南的屋子为正屋，其他的叫偏房或厢房，连皇帝家的宫殿也不例外，认为朝南风水最好，住在这样的房子里就会有好运气。如今城里人买房首选朝南的房子，农村人建房就更不用说了——这一从古至今流传下来的居住民俗信念已经牢固地扎根在世世代代中国人的心中了。

其次，民俗是一种文化模式。所谓模式，是某种事物的标准形式或使人可以照着做的标准样式。民俗文化模式一般没有文字规定，只是约定俗成，风行开去，人人都得遵照执行。民俗文化一旦成为某种文化模式，就会有超常的权威性，民俗文化圈中的每一位成员都只能无条件地遵守。如中国婚俗的模式性就很强。以前男女结亲，婚俗有一整套规矩。直到今天，在很多中国人的心目中，若没请亲友喝喜酒或没给亲友发喜糖，即使两人已经办好了法律登记手续，大家都还不认为是结婚了。

同时，民俗还是一种行为规范，对人们的思想影响很大。看似是一种极为普通的生活方式的民俗，却可能是一个族群独特的思想文化的起点和思考的原型。人类生命意义包含了两个方面的内容，一是生物学意义上的生命，另一是文化意义上的生命。如果说生物生命的基因是DNA，那么文化生命的基因就是哲学意义上的民俗。比如中国民间四大传说之一——白蛇传（图1）中的白娘子是一条修炼成人形的蛇精，深得中国人的喜爱。编成戏剧、拍成电视剧以后更是受到中国百姓的喜爱。这种"蛇崇拜"与中国的"龙信仰"之间的关系十分密切。蛇不仅构成了龙的躯干，而且连中国人的始祖也是人面蛇身（图2）。事实上，在江浙一带，民间至今保留着家蛇是家神，家蛇不可打的习俗。水乡地区尊称蛇为"小龙",人们认为家蛇每天会在屋顶上绕行四周,以保佑全家大小健康平安,所以,至今很多人对蛇还心存敬畏,看到家蛇只能毕恭毕敬地

图1　白蛇传

等它离开,或祈求它保佑平安。可见,现代人对那个由白蛇变成的美丽、善良、刚正、坚定的白娘子喜爱有加,是因为在我们祖先的血液里就包含对蛇的敬意和崇拜。

学习、了解一定的民俗文化,有助于现代人更好地传承、发扬自己的文化传统,也有助于外来者尽快适应、融入当地的生活之中,还有助于研究者深入把握特定的国家、区域、民族或民众群体的真实生活和精神世界。

总之,民俗文化是特定的国家或地区的民众群体,在改造自然发展自己的实践活动中,创造、选择或凝聚、升华而成的程式化

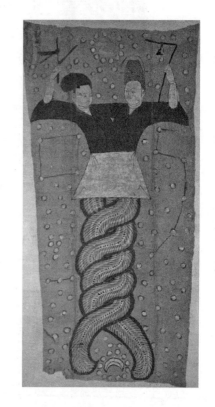

图2　人类始祖:伏羲(Fúxī)和女娲(wā)

的不成文①的规矩,是一种在民众中自行传承或流传的、模式化的、生动活泼的生活文化。

二、民俗文化的特征

1. 程式化和象征性

图3 理发店的幌子

所谓程式,就是固定的格式。民俗作为一种代代相传的生活文化,自身的展现总是表现为一套固定的格式。民俗展现的形态动作往往是程式化的,不得随意改变的。如商店招牌——民间俗称的"幌(huǎng)子②",本身是民众在生产经营实践中,长年累月,逐步积淀,得到行业和顾客普遍认同的民俗物。每一行当的幌子,因行业、品种或季节等的不同而有不同的样式,都不是随意的,都有固定的形式和规矩。比如在城市里找理发店,不用看招牌或灯箱。站在马路边,放眼望去,哪家门口有三种颜色的圆柱体幌子(图3)在转动,哪家准是理发店。再比如结婚贴大红"囍"字,它是中国所有婚房、婚宴、婚车、嫁妆等和结婚有关的一切民俗事象中必不可少的一个喜庆符号(图4)。

民俗文化之所以常常具有固定的程式,是因为特定的民俗程式往往象征着特殊的含义。可以说,任何民俗都凝聚了群体认可的心愿和感受,承载着民众的心意,并被赋予了一定的象征意义。

---

① 不成文:没有用文字固定下来的,非正式的。
② 幌子:商店门外表明所卖商品的标志。

2. 传承性与变异性

民俗文化的传播主要依靠言传身教。比如，民间故事、歌谣、传说、谚语等，主要是通过口头传承下来的。而在生活实际中，一些民俗往往通过一定的仪式而被固定下来，成为特定的礼俗。这些礼俗虽没有固定的文字记录，但通过世代相传，确保了民俗文化在时间上的连续性。中国民俗文化能够世代传承并能相对稳定，与中国社会的农业文化传统有关。

图4　大红囍字

民俗在传承和传播过程中必然会发生一些变异，有些民俗会随着时空的变化发生变异甚至消亡，又由于主要通过口耳相传，就更容易产生出许多不同的说法，这在民间文学传承中表现得尤为突出。一方面以口传为主产生变异，另一方面在历史进程中，有些民俗文化自身也在与时俱进。例如，当今的婚礼中花车取代了以前的花轿；葬礼中有人家用音频播放代替了从前的真人哭丧。随着对外交流的扩大和加深，民俗的输入与输出日趋频繁，一些传统民俗被重新包装，如中国的"七夕"被戏称为中国的"情人节"；同时一些外来民俗也被本土化或在本土扎根，如现在中国城市中许多年轻人也同样过起了圣诞节、父亲节、母亲节等。这些都属于民俗文化传承中的变异现象。

3. 集体性和区域性

民俗文化的集体性，是指民俗由集体创造、集体享用、集体保存和集体传承的文化性质。如中国传统的春节习俗，自汉代逐步定型后，为各个朝代所接受、传承。春节首先是在民间流行的集体性活动。春节时会出现官民同乐，实际上此时的"官"是以民众身份参与民众的集体习俗活动的。直到今天，春节仍被定为中国休息时间最长、民俗气氛最浓的固定假日。民俗大多只与一定的民众群体相适应，这种民众群体，大一点，便是民族，小一些，即是区域民众。所以，这种集体性，有些是带有普遍性的，有些是局部性的。大到超越民族界限，生活在共同文化圈中的人群，如春节习俗，中国周围的一些国家和民族也在奉行；小到家族、帮会①内部所遵从的家风、家教、清规戒律等。

民俗文化还带有鲜明的区域特色。由于自然地理的阻隔或政治经济等因素的作用，常常会出现所谓"十里不同风，百里不同俗"的民俗文化区域差异现象。在中国，由于山川的阻隔形成民俗文化的区域差异是比较普遍的现象，这反映在很多省（自治区）市的名称之中，如"河南河北""湖南湖北""广东广西""山东山西"等。而在同一省份之内南北东西的民俗文化常常也会有所区别。如"苏南苏北""皖南皖北""藏南藏北""南疆北疆"以及"鄂西鄂东"等等区域名称。中国民俗文化的区域性与中国的地域辽阔、各地文化发展的不平衡以及某些民俗本身的性质等因素有关。

4. 服务性和规范性

服务性，指民俗文化在规范民众的同时，具有满足民众需求的功能。规范性，指民俗文化对民众行为和心理所具有的制约作用。民俗文化是一种适应性文化——表现为适应民众集体心理和生存需要的相对稳定的模式。这种模式的稳定性和约定俗成，既能起到对它的主人——民众的侍奉作用，又具有不成文法的强制或约束力量。像其他

---

① 帮会：旧时民间封建性的互助团体的总称。源出于封建时期按同业（如船帮、粮帮）或同乡关系（如福建帮、广东帮）结合的各种组织。

文化一样，民俗文化的规范与服务性质根据环境和对象的不同，也有程度的强弱或隐显的差别。规范性特征在对孩子的教育方面表现得尤为突出。以新生民俗为例，中国民俗文化中对于新降生的小生命有很多的礼遇，诸如送红包、送首饰、送衣物、送滋补品等等，这些民俗对新生儿的"服务性"很明显。但红包的数目、首饰的形式、衣物的款式以及滋补品的种类等又遵照各地的风俗，一般总要体现祝福小生命健康、有益于小生命成长、预示小生命未来富贵等宗旨。

三、民俗文化的本质

1. 民俗是众人参与的"活动"

民俗是民众创造的，也是民众参与的，这已充分反映在它的集体性特点之中，而"活动"则是民俗的又一本质。民俗总是以特定的活动形式展现的。当然，有些民俗我们至今依然强烈地感受着它的活动性和群众参与性，比如春节、清明、端午、中秋等节日民俗，在中国几乎是全民参与的活动。民俗节日前后，有些城市的电视台甚至还专门辟栏目报告节日交通出行的人流总数和车辆调度等情况。而有些民俗可能我们今天已经感觉不到它的"活动"性质了。比如生活民俗——中国人习惯用筷子，天天如此，对于中国人来说是已经平淡得几乎消失了民俗色泽的饮食习俗，但是若被放到国际民众大群体中，却是有着奇异光彩的特色民俗事象。因为民俗总是以活动的形式展现，所以，民俗文化除了保留着宝贵的民间草根性质外，更有着其他文化形态难以具备的普遍性、生动性、鲜活性和趣味性。

2. 民俗是秩序严明的"规矩"

民间秩序是社会正常运行的重要保证。从古至今，现实生活中也存在着各种不见文字也无需说明的规矩，它们制约着人们的言行。孩子不懂规矩，父母也会被人轻视，因为"养子不教父之过，养女不教怪娘亲"。尊卑高低、长幼有序，在民俗文化中随处可见。民俗事象形式不同，内涵各异，但秩序都很严明，特定区域中的民众必须遵守特定的民俗规矩。在广东，每当主人为客人倒茶、斟酒时，客人马上会伸出手指叩桌，以示谢意。据说这是清代乾隆皇帝与随从微服私访①时留下的规矩。一次在饮茶时，乾隆无意中提起茶壶为随从斟茶。堂堂一朝天子，为小小仆人倒茶，这让随从惊恐不已，但又不便公开"谢恩"②，于是仆人急中生智，伸出手指叩桌，以代叩拜谢礼，后人纷纷效法，于是成为一种风俗。作为一种感谢的俗规，这一习俗至今盛行在广东一带。当然，今天人们未必会去考证传说的真伪，而是几乎无意识地自觉执行着这个规矩。这种谢礼已经是一种风俗，而这种风俗当初则是一种封建秩序的反映。不过当它成为民间风俗的时候，它的秩序内涵已经发生了变化，由政治秩序转变为民间谢礼秩序。

3. 民俗是民间无形的"法律"

民俗作为人类社会群体固有的传承性的生活文化现象，在社会现实中展现出来的，就是民众生活里那些不见文字记载却被世世代代传承下来，大家自觉遵守的各种规矩。特定区域的民众群体对于当地的民俗一般都奉若神明、不假思索地遵照执行。民俗虽然看不见摸不着，但它的规范作用有时并不弱于真正的法律。如为保护环境，中国各地曾自行订立很多村规民约。据说福建武夷山区某村"村规"中有"乱砍一棵树，则砍掉一根手指头"的严酷规定。该村村民世世代代遵守，如今的小村漫山遍野郁郁葱葱，空气清新，风景迷人，引来无数游客观景赏花，成为休闲旅游的好去处。

民间规矩虽然无形，但你若不懂规矩，轻则被人笑话，重则被人辱骂；若有人触犯了规矩，后果严重性如同触犯了法律一样，轻则被

---

① 微服私访：指官员等为隐藏身份而穿便服暗地里调查。
② 谢恩：对别人的恩惠用礼节表示感谢

逐出族门，重则因此丧生。旧中国的民俗中免不了有一些陋俗，诸如女童裹脚、童养媳、换亲等歧视妇女的陋习以及迷信、杀生等不良习俗，对人以及动物的摧残也是非常可怕的。所以，一些不科学、不人道以及不符合当今社会价值的习俗随着时间的推移、社会的进步已逐渐被废除或自行消失。

第二节 中国民俗文化的特点

中国民俗分布于中国960万平方公里的陆地国土之上，是中华民族长期劳动、实践和生活的产物，它一方面从属于世界民俗文化之林，体现着民俗文化的一般特征和本质，同时也因为它的"中国特色"而格外引人注目。

一、源远流长的历史

中国民俗文化源远流长，这与中国文化历史悠久的特色是一脉相承的。在中国看似平凡普通的一般民俗事象，很可能已经留传了好几百年甚至上千年。一些家喻户晓的民俗，历史根基往往更加深远，如中国江浙一带民众有过腊八节①的风俗，这一天家家从坛坛罐罐内，各取一些红豆、绿豆、黄豆、糯（nuò）米等五谷杂粮，加上糖，熬成一大锅又香又甜又糯的"腊八粥"（图5），供全家老小食用，俗称"吃腊八粥"。2009年1月3日，是农历的腊月初八，这一天，中国媒体有多条新闻报道各地民众争喝"腊八粥"的情景："上海玉佛禅寺举行了'品尝美味腊八粥，共享和谐吉祥年'腊八节赠粥迎新活动，向民

---

① 腊八节：农历十二月（腊月）初八日。相传为释迦牟尼成道日，寺院在这一天举行法令，诵经，民间也把这一天当作盛大节日。

众首次施赠腊八粥。一大早，数千市民在百年古刹玉佛禅寺山门前排起长队，等候品尝热气腾腾的腊八粥，祈求来年国泰民安①。"②"城隍庙童涵春堂③门前排起了长长的队伍，市民、游客们拿着分发的一次性餐具，等待品尝免费腊八粥。"据说杭州的一家寺庙，排队喝腊八粥的竟达几万人。

图5　腊八粥

关于腊八民俗的起源，有不同的解释。一种解释说腊八习俗是为了告诫人们生活要节俭，如果粮食丰收了就大肆浪费，坐吃山空④，就会落到贫寒交迫、在旮旯儿（gālár）⑤里寻残粮度日的境地。但在佛教信徒中则流传着另外一种说法：相传在古印度北部，佛祖释迦牟尼得道之前，痛感人类生老病死的苦恼，于是舍弃王族的富贵生活，出家修道。一天，他在尼连河畔，又饥又累昏倒在地，一位放牧的女子看见了，就把身边带的杂粮加野果，用清泉水熬粥，喂他喝。释迦牟

---

① 国泰民安：国家太平，人民安乐，形容社会安定。
② 根据新闻网上海频道2009年1月4日报道。
③ 童涵春堂：中药店名。
④ 坐吃山空：谓光消费而不生产，即使财富堆积如山，也会被吃光用尽。
⑤ 旮旯儿：不受注意的偏僻角落。

尼喝完粥后立刻觉得精神一振，就在尼连河水中洗了个澡，静坐在菩提树下沉思。他终于在十二月初八这天得道成佛，成了佛教的始祖。后来，佛徒们就把这一天称为佛教的"成道日"，佛寺常在这一天诵经，仿效牧女献粥的举动，煮粥敬佛，于是就有了喝腊八粥的习俗。

  这些不同说法，反映了腊八习俗在中国民众中的广泛影响，而事实上腊八习俗原来的本意并不是劝导人们要勤劳、要爱惜粮食，也不是因为它救了释迦牟尼并使他得道成佛而来的。据古书记载，中国腊八民俗最早的起源，是中国人的远古祖先为了祈求农事①顺利，五谷丰登，感谢农神而举行的祭祀活动。这比释迦牟尼成佛的时间要早很多。今天的喝腊八粥习俗，实际上是延续了原始的腊八遗风。中国民俗文化中，类似腊八这样源远流长的民俗事象非常多，像端午划龙舟、生肖属相、求子祓禊（fúxī）②等习俗，都可以追溯到遥远的中国初民社会。

二、古拙质朴的表现

  与中国民俗文化历史久远的源头紧密相连的，是它的古拙质朴的特点。很多民俗一直可以追溯到人类的童年时期。在人类童稚心理基础上萌发的中国远古民俗，理所当然地被烙上了古拙、质朴、原始的印记。比如"闹洞房③"民俗，至今在中国民间十分流行。无论在城市还是乡村，也不论新郎新娘是否愿意接受，新婚喜宴上，或者进入洞房时，人们总免不了要大"闹"一番：想方设法把新人分开，强迫新

---

① 农事：农业生产中的各项工作。
② 祓禊：中国古代为求福除灾而举行的一种祭祀的名称。一般都在春秋两季进行，以三月三日在水边祓除最为流行。或举火，或熏香沐浴，或沐于水边，或用牲血涂身，结束要举行欢饮或宴会。祓指祓除；禊，祭名，古人祓除不祥之祭。
③ 洞房：特指新婚夫妇的卧室。

郎多喝酒、跟新郎的家人开玩笑、强迫新娘与公公喝交杯酒①、给客人点烟等等。新郎的爸爸也是被捉弄的主要对象之一，甚至有好事者，还专门为公公打造一套闹洞房工具……但不管怎么闹，所有人都不可以当真，更不可以生气。据说在中国陕北农村的一些地方，新婚之夜至今还保留着听房②的习俗呢。资料显示，娶亲时，女方族人作弄新郎的习俗行为，中国各地都有，什么让新郎吃辣饺子，妯娌（zhóuli）③用粗盐砸打刚进门的新郎（意思是要像腌咸菜一样，改变一下新郎的刚性子）等等。所不同的是，现在更多了一些开玩笑、戏弄、恶作剧的成分罢了，而且原先以作弄新郎为主，后来发展到作弄新郎的父亲、母亲以及新娘的身上。这些带点儿粗俗色彩的婚姻习俗，实质上和远古的婚姻习俗中抢婚遗风有关系。它们反映了文明时代人们心底残留的原始习俗心态。不了解这一点的人，很容易信以为真，甚至勃然大怒，结果会让所有客人扫兴。

三、奇异神秘的内涵

中国民俗源远流长、古拙质朴的特点，也奠定了中国民俗文化奇异神秘的基础。不少民俗本身就是古人在迷惑不解、高深莫测的境况中形成的，一开始就渗透了一些蹊跷怪诞的心理因素。如在中国民间流传甚广的星月崇拜就是如此。夜空中，明亮的月光，阴晴圆缺，循环往复。星星时隐时现，星光色泽复杂，间或还可见一颗流星突然一亮，划出一道弧光，随即熄灭。这一切，在先民的头脑中都是难以解开的谜团，人们将心比"物"，以人心推测星辰，认为星月也是一样具有人性的神灵，于是产生了"寿星""福星""禄星""文曲星④""吉

---

① 交杯酒：举行婚礼时，新婚夫妇交叉胳膊对饮喜酒，以示互敬互爱。
② 听房：在新房外面偷听新婚夫妇的言谈动静。也叫"听窗"。
③ 妯娌：哥哥的妻子和弟弟的妻子的合称。
④ 文曲星：即文昌星。旧时传说主文运（科举考试的运气）。

星"等分别掌管着人间某种命运的星宿（xiù），而且天上一颗星对应着地上一个人，流星落到哪里，哪里就会有人死去，甚至认为看见流星就意味着要发生不幸。今天的现实生活中，"明星""灾星""红星""克星""智多星""扫帚星"等是人们的常用词语，可以看作古老的星月崇拜在现代汉语中留下的痕迹。

中国民俗文化的神秘性也体现在一些有形的民俗物上。如：春节时的春联、鞭炮、年画，端午时的艾蒿、菖蒲（chāngpú），儿童服饰中的虎头童帽、童鞋，婚礼中的筷子、枣子、莲子等等，一些在今人习以为常的民俗生活事象中，实际上蕴含着神秘的含义，寄托着人们的某种生活理想。

四、丰富多样的内容

中国是世界上民俗文化内容最为丰富的国家之一，民俗事象广泛渗透到了民众生活的各个领域。喜鹊叫喜，乌鸦叫丧。外出要挑吉日，走路不能在他人晾晒的衣裤下，尤其不能在妇女的内裤下穿行，否则就要倒霉。说话要时时注意忌讳：老人死了不能说"死了"，要说"老了"或者"走了"。猪头不能叫做"猪头"而要称作"利市"，猪耳朵要改叫"顺风"，猪舌头要改称"门枪"。吃饭碗筷要端好拿好。吃鱼不能随便翻动，不能吃得干干净净，甚至有的时候纯粹是放在桌上装装样子，不能吃鱼；还有鱼子，不能让未成年的孩子吃，鱼子数量数不清，小孩吃了就不会数数，变笨。干活，农林牧副渔，行行有行话，行行有行规，不能随便破例出格。做生意，谈价钱，不出声，双方各出一只手在桌子下面做动作……

中国幅员辽阔，同一个民俗，在不同地区，具体的形态也会有差别，有时甚至名称也大相径庭①。有些北方人把吃面叫作"吃饭"，而

---

① 大相径庭：彼此相差极远或矛盾很大。

把吃米饭称作"吃米";南方人则通常将吃米饭称作"吃饭",吃面叫做"吃面"。正因为中国民俗绚丽多姿,所以才有所谓"走一乡,问一俗"的经验之谈。

五、注重实用的宗旨

中国民俗是民众出于生存、生产和发展自己的基本需求而产生、发展和定型的。许多民俗从实用出发,在一定的现实环境中发挥了重要作用。如中国有很多民谚,都是人们通过长期观察、实践,甚至实验之后总结出来的。"燕子高飞晴天报,燕子低飞风雨到""今冬麦盖三层被,来年枕着馒头睡"……这些农谚的科学性、指导性甚至哲理性都得到了广泛的证实。再如育儿习俗,"要得小儿安,留他三分饥和寒""桑树从小育,到老笔直直"……都是极为宝贵的育儿经验。至于饮食民俗、养生民俗等等,更是直接服务于人们的衣食住行、生存发展,服务于人们的身心健康,今天更加被世人重视。

中国民俗以农业文化为底色,注重实用是难免的。就连比较单纯的精神民俗——也同样具有实用的内涵:中国民间求神拜佛常常带着祈求平安、健康、财运、事业、学业、子孙等心愿顺利实现的实用目的。从民俗传承角度看,正因为中国民俗文化的实用性强,实用价值高,一直与人们的生活实际有着密切的联系,也才使得中国民俗文化的生命力变得非常旺盛。

六、礼俗一体的形制①

在中国长期的封建社会中,很多中国传统民俗被纳入了"礼"

---

① 形制:表现形式和制度。

的轨道，并被深深地烙上"礼"的烙印，甚至衍化为一种礼仪制度，这是中国民俗的又一特点。中国传统的民俗，是中国古代礼制的基础和原型。

中国古代典籍中所记载的礼按照内容分为：吉礼、凶礼、军礼、宾礼、嘉礼五大类。从民俗角度看，它们多数为古代民俗的祭祀形态。吉礼，包括祭祀天地神、祖先以及立储①等仪式，吉礼的原始形态至今仍广泛残存在民俗的相关程式中。凶礼，一般就是指丧葬和对天灾人祸的哀悼仪式；军礼，是指战争的礼制，最先也是起源于民俗的狩猎、部落战争的祭祀活动；宾礼的起源则是从人际交往的俗规中提炼升华而成的；嘉礼，包括婚礼、冠礼等，其中不少形态至今仍广泛存在于民俗程式中。这些制度化的古礼是对民俗的理性归纳和升华，民俗是古礼坚实的地基。譬如吉礼中的天地祭祀礼，本来起源于以天地为直接祭祀对象的原始天地崇拜。社会进入文明时代以后，统治者出于稳固地位的需要，继承并逐渐垄断了这种天地崇拜的祭祀活动，确立自己是唯一真正合法的、神灵授与的人间祭祀权威。定时、定点、定人（皇帝、诸侯②），旁人都无权领衔祭祀，甚至祭地设置、规模都有严格的制度规定。北京的天坛和地坛就是古代帝王亲自祭祀天地的场所，规模宏大，气势威严。不难发现，民俗的天地祭祀在这里已经被完全礼制化了。

许多民俗就是这样，被统治者看中，升华成为"礼"后，又反馈于民间，制约引导民俗走向礼仪化。中国民俗的礼制倾向，是与中国社会进入文明时期以后长期处于封建社会分不开的。中国的精神文化都深受封建思想的束缚与影响，民俗文化也不可避免地带上了浓厚的

---

① 立储：确立继承皇位的人。
② 诸侯：古代帝王所分封的各国君主。在他们的统辖区域内，世代掌握军政大权，但按礼要服从王命，定期向帝王贡述职，并有出军赋和服役的义务。

封建色彩。礼俗相杂,俗中见礼,礼中见俗,礼俗之间互相影响,互相促进,互相交融,是中国民俗文化的一大特点。

第三节　中国民俗的分类

由于民俗所涉及的领域非常广泛,对于民俗的分类,学术界有不同的看法:有依照有形和无形将民俗文化分为物质民俗和精神民俗两大类的;也有依照个体和社会的分别将民俗文化分为人生交际民俗和社会民俗两大类的;还有根据人类社会生活与生产的区分将民俗分为生产民俗和生活民俗两大类的。这些"一分为二"的分类方法符合逻辑分类的规则,却未必利于人们认识和了解民俗文化。同时因为民俗文化的"团块"性质,导致民俗文化分类的相对性。民俗文化不同类别之间时有交叉和重叠,所以,实际操作中,人们往往根据民俗文化存在和流传的客观情况,突出民俗文化的主要内容。本节主要介绍九类中国民俗文化,分别是:日常生活民俗、人生交际民俗、岁时节日民俗、生产商贸民俗、社会组织民俗、民间信仰民俗、娱乐民俗、语言民俗和民间文艺。

一、日常生活民俗

日常生活民俗是指人们在生存和发展自身的长期的物质实践活动中,努力使物质为人类服务而形成的使用各类看得见、摸得着的衣冠服饰、饮料食品、居住交通等物品的生活习俗。这些民俗物往往为某地所固有,一般是就地取材,经过众人共同使用、反复改进而逐渐定型,并在以后的实践中为人们所习惯应用而很少发生改变。日常生活民俗是民俗文化中最为基本的内容,因而也是最为司空见惯,最容易视而不见的。为便于学习和理解,本教材将日常生活民俗分为"服饰民俗、饮食民俗、居住民俗、交通出行民俗"四个门类，与民俗文化内容的其他类别并列。

二、人生交际民俗

人生，包括生命的起源、诞生、成长和结束。生命是宝贵的，在中国，每当一个新的生命降临人间之前，世间早已备好了一整套的民俗来迎接他（她）的到来，也为他（她）作出了不由自主的选择，并贯穿于他（她）长大成人以至终老的全过程。也就是说，每个中国人的一生，都伴随着已有传统民俗文化对他的塑造，直至他生命结束之时，还有余音不断的丧礼及祭祀仪式习俗的进行。人生交际民俗是指在人生社会中所经历的仪礼习俗，主要体现在生命的重要关节点，如生、死、婚、嫁等。人际交往也是人生的一项重要内容，交际民俗是个体与他人沟通、融入群体的民俗。中国民俗文化中，待人接物、走亲访友、欢聚惜别等场合所有言行举止都得依俗而行。

三、岁时节日民俗

岁时节日民俗是特定地区民俗文化精华的集中呈现。中华文明具有五千年的历史，在这么漫长的时间里，中国人的先祖创造了很多具有特色的节日，这些节日给人们的生活带来了许多快乐，也反映了古代中国人与自然、人与人之间和谐相处的关系。岁时节日民俗简称为"节俗"，节俗对中国民众的影响极大。中国人常说的"四时八节"都是一些规模宏大影响深远的大节日，如春节、元宵节、清明节、端午节、中秋节等，此外，中国各地各族还有许许多多大大小小的节日，相应的节俗更多。

四、生产商贸民俗

中国是个传统农业国，农业文明奠定了整个中国文化的基础。与农业生产有关的民俗活动极为丰富,不少节日风俗的起源也与农事活动直接相关。现行的农业民俗文化中以农谚特色最为鲜明。中国有着广阔的草原和森林,狩猎业民俗也很有特色。中国有着漫长的海岸线和众多河湖大川,渔业民俗同样丰富多样。中国虽没有经过资本主义发展阶段,但以农业社会为背景发展起来的城市商业和手工业活动,民俗意味却很浓。

五、社会组织民俗

中国民俗中的"社会组织"是指中国传统社会中官僚体系之外具有稳定的活动关系的民众共同体,包括了以血缘关系组合起来的家庭、家族、宗族群体,也包括由地缘和业缘关系组织起来的村落、社区、行会、帮会及信仰等民间组织。民间社会组织的整合主要是靠群体内约定俗成的一系列规矩发挥作用。

六、民间信仰民俗

民间信仰,是指民众间流行的偏重于崇拜心理的各式俗信。民间信仰可分为诸神崇拜、民间禁忌、民间消灾等。民间信仰的产生与原始初民的"万物有灵①论"有关,后世的民间信仰,大多数是由它传承或衍化而来的。中国的民间信仰在内容和形式上都呈现出鲜明的中国特色。如"十三"在西方是不吉利的数字,可在中国,除了在受到西方文化影响较大的上海,把疯疯癫癫、不知自重的人叫作"十三点"外,其他地区,以前对"十三"这个数非但不忌讳,似乎还赋予其吉祥意味。如在民间,至今还有"十三太保"之说,认为十三是大吉之数。

---

① 万物有灵:世间万物都是有灵性、有生命的。

七、娱乐民俗

娱乐民俗是中国民俗中最为生气勃勃且具有独特魅力的部分。娱乐民俗包括广泛流行的民间游戏和民间杂艺活动,也包括竞力型和竞巧型等多种民间竞技体育活动。娱乐民俗反映的是中国民众性格的另一面。在中国民间,娱乐民俗形式千姿百态,争奇斗艳,是广大民众充分利用各地天时、地利、乡土物产创造出来的,富有浓烈的乡土色彩。

八、语言民俗

语言民俗既是民俗文化中一个特殊的类别,也是一种特殊的语言现象。中国语言民俗中除了令外国人、外地人无法明白的各地方言外,中国民间谚语和俗语、谜语和歇后语、吉祥语和禁忌语等更是充分显现了中国语言民俗的文化魅力。它们既是中国民众心理的直接反映,也是中国语言文化中最具有民族特色的部分。中国民俗文化有着以口耳相传为主的特点,民俗语言中语言是民俗的载体[①],民俗是语言的文化内核,民俗和语言相互辉映,融为一体。

九、民间文艺

民间文艺是中国民俗文化中光彩照人的奇葩。民间文艺包括各类民间文学和民间艺术。民间文学可分为两大类:一类是民间散文作品,包括神话、传说、民间故事等;另一类是民间韵文作品,包括民间歌谣、民间史诗、绕口令等。民间艺术也可分为两大类:一类是民间说唱艺术,包括民间曲艺和民间小戏;

---

① 载体:泛指能够承载其他事物的事物。

中国民俗文化

另一类是民间手工艺术,包括剪纸、年画、刺绣、蜡染、捏泥人等,许多工艺堪称"绝活"。民间文学既是一种民间艺术形式,也是一种特殊的语言民俗。民间文艺的展演往往附着在一些民俗活动之中,成为民俗活动的高潮或最为引人注目的部分。

思考题

1. 民俗文化的特征有哪些?
2. 民俗文化的本质是什么?
3. 中国民俗文化有哪些特点?
4. 介绍一种你的家乡最有特色的民俗活动,并说说它的文化含义。
5. 选择某一类你有所了解的中国民俗文化,谈谈你的看法。

第二章 服饰民俗

中国有句俗语叫"人是衣服马是鞍",生动地说明了衣服与人的社会地位、文化身份之间的关系,说明了衣服对于人类的重要性。日常生活离不开衣食住行,"衣"是其中最为典型的民俗内容。学习中国服饰民俗,我们不但要了解中国民俗服饰的实用性、民族性、仪式性和寓意性等特点,还应了解汉族服饰民俗的概貌和一些少数民族服饰民俗中的精彩内容,以便加深对中国服饰民俗文化的理解。

第一节 中国服饰民俗的特点

服饰民俗是指人们日常生活中穿着衣服、鞋袜,佩戴首饰以及打扮自己的风俗习惯,也是展现人类文明进步的一个重要方面。服饰最初是人们为了使自己免受寒冷的侵袭而制作的。后来随着社会的发展,文明的演进,人们渐渐地把生活习俗、审美情趣、色彩爱好以及各种文化心态、宗教观念都融入服饰之中,形成了民族意蕴深厚的服饰民俗。服饰民俗不仅是人类生产力水平的反映,也是社会现实生活的文化心理活动的体现。所以,服饰既是人类文化的历史标记,也是人类历史的文化象征。中国服饰民俗的直接形式是绚丽多姿、五彩缤纷的民俗服饰。中国的服饰民俗是中华民族的风俗民情的产物和载体。从服饰民俗的发展变化中，我们也可以观察到中华民族过去与现在文化形态外在特征的变迁。概括地说，中国服饰民俗主要有以下几方面的特点：

一、实用性

实用性是中国民俗服饰作为服饰的第一特性。民俗服饰首先服务于日常生活，服务于生产劳动。民俗服饰的材料和功用也往往与人们的劳动生活密切相关。比如生活在中国东北的赫哲族（Hèzhézú）不仅以渔猎①为生、为食，而且也以鱼皮为服饰材料（图1）。赫哲族的衣服、被褥甚至许多生活用品都是用鱼皮和兽皮做成的。赫哲族的鱼皮衣服一般分为鱼皮长衫和鱼皮套裤。这种服装春秋穿上捕鱼，不易透水，冬季穿着狩猎，结实耐磨。赫哲族还有鱼皮鞋，轻巧暖和、抗湿，走在泥泞的路上还能防滑。再如，蒙古袍是蒙古族特有的服饰。蒙古袍比较宽大，骑马时，可以用袍护膝御寒，夜里可以当做被子。蒙古袍的袖子细而长，冬天可以御寒，夏天可以用其驱赶蚊虫。蒙古族喜欢穿皮靴，脚尖部向上翘，这种靴子不仅骑马方便，同时可以防止小腿受摩擦。可见，生产生活的需要往往是服饰民俗产生的客观基础。

服饰民俗的实用性还

图1 鱼皮服饰

---

① 渔猎：捕鱼打猎。

表现在服饰设计中几乎始终渗透着人们的务实文化心理。这在童装和婚礼服中表现得比较突出。如结婚时，一些地区常用特别的服饰来寄托人们的美好祝福，如淮河流域曾经流行过穿"五子衣"的习俗，新婚时新娘必须穿一身紫色衣服，"紫"与"子"同音，紫色嫁衣是希望她婚后早得贵"子"，还有"五子登科[①]"的寓意。福建地区的畲族（Shēzú）婚礼，新娘离家时母亲要为女儿扎上一条红腰带。这条腰带长4米，宽1米，是当地人用来背婴儿的，新娘在新婚这天使用，是娘家对她的祝福与求吉。流行于台湾、浙江等地的传统新婚服饰，如头插铁彩金箭是为了驱邪，胸前挂天宫锁、照心镜，肩上挂子孙袋，手臂缠银元等等，每一件服饰的款式和名称中都包含着祝福驱邪、保佑新人、祈福后代的良苦用心。

二、民族性

民族性是服饰民俗最为集中也最为显著的特性。民俗总是一定民族的民俗，中华民族共有56个民族，每个民族都有自己独特的服饰。从文化角度看，这些服饰既是各族劳动人民生存和生活智慧的结晶，也是区别民族身份的外在标志，更是各族的文化符号之一。汉族的唐装、维吾尔族的袷袢（qiāpàn）[②]、藏族的长袍、蒙古族的摔跤服、黎族的筒裙、纳西族的披肩、苗族的银首饰、畲族的凤凰装等等，无不是各民族的鲜明标志，也是相应民族的民俗文化在衣着中的体现。

服饰民俗的民族性还表现在不同民族之间对于服饰色彩看法的差异上。如汉族的服饰民俗中，白色一般被认为是不吉利的颜色，不会出现在喜庆场合。但在一些少数民族中，白色却是很受欢迎甚至备受

---

① 五子登科：宋代窦禹钧的五个儿子相继及第，后来用为结婚的祝福词或吉祥语。
② 袷袢：维吾尔族、塔吉克族等民族所穿的外衣。

推崇的一种颜色,如朝鲜族、回族、藏族、白族等民族都喜欢白色、推崇白色。藏族等少数民族还将白色的"哈达"作为吉祥物献给尊贵的客人。这些民族一般都生活在雪山脚下,在他们心目中,皑皑白雪是生命之水,也是洁净、神秘和美丽的象征。这些少数民族崇尚白色的习俗与他们所处的地理环境有很大关系。

中国服饰民俗的民族性也会相互融合。对特定人群而言,服饰民俗的变异性一般不太突出,但不同民族之间的融合,不同文化之间的碰撞,也会在服饰方面得到一定程度的体现。如现在流行于世的中国女性经典服饰"旗袍"(图2),原本是清代满族的旗人的服装。随着清朝统治的深入,满族与汉族之间的融合逐渐增强,20世纪20年代初,汉族妇女也模仿着穿旗袍。传统旗袍是上下一条直线,外加高高的硬领。旗袍在演变当中,围绕长短、宽窄、开衩高低以及袖子长短、领口高低的讨论曾经十分热烈。到了20世纪30年代初期,袍腰开始收缩,到1934年后已经缩得很小很小,女性身材的曲线全部显露出来。高耸及耳的领子也逐渐变矮,无领旗袍开始流行。旗袍在发展中越来越贴近时代、贴近生活,脱离了原来的样式,变得经济便利、美观适体。如今,旗袍已经成为中国女性闻名于世的"国服"。

图2 旗袍

三、仪式性

民俗服饰的仪式性特点集中体现在人生的一系列重要时刻与岁时节日中。在人生历程中，从诞辰礼到成年礼、婚礼以至丧礼，都有与之相匹配的服饰，作为一种标志，寄托一种祝福。在特定的民俗仪式中，服饰必须符合民俗礼仪，否则就会被认为不懂规矩，甚至被人嘲笑。如：彝族少女的"换裙"（图3）既是一种服饰变化，也是一种人生仪式。少女15岁前，穿的是红白两色童裙，梳的是独辫；15岁到17岁之间，要举行一种叫"杀拉洛"的仪式，意思是"换裙子，梳双辫，扯耳线"，标志着该少女已经长大成人。成人后年轻姑娘要穿中段是黑色的拖地长裙，单辫梳成双辫，戴上绣满彩花的头帕，把童年时穿耳的旧线扯下，换上银光闪闪的耳坠。额前的刘海用少许水打湿抹光，使之整齐发亮，以显示少女的情窦初开、秀丽端庄。举行"换裙"仪式后，少女就可以自由自在地逛街、赶场、看赛马、交朋友、谈恋爱了。

除了人生的重要时刻，重要的岁时节日也是各类民俗服饰展示的大舞台。在一些民俗节日中，服饰还被赋予了特殊的含义。如"端午节"，许多地方至今还保

图3　换裙

留着给孩子们扣五彩线（图4）、挂香囊和涂雄黄酒（图5）的习俗。五彩线是用五种颜色的线制成，五种颜色必须是青、白、红、黑和黄色。这五种颜色分别代表木、金、火、水、土，象征东、西、

图4　扣五彩线

南、北、中，蕴涵着五方神力，可以驱邪除魔，祛病强身，使人健康长寿。佩戴时要男左女右，既可以系在手上，也可以系在脚脖子上。在小孩子脑门上涂雄黄酒同样是为了避邪强身。香囊则是装着香料的布袋，以前也是端午节人们必戴的东西。如今香囊的形状种类繁多，还体现出了时代的特点。

图5　点雄黄

四、寓意性

民俗文化本身就是一种带有较多象征寓意的文化。中国民俗服饰的寓意主要表现在色彩、图案、花纹以及配搭等方面，往往都具有一定的象征意义。如中国童装上的刺绣或印染的花纹图案以及儿童佩戴的长命锁、项圈等都寄予了人们祈求孩子吉祥平安健康成长等美好的愿望。再如中国纳西族妇女服饰中披在褂子外面的羊皮披肩（图6），显示的是纳西族妇女辛勤劳动的美德。羊皮披肩上缀有两个直径约17

厘米的圆形绣花图案，在图案下约13厘米的羊皮光面下摆，横缀着一排7个直径约7厘米的圆形绣花图案，每个圆形图案上又各自牵出两条柔韧的麂皮细绳作为飘带，十分美观。纳西族羊皮披肩上两枚较大的圆盘分别代表日月，而7枚较小的圆盘分别代表7颗星，象征着纳西族妇女不辞辛劳，"肩担日月，背负繁星"，与成语"披星戴月"的意思一致。

图6　纳西族披肩

　　中国服饰民俗的寓意突出表现在服饰图案的选择与搭配上。图案多有求吉和驱邪之意。中国的吉祥动物如龙、凤、鹤、鱼、鸳鸯等，吉祥植物如牡丹、松竹梅、莲花、葫芦、菊花、石榴等，吉祥符号如太极图、喜字纹、寿字纹、福字纹、云纹、柿蒂纹、卍字纹、方胜[①]、盘长[②]等等，在各地各族的服饰中被广泛应用。而一些具有驱邪败毒作用的图案如：蜈蚣、蝎子、蝙蝠、蟾蜍、艾虎等也是中国服饰民俗中的常见图案。如汉族女性的传统内衣红布肚兜（图7），上面一般有印花或绣花。常印"福"、"三多果"（石榴、寿桃、佛手）、"连年有

　　[①] 方胜：形状像由两个菱形部分重叠相连而成的一种首饰。后借指这种形状。

　　[②] 盘长：原为佛教法器之一，又称吉祥结，绳结形状连绵不断，含有永恒之意。最出名的图案是中国联通的标志。

余"、"艾虎克毒"等图案，或者绣有"艾虎""金鱼串荷花""鸳鸯戏水""喜鹊登梅"等图样，寓有驱邪求吉、爱情甜蜜、多子多孙等含义。

中国服饰民俗的寓意性特点还表现在众多的服饰禁忌中。民间忌讳将妇女和小孩的衣服夜间晾晒在室外，小孩的衣服还忌挂在高处。因为民间通常相信夜间高处多鬼怪；北方汉族忌讳衣服的扣子数为双数，因为"四六不成材"，双数扣子会影响到事业的成功；中原女子裙子不可反穿，因为"反穿罗裙，另嫁男人"；寿衣忌讳用缎子，因"缎子"与"断子"谐音，对儿孙不利；汉族穿衣以白、黑为凶色，现在虽然已不太忌讳白衣白裤，但若扎白头绳或戴白头巾或穿白布鞋，仍然被看作在服丧①；民间男子有忌讳戴绿头巾、绿帽子的习俗（新疆维吾尔族除外），因为青绿色自古被认为是低贱的颜色，从事下贱职业的人身穿绿色衣裤，现代还以绿帽子寓意配偶不忠有外心。至今，除了绿帽子和白头绳，民间很多服饰禁忌已经消除。

图7　红肚兜

中国民俗服饰可以有多种分类方法。如按民族分类，则有汉族和少数民族服饰之分；如按年龄和性别分则有儿童服饰和成人服饰，成

---

① 服丧：亲属去世穿丧服、戴孝表示哀悼。

人服饰又分为男子和女子服饰；按服饰的用途将民俗服饰分为衣着、人体修饰、附加的饰物三类。如按职业服饰分，则有职业服饰与日常服饰之分等等。

第二节　汉族服饰民俗

一、儿童服饰民俗

汉族儿童服饰在汉族服饰民俗中颇具特色。儿童服饰民俗突出地反映了人们对孩子的百般呵护和对他们健康快乐地成长的美好祝愿。毛衫、开裆裤、肚兜和马甲，童帽、童鞋和其他饰物以及小孩的发型都是汉族儿童服饰中民俗特色鲜明的装束。

1. 毛衫、开裆裤、肚兜和背心

毛衫一般都是用柔软的棉布做成，是婴儿出生时穿的贴身内衣。所谓"毛衫"，一是指不缝边，寓意自由成长；二是指不用纽扣，以免碰伤婴儿娇嫩的肌肤。传统毛衫都用大襟式样，因为新生儿脖子绵软无法套头，里襟用一根细细的布带从腋下的小洞穿出与外襟的带子轻轻打一活扣即可。毛衫原先都是用绵软布料人工手缝，现在商店销售的成套婴儿装，毛衫的款式基本未变。中国北方民间还有过让小孩穿百家衣（图8）的风俗。婴儿诞生后，

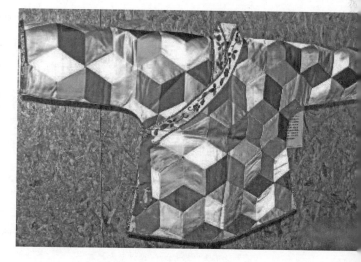

图8　百家衣

其姑、姨、外婆等亲属，向街坊邻里每家讨一点布角料，最后，将五颜六色的布角拼制成衣服，所以称为"百家衣"，又称"百宝衣""吉祥服"等。人们认为孩子穿着这种衣服可保平安。

"开裆裤"（图9）是指前后裤裆不缝合的童裤。汉族男女儿童的裤子一般都是开裆裤，一般要穿到上学。单裤、夹裤、棉裤都可以做成开裆裤。开裆裤不系腰带，一般在背部裤腰上缝两根带子，再与胸前裤腰相连，所以，又称"背带裤"。开裆裤便于孩子及时大小便，并帮助孩子尽快学会自己大小便。

图9 开裆裤

肚兜也称"兜肚"，也是男女儿童的贴身内衣。婴儿兜肚多用红布或花布制作。方形或菱形兜肚以对角线为上下，有的兜肚则呈椭圆形。兜肚一般绣有吉祥图案或祝福字样。中国北方流行"五毒兜肚"，即在兜肚上绣蝎子、蜈蚣、蛤蟆、蛇和壁虎①的形象，这叫"以毒攻毒"，为孩子护身。有些地区对肚兜的使用特别广泛。在陕西，孩子呱呱坠地，穿上的第一件衣服就是红肚兜。自此以后，孩子舅舅或外婆家年年要给外甥送肚兜。在一些地方，人成年以后的重大关头都离不开肚兜，如定亲时媳妇要送肚兜；三十六岁，四十九岁，本命年，民间叫作"过门坎②"，也要在贴身系个红肚兜；寿终正寝③后，给死者穿老衣④时还要戴肚兜，肚兜上通常绣上青蛙、蟾蜍等图案。

---

① 蝎子、蜈蚣、蛤蟆、蛇和壁虎：五种毒虫。
② 门坎：关口。
③ 寿终正寝：指年老时在家里安然死去。
④ 老衣：人去世时穿的衣服。

第二章 中国服饰民俗

儿童背心,又叫"马甲",很讲究图案的精巧别致。儿童背心比较流行的图案有"五毒"和"八卦"等。"五毒"图案一般是在儿童马甲前襟或后背的正中,绣上较大的蟾蜍,周围绣上较小的蜈蚣、蝎子、蛇和壁虎,并套以其他图案或花样。绣出的各种毒虫五彩斑斓。蟾蜍以草绿色为主,蜈蚣为黑色,蝎子为红褐色,蛇为黄褐色,壁虎为白色,最后用圆金线或黑、白线将"五毒"虫体的关节、项颈锁扎,显现出躯体、眼、耳、口唇,四肢部位分明,形态逼真。绣这些图案的意图都是驱邪镇恶①,保孩子百病不生,平安吉祥。

2. 童帽、童鞋、其他饰物及儿童发型

儿童头饰既讲究实用,也讲究利用各种符号求吉祥,驱邪祟。汉族儿童的帽子形状有多种。最有代表性是狗头帽和虎头帽。"狗头帽"是冬季的一种儿童风帽的俗称,帽顶两侧各有一只耳朵;脑后有披风,长可到肩部,下边缘呈波浪形;两旁各有一根飘带,有的披风末端缀有几颗小铃铛,孩子玩耍时,铜铃丁当作响;风帽的额头上绣有小狗的面孔,下边缘钉有八个小罗汉。若系上带子,孩子的头、耳可全部包裹好,只露面部于外。狗头帽多用鲜亮的绸缎制作,并镶嵌②金钿、小玉片,可以在帽筒周围滚上花边。"虎头帽"与狗头帽相似,只是帽顶两旁,左右开孔装上两只毛皮耳朵,正中间绣一"王"字。帽用鲜艳绸布做成,帽筒用花边围起来,帽上缀有多种银饰、铜饰。民间传说孩子戴狗头帽容易养活,戴虎头帽能茁壮成长。

童鞋,民间的童鞋都由妇女们手工制作,附加动物图案,许多

---

① 驱邪镇恶:赶走不吉利的东西,驱散害人的鬼怪。
② 镶嵌:把一个物体嵌入另一物体内。

都是情趣盎然的工艺品。绣有各种动物形象的童鞋在山西民间被称作"兽鞋"。在山西，家里有了一个孩子，孩子的外婆、舅母、姨娘、姑姑都要给孩子做"兽鞋"，常见的兽形有虎、狮、龙、牛、豹、羊、兔、猫、狗等，都是生命力极强的动物。做鞋模仿这些动物的形状，表示希望孩子容易养大的意思。这种鞋有棉的、夹（jiá）的两种，手工绣成，千姿百态，造型夸张。其中最流行的是"虎头鞋"（图10）。虎头鞋用黄布缝成，鞋头绣虎头，虎头额顶绣"王"字。民间认为虎是百兽之王，孩子穿上虎头鞋，就可以壮胆、辟邪，长命百岁。山东又称虎头鞋为"老虎鞋"，最好以彩色布料作鞋面，在鞋头绣虎头，在鞋跟做一个"虎尾巴"。河南民间流行的童鞋绣则有老虎、猫、狗、猪等动物形象，统称"眉眼鞋"，或者分别称为"虎头鞋""猫娃鞋""狗头鞋""猪脸鞋"等。这些鞋是用布做成自己喜爱的动物形象，其眼、耳、鼻、舌以及胡须用彩线绣成，然后缝在鞋脸前部，显得生动有趣，无形中还可以当作儿童教具。

汉族儿童发型中最有民俗意味的是"桃子头"。所谓"桃子头"是给新生儿剃头时在顶部留下一片头发，或者剃成桃形，或者剃成圆形，这种发型的目的是保护囟（xìn）门。还有一种儿童发型叫"鳖尾儿"童头，是在脑后留一撮

图10　虎头鞋帽

头发，形状像鳖的尾巴，其余全剃光。这种发型的寓意有不同说法：一种说法是以这把头发把孩子扯住，防止夭折①，保佑孩子长命百岁，所以也被叫做"百岁毛"；另一种说法是为了报答外祖家的恩情，所以也叫"舅舅毛"；但客观上脑后留发起到保护孩子后囟门的作用。男孩留桃子头或鳖尾儿头有的地方一直到上学，有的地方到十岁生日时才剪掉。还有一种儿童发型叫"铁箍型"，头顶中心剃光，周围留一圈短发，耳际上面也全剃光，使所留的一圈头发像一个铁箍。这种发式的意思是把小孩牢牢"箍"住，别让他"跑"了。以前家族单传②的男孩常常留这种发型，现在已不多见。

儿童的饰物比较多见的是项圈、手镯、脚镯、耳环、耳坠以及各种"锁"（图11），这些民俗饰物的寓意十分明显，都是希求孩子能健康地成长。

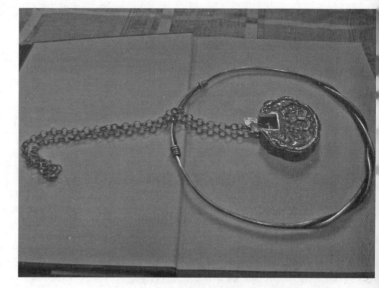

图11　银锁与项圈

二、成人服饰民俗

汉族成人服饰，通常叫做"中装"或"唐装"。汉族服饰民俗历

---

① 夭折：未成年而死亡。
② 单传：兄弟姐妹中只有一个男孩传代，又称为"独苗"。

史悠久，也经历了多次变革发展。汉族分布区域广泛，东西南北的服饰特点也存在着一些差异。并且，随着中外交流和民族融合的扩大和深入，汉族服饰民俗自身也在悄然发生着变化。

1. 汉族男子服饰

汉族男子服饰的特点是中西各种款式杂陈，汉族服饰民俗特点越来越不明显。传统汉族服饰因不同职业、地位而采用不同面料、款式。普通人穿对襟衣衫和长裤，而旧时读书人一般穿长衫，豪富子弟则常常穿绸缎制成的长袍马褂，20世纪20年代以后，汉族男子，尤其是学校师生多穿中山装（图12）。旧时汉族中青年男子平时大多穿中式或西式的短衣长裤，以蓝色、青色或灰色为多，读书人有时穿白色的。而老年男子冬季多穿大襟长袍，并在长袍之外加罩马褂，春秋季多穿夹层长袍；夏季外出办事或在家待客均穿单层长袍，通常称"长衫"；歇息或做家务时，多穿对襟短袖和长裤。汉族男子通常穿青鞋、白袜。春秋时节，中老年喜穿"剪子口"布鞋，青年人则多为圆口布鞋；冬季，老年人穿棉鞋，俗称"两片瓦"。汉族布鞋后来逐渐被皮鞋所代替，但因为布鞋穿着特别舒适，近年又呈流行趋势。

图12　中山装

从服饰民俗角度看，汉族男子服饰中极有特色的一样东西是布腰带，在部分少数民族服饰中也较为盛行。布腰带一般一米多长，半米多宽，在腰间能缠两圈多，为青色或蓝色。勒布腰带的好处很多：布腰带有助于挡风御寒，带子一勒，衣服贴身，再大的风都钻不进去，所以民间有"三棉不如一缠"的谚语；布腰带可以当工具，农民下地干活，碰上些野菜野果，遗漏的玉米，放开带子一包，稳稳当当就背回来了；布腰带能当毛巾擦汗；布腰带还能背孩子，大人带小孩出门要是途中孩子瞌睡了，可以用带子把孩子包好背在背上；扎上腰带，大襟上衣的当胸就成了一个巨大的荷包，人们习惯用以装各种杂物；北方男人们还习惯将长管烟袋、烟荷包等物件系在一起，别在腰带上。

2. 汉族女子服饰

女子服饰向来是服饰文化中的主要内容，也是服饰民俗中一道最为亮丽的风景。汉族女子服饰是汉族服饰中特点鲜明、内容丰富、变化多端的一个组成部分。

首先是首饰。汉族女子首饰分头部首饰和四肢首饰。女子发式有少女和妇女之分。传统民俗中，未婚女子额前梳有"刘海"，脑后留独辫，辫的根部和末端扎有红头绳，并在头的右侧插花。有的梳两条辫子，则额前不留刘海，而将前面的头发分向两侧。女子从结婚开始挽髻于脑后，髻可以用簪子固定，也可以用线网罩住。20世纪20年代各地开始流行"剪发头"，有长有短，长的披于肩，短的与耳垂相齐。城市女子也有烫发的。有的中年妇女剪发后，将头发梳于脑后，用夹子夹牢。中老年妇女使用多种头饰，如青纱包头、勒子、平绒帽、方巾等，如今在中国农村有的还可以见到。耳环、发簪（zān）以及项链等头部装饰，经济条件好的人家用金质的，一般人家用银质的。20世纪起，越来越多的妇女剪短发，头发上的首饰用得越来越少，只有在结婚时才用一下。四肢首饰主要是指戴在手腕上的钏、戒指，质料有金、银、玉、翡翠等。

其次是上衣小袄和旗袍。汉族妇女绣花小袄有领，有襟，袖长齐手，衣长齐腰，袖口有绣花挽袖，四周有约15厘米宽的黑缎绣边，边内又有约7厘米宽的绣花丝边，为黑及藏青色。以前各阶层妇女都穿，不过，贫寒人家主要用土布或洋布，用绸缎的少，有的甚至不用挽袖和花边。20世纪30年代以后，汉族女子服饰主要为旗袍。旗袍如今是中国女子服饰民俗的代表。旗袍款式、面料也在不断变革之中。近年中国旗袍频频出现在国家重大活动和庆典活动中,成为广受欢迎的中国民俗服饰。

　　第三是裤裙。裤裙包括裤子和裙子。汉族女子的裤子的有裤长到脚面的,也有九分裤、七分裤等分别。裤脚有束与不束、宽大与窄小等多种不同款式。汉族妇女服饰的裙子有百褶裙、无褶裙、筒裙、喇叭裙之分,一般都有用金线或五色线绣成的裙花;另有各色缎边,边内又有花边。其中最讲究的是龙凤裙,裙的前后绣彩龙,旁边绣彩凤。龙凤裙以红色的最好,还有蓝、绿、白、古铜及黑色,少妇多用红、绿、白等色。

　　第四是鞋袜。汉族女子在20世纪20年代前裹足(俗称"包脚"),这是一种很奇特的风俗,曾在民间广为流行。女孩长到七八岁时,用布将脚紧紧缠住,限制它生长,裹足妇女穿的鞋称"小脚鞋",雅称"三寸金莲"(图13),三寸相当于10厘米。小脚妇女用长布条裹脚,名为"裹脚布",大脚(又称"天足")妇女穿花袜子。后来流行短布袜子,再后来与西方流行同样的丝袜和棉袜,有长筒、短筒、船袜和连裤袜之分。小脚大脚从前多穿绣花鞋,20世纪50年代后绣花鞋逐渐绝迹,80年代起风行高跟鞋、旅游鞋、运动鞋等。

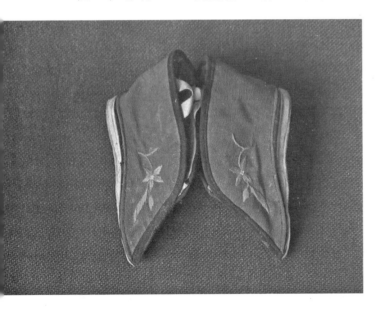

图13　三寸金莲

第三节 少数民族服饰民俗

中国有55个少数民族,各个民族都有自己的服饰。少数民族服饰中民俗内容非常丰富,本书对其中部分选择介绍,前面提到的将不再专门叙述。

一、藏族(图14)

藏族男女都穿长袍,其式样基本相同,都是长袖、宽腰、大襟。男子皮袍腰间系带,并配有短刀、火石等饰物。穿的时候常常褪下一只袖子袒露右肩,或将两只袖子都褪下掖在腰带间。这种习惯与青藏高原变化无常的气候有关。那里日夜温差大,中午炎热时就把袖子褪下来,早晚寒凉时再穿上,而露出右臂是为了便于劳作。藏族妇女的典型服装是斜领衫,外罩无袖长袍,多在腰间系图案瑰丽的围裙。藏族男女过去都有留辫子的习惯,喜欢戴头巾或将辫子中夹彩带盘在头上。男子头发有的编成独辫盘在头上,也有的剪短像盖子一样。女子成年后开始留辫子,有的梳成许多小辫子披在肩上,并在辫尾或特制的发架上挂上饰物。藏族男穿裤,女穿裙。男女均穿氆氇(pǔlu)①或牛皮长靴。喇嘛(lǎma)②穿的袈裟(jiāshā)③一般用紫

图14 藏族服饰

红色氆氇制成,长幅缠身,下穿围裙,足登长靴,头戴僧帽。

二、维吾尔族(图15)

维吾尔族传统服饰形式清晰、纹路多样、色彩鲜明。维吾尔族男女出门都喜欢戴小花帽,一般内穿衬衣,外套无扣、宽袖、对襟的长袍,俗称"袷袢(qiāpàn)"。袷袢穿起来宽松洒脱,系布腰带,这条腰带也可用来存放食物和其他零星物品。维吾尔族男子一般穿竖条紧纹衬衫。女子多喜欢穿长衫或连衣裙,

图15 维吾尔族服饰

外面套深红、深蓝或黑丝绒坎肩。未婚女孩头上梳多条小辫子,已婚妇女一般梳两条辫子。小花帽是维吾尔族人最典型的首服,一般为四棱、六角或圆形,戴在头的侧后方,图案繁多,做工精细。

三、苗族(图16)

苗族服饰有性别、年龄及盛装与常装之分,据说有100多种,特别

---

① 氆氇:藏族地区出产的最有特色的传统羊毛织品。
② 喇嘛:藏传佛教的僧人,原为一种尊称,意为"高僧"。也是活佛的一种称呼。
③ 袈裟:和尚披在外面的法衣(举行宗教仪式时穿的衣服)。

是妇女服饰，极为绚丽多姿。苗族服饰显示了苗族历史悠久、居住分散、风俗多样的特点。苗族服饰可分为湘西型、黔东型、川黔滇型、黔中南型以及海南型等五大类别和若干款式。苗族服装的基本特点为：男子上身穿短衣或大襟长衫，下身穿长裤；女子上身也穿短衣，下边配短裙、穿长裙或长裤。颜色以黑色为底，上面绣满彩色图案。苗族服饰最突出的特色是配件多，图案精美，色彩艳丽。苗族女子的头饰可以说是中国少数民族女子头饰中最丰富、最漂亮的。苗族人把他们虔诚崇拜的动植物绘绣成服装的装饰图案或夸张地表现在苗族银饰上，从日、月、星辰等神秘天体到龙、蝶、牛、鹰等动物

图16　苗族服饰

形象应有尽有，反映出了浓郁的民族习俗风尚和古老的文化传统，是图腾崇拜和农耕文化相结合的产物，也是家道富裕或婚嫁喜庆等的象征性标志。丰富的银饰、绚丽的花衣构成了苗族服饰的独特风貌。

四、朝鲜族（图17）

朝鲜族自古有"白衣民族"之称。朝鲜族服饰的款式自成一格。上衣自肩至袖头的笔直线条和领子、下摆、袖肚的曲线，构成了曲线与直线的组合，没有多余的装饰，体现了白衣民族的古老袍服的特

图17　朝鲜族服饰

点。朝鲜族男子爱穿"灯笼裤"。这种裤子裤长腰宽，裤裆、裤管肥大，便于在炕上盘腿而坐。女装一般为短衣长裙。短衣有长长的白布带在右肩下方打蝴蝶结。长裙多有长皱褶。平时，朝鲜族妇女很爱穿短裙、戴头巾，即将半米方形的四角巾对折叠起，从前额围到脑后系上。

五、白族（图18）

白族男女也普遍崇尚白色，以白色衣服为主。云南大理地区的白族男子喜欢缠白色或蓝色包头，多穿白色对襟上衣，外套黑领褂，下身穿宽筒裤，系拖须裤带。白族服饰最大特点在于妇女的头饰。一顶漂亮的头饰囊括了大理"上关花、下关风、苍山雪、洱海月"的优美风景。发辫下盘着的绣花头巾，犹如盛开在山顶的山茶、杜鹃花，代表大理四季盛开的鲜花；头巾一侧垂下雪白的缨穗飘飘洒洒，象征着终年吹拂的下关风；而绣花头帕上精心梳理出茂密雪白的绒毛，形象地表现了苍山顶上那冰清玉洁、常年不化的皑皑白雪；美丽的发辫似一轮弯弯的月儿挂在花海之中，象征洱海上空升起的一轮明月。另外，白族女性有从小就学做寿鞋的习俗。不会做寿鞋的

图18　白族服饰

妇女，常被人们笑为无能。老人一般在60岁生日开始穿第一双寿鞋。多子女的老人每年都会收到女儿、媳妇送来的寿鞋。寿鞋越多，越能受到人们的尊敬。

六、傣族（图19）

傣族服饰以女子服饰最为有名，也最具有代表性。傣族女性一般都身材苗条，面目清纯娇美，看上去亭亭玉立，仪态万方，有"金孔雀"的美称。傣族女子一般喜欢窄袖短衣和筒裙，把她们那修长苗条的身材充分展现出来。傣族女子的饰物精致玲珑。多用白银制成，也有的用翡翠、玉石或玛瑙制成。纯银腰带是傣家妇女系于筒裙上的特

殊饰物，用银丝或银片编织而成，重约500克。据说银腰带是由母亲一代又一代传下来的，饱含了深深的母爱，所以傣家女子十分珍爱银腰带。在一些傣族村寨，银腰带还是区别少女和少妇的标志。凡已婚的妇女便把家中的几把钥匙挂在银腰带上，而没挂钥匙的便是少女。

图19 傣族妇女服饰

七、佤族（图20）

佤族崇拜红色和黑色，服饰多数以黑为背景，以红为装饰。佤族男子一般喜欢用黑布缠头，穿无领短衫，裤子短而宽，男青年颈上一般戴银项圈。佤族人对火十分崇拜，所以佤族头人有缠红色包头的习俗。佤族的部落酋长的衣服上还饰有太阳、月亮、星星、双龙和牛头。双龙含红日的图形只能

图20 佤族服饰

绣在酋长的内衣上。头人的衣服上则要绣上两道大门,据说因为佤族的祖先是负责守卫大门的人。

佤族妇女上身穿黑色或蓝色无领短衣,下身穿漂亮的由红、蓝等多种颜色的图案制作的筒裙。每一种花纹或图案都代表着一种较为抽象的观念。如白鹇鸟翎纹象征吉祥幸福,松鼠牙纹象征坚强与结实,箭尾羽翼纹象征勇敢与正直,茅草纹则象征刚直与朴实。佤族女孩从出生起,每年都在腰间或小腿处加一个藤竹烤制的竹圈,所以佤族民间流传"欲知年龄数脚圈"的说法。

八、畲族（图21）

畲族服饰最有特点的是畲族妇女的凤凰装。传说畲族的始祖盘瓠（hù）①王因为平定外敌有功,皇帝把自己的女儿三公主嫁给

图21 畲族"凤凰装"

---

① 盘瓠：畲族传说中的始祖,相传是一条龙犬。

了他。成婚时皇后给女儿戴上凤冠，穿上镶着珠宝的凤仪，祝福她像凤凰一样给生活带来吉祥兆头。三公主有了女儿后，也把女儿打扮得像凤凰一样。当女儿出嫁时，凤凰从广东的凤凰山衔来凤凰装送给她当作嫁衣。从此，畲家女便穿凤凰装，表示吉祥如意。畲族妇女穿"凤凰装"，喜爱将红头绳扎的长辫高盘于头顶，象征着凤头；衣裳、围裙上用大红、桃红、杏黄及金银丝线镶绣出五彩缤纷的花边图案，象征着凤凰的颈项、腰身和羽毛；扎在腰后飘荡不定的金色腰带，象征着凤尾；配于全身叮当作响的银饰，象征着凤鸣。已婚妇女一般头戴"凤冠"，它是在精致的细竹管外包上红布帕，悬一条30多厘米长、3厘米宽的红绫做成的。冠上有一块圆银牌，下垂3个小银牌于前额，称为"龙髻"，表示是"三公主"戴的凤冠。

思考题

1. 举例说明中国服饰民俗的寓意性特点。
2. 中国民俗服饰的仪式性特点集中体现在哪些服饰当中？
3. 中国藏族服饰民俗的主要特征是什么？
4. 以中国旗袍为例，说一说服饰民俗的发展变化可能受到哪些因素的影响。
5. 以你家乡的服饰为例，谈谈服饰民俗的民族性特点。

第三章　中国饮食民俗（上）

中国有句俗语"民以食为天"，是说饮食对于普通百姓是一件非常重要的事情。与吃有关的俗语渗透到生活的各个方面。比如："吃不了，兜着走""吃不消""金饭碗""铁饭碗""吃香的喝辣的""吃力""吃不消""吃不开""吃回扣"等等。饮食民俗同样是日常生活民俗的一个重要组成部分。从饮食文化角度看，饮食习惯的不同直接影响到文化的形态和特征。以米饭为主食与以面食为主食的人群的文化气质有明显差异，甚至喝绿茶与喝红茶、喝白酒与喝黄酒都代表着不同的区域文化。饮食不仅能够满足人们的生理需要，其所具有的丰富的文化内涵也能够在一定程度上满足人们的精神需求。中国饮食民俗文化，包括中国人日常生活的饮食习惯和民间节庆中的饮食民俗；中国的地方菜系、风味小吃和饮酒饮茶的习俗也是构成中国饮食民俗文化的重要内容。

第一节　日常饮食习惯

饮食民俗在人们的生活中占有极为重要的地位。中国是有着广大地区、多种民族的泱（yāng）泱大国，各地区、各民族所拥有的饮食民俗各具特色，简直令人眼花缭乱，当然这其中也有不少中华民族共同的元素。

一、日常饮食的结构、方式、惯制与工具

一般说来，中国人的饮食主要由主食、副食和饮品三部分构成。即以谷物为主食，以肉类、蔬菜、瓜果为副食，以茶、酒等为饮品。这种饮食结构从古至今，形成了与西方饮食结构完全不同的中华饮食文化模式。

首先是主食。中国人饮食以谷物为主食。但同样是"谷物"，南北方的谷物种类差别较大。南方和部分北方种植稻米的地区，以米饭为主食；而秦岭—淮河以北广大地区及部分南方山地是种植小麦的地区，以面食为主食；此外，还有一些地方种植青稞、玉米、高粱、粟、黍等作物，日常生活以杂粮为主食。

其次是副食。副食是相对于主食而言的菜类食品，是主食的补充食物，包括蔬菜、家畜、家禽、蛋类、奶类、水产品、豆制品等等。蔬菜是指那些富含蛋白质、维生素、矿物质和碳水化合物等人体必需的营养素的植物，如白菜、冬瓜、西红柿等等。中国的蔬菜除了直接烹调食用以外，还可以加工制作成腌菜、酱菜。中国有许多风味独特的传统酱菜，如北京六必居的八宝菜、上海的五香冬瓜、扬州的"三和""四美"酱菜等。家畜、家禽和部分的水产品是常见肉类菜肴的原料。家畜包括牛、羊、猪等，家禽则包括鸡、鸭、鹅等，而鱼、虾、蟹则是水产品。蛋奶类主要是指鸡、鸭、鹅蛋，以及牛奶、羊奶、马奶等等。豆制品的种类也非常多，如豆腐、豆干、百叶、腐竹、素鸡、油皮等等。

第三是饮品，主要是茶和酒。茶是中国的国饮。中国有悠久的产茶历史，辽阔的产茶区域，众多的茶叶品种，丰富的采制经验，在世界上都是独一无二的。目前，中国的茶叶可分为八大类，分别是绿

第三章 中国饮食民俗（上）

茶、红茶、白茶、黑茶、黄茶、乌龙茶、花茶、紧压茶。其中的名品有西湖龙井、洞庭碧螺春、云南普洱茶、祁门红茶等。中国的"酒"在有文献记载的历史以前就已经出现了，考古学家挖掘出的饮酒陶杯、调酒的器皿①充分说明了这一点。目前，中国的酒可分为以下几类：白酒、啤酒、黄酒、葡萄酒、果酒、露酒和药酒。其中的名品有茅台、五粮液、剑南春等等。

中国人的饮食方式分生食和熟食两种。熟食的烹饪②方法有多种，烧、烤、蒸、煮、炖、炒、烙、熘（liū）、焯（chāo）、烩等等，这些汉字都有"火"字旁，可见中国人很早就掌握了烹调技术。调味品是在烹调过程中用于调和食物口味的原料的总称。中国调味品种类也极其丰富，有近百种之多。按照味道的不同，可以分为六大类：一是咸味调料，如食盐、酱油等；二是甜味调料，如食糖、饴（yí）糖、蜂蜜等；三是酸味调料，如食醋、番茄酱等；四是辣味调料，如辣椒、胡椒等；五是麻味调料，如花椒等；六是鲜味调料，如味精、蚝（háo）油、鱼露等。

中国人的饮食惯制，南北略有差异，南方多一日三餐，以大米为主食。早餐多吃米粥，午餐、晚餐多吃米饭，饮料以茶为主。北方以面粉为主食，也是一日三餐，主食有馒头、包子、饺子、面条等。口味上有"南甜北咸东辣西酸"之说。另外，与西方分餐制不同，中国以聚餐制为主，吃饭时，菜放在桌子中间，大家一起吃，这是重视血缘亲族关系以及家族、家庭观念在饮食方式上的反映。

中国的饮食器皿主要有炊具、食具和饮具三种。煮饭的锅有陶锅、铁锅、铝锅；饮酒、饮茶则主要用杯子，以陶瓷制品为主；吃饭的用具有碗、盆、勺、匙、筷子等，其中以筷子（图1）最具民俗特色。民间百姓所用筷子一般为竹制或木制的。用筷子吃饭夹菜，不仅活动手臂和手

---

① 器皿：某些盛东西的日常用具的统称。
② 烹饪：做饭做菜。

图1 筷子

指,而且对大脑也有好处。有心理学家认为,孩子从小就使用筷子,会更加心灵手巧。

二、日常饮食民俗的特点

中国人的饮食结构模式、饮食方式、烹饪方法以及饮食器具中都蕴含着十分丰富的民俗文化内涵。中国饮食民俗的特点可以归结为重食、重养、重利、重礼四个方面。

1. "重食"是说中国人对饮食相当重视。为了生存重视饮食,这是理所当然的。普通老百姓"开门七件事:柴米油盐酱醋茶",基本都与饮食有关。俗语"人是铁饭是钢,一顿不吃饿得慌"是中国人"重食"民俗传统的很好体现。日常生活中,中国人见面打招呼喜欢用"吃了吗"来问候对方,是中国重食传统留在语言中的痕迹。一些节庆活动及重要的人生时刻也会以特定的饮食民俗来集中体现。如:即使在生活比较艰难的时代,中国人过生日也不马虎,小生日至少做到"孩子一个蛋,大人一餐饭",整生日(逢十岁的生日)则要宴请宾客来吃碗寿面(图2)。现在,随着中西文化交流的增多,有些地方生日吃蛋吃面的习俗渐渐被生日蛋糕所取代。也正因为对饮食的重视,人死后,还须继续在死者灵位前贡饭。这既是对食的重视,更是对生命的重视。除了寿诞宴之外,还有满月酒,有婚庆宴、庆功宴、接风[①]宴、告别宴等等。许多民俗事象或民俗活动中,都离不了"食"。

---

① 接风:设宴款待远来的人或远归的人。

2. "重养"是指重视食物的养生之道。即便是日常的饮食习惯也不仅为了解决饥饿，更注意食物对身体的好处。中国民间有很多养生谚语，是宝贵的中国民俗饮食文化经验。如"要得小儿安，给他三分饥和寒"是提示父母不要让孩子吃得过饱；"上床的萝卜下床的姜①，不用医生开药方""大蒜上市，药店关门"

图2　寿面

等生动地说明了萝卜、生姜、大蒜等司空见惯的民间食材所具有的宝贵食疗作用。

3. "重利"是指日常饮食中所体现的中国人求福避祸的功利心态。被选做人类的食物当然要对人有利，人们为了使某些食物让人感到更加称心如意，还会取一个吉祥好听的名字，这样，在享用美食的同时精神上也得到愉悦。如猪头、猪舌、猪耳朵是很多中国百姓喜好的下酒菜，但在中国不少地方猪头被称作"神户"，猪舌头被称作"招财"或"门枪"，猪耳朵被称作"顺风"，这都表现了人们在吃东西的同时，还期望得到神的护佑，让家庭生活更加幸福美满，事业前途更加顺利发达。这在节日食俗中表现得更为突出，也更为常见，更为普遍。

4. "重礼"是说中国人比较注重饮食礼节。从饮食时的言行举止可以推断出一个人的礼貌和修养。"食不言，寝（qǐn）②不语"是中

---

① 上床的萝卜下床的姜：民间谚语，意思是睡前吃萝卜，早起吃生姜会对身体有好处。
② 寝：睡觉。

国家长平时要求孩子吃饭睡觉要遵守的"规矩"。平常吃饭第一碗应盛给长者,生日时第一碗则应盛给"寿星"。中国饮食民俗的"重礼"传统集中表现在筷子使用和茶酒习俗中。如:筷子是中国最为典型的吃饭用具,它不仅是中国人日常生活中每天吃饭的用具,在一些重要礼仪场合还具有某种神圣性。宴席上,只有等主人举筷对大家说"请"时,客人才能开始吃菜,离席时应手握筷子对大家说"慢用",然后将筷子整齐地摆放在碗上。中国民间还有"筷礼八忌"的说法:一忌用筷子东夹西夹,二忌用筷子上翻下翻,三忌用筷子刺食物,四忌用筷子左捞右捞,五忌将筷子衔在口中,六忌用筷子剔牙,七忌用筷子敲碗碟,八忌将筷子竖插在碗中。特别是第八忌,这是中国人祭祀死者时才用的动作,所以,日常生活中绝对禁止此举。

总之,饮食民俗是中国人民自古以来物质文明和精神文明相结合,不断革新、积淀而成的一笔丰厚财富,值得我们去探索和追寻。

第二节　节日饮食习俗

中国有许多传统节日和庆典,如春节、元宵节、清明节、端午节、中秋节、重阳节、腊八节等等。每一个节日都有一些历史悠久的活动或仪式,人们也都会吃一些特定的食物,或者表示庆祝,或者表示纪念。这些食物与人们日常生活中吃的东西有所不同。那么,两者的不同主要是什么呢?王仁湘先生在《饮食与中国文化》中说:"人们平日的饮食,多半为口腹之需;而岁时的享用,则主要为精神之需。节令饮食活动,是文化活动,也是社会活动。"也就是说,平时人们每天吃饭是为了填饱肚子,主要是为满足身体的基本需要,没有太多特别的意义。而过节时吃的东西,不但可以满足身体的基本需求,更重要的是可以让人们感受到特别的快乐,让人们对生活充满无限美好的憧憬，从而更加热爱生命，热爱生活。这其中，最重要的三个节日是：春节、端午节、中秋节。

一、春节

春节是中国最大的节日。庆祝的时间最长，往往从农历十二月就开始洋溢着过节的气氛，直到正月十五以后，还意犹未尽。其中最重要的三个时间点：第一是农历岁末最后一天的晚上——除夕，第二是正月初一——新年，第三是正月十五的元宵节。

一般来说，农历十二月下旬人们就开始忙于采购年货，鸡鸭鱼肉、茶酒油酱、南北炒货、糖饵果品，都要备足备齐。然后，家家户户开始准备最好的美食，走亲访友或家人团聚，共度春节。

除夕守岁，是中国千年流传的习惯。农历岁末最后一天的晚上南方人吃"团圆饭"，又称"年夜饭"，好吃的大菜应有尽有。平日的米饭上面要放红橘、乌菱、荸荠等果品及元宝糕，插上松柏枝，这样的米饭也叫"八宝饭"（图3）。而北方人除夕则一定要吃"饺子"，称之为"年年饺子年年顺"，因此有些地方称"饺子"为"弯

图3　八宝饭

---

① 财运亨通：发财的运气好，赚钱很顺利。

51

弯顺",意思是吃了饺子逢凶化吉,事事顺利。饺子中有的放糖,寓意新年日子甜美;有的放花生(又称长生果),寓意延年益寿;有的饺子中放一枚钱币,寓意财运亨(hēng)通①。饺子形似元宝,面条和饺子同煮,叫作"金丝穿元宝"。当然,北方人家也有吃"八宝饭"的,是用金银米(黄白米)做的,饭上用枣、栗、龙眼、香枝点缀,插上松柏枝。总之,除夕食俗具有团圆和美、庆丰收、贺岁迎新等多种含义。

新年有一种食物是中国人都吃的,那就是"年糕"(图4)。年糕又称"年年糕",与"年年高"谐音,寓意人们的工作和生活一年比一年更好。据说最早年糕是为年夜祭神、供奉祖先用的,后来才成为春节食品。年糕不仅是一种节日美食,而且寄托了人们新的希望。

年糕多用糯米磨粉制成,糯米是江南的特产,北方也有糯米那样黏性的谷物,主要是黄米。年糕有南北风味之别。年糕的种类很多,具有代表性的有北方的白糕、塞北农家的黄米糕、江南水乡的水磨年糕、西南的糯粑(bā)粑、台湾的红龟糕等。北方年糕有蒸、炸两种,都为甜味;南方年糕除蒸、炸外,还有切片炒和汤煮等各种做法,味道有甜有咸。

春节是全中国的大节日,少数民族的人们对此也非常重视,他们也有着自己特别的春节食俗。如:蒙古族在除夕更岁时,一家人围坐在蒙古包

图4　年糕

内的火炉边,在向长辈敬献"辞岁酒"之后,饱餐烤羊腿和煮水饺。高山族有吃"长年菜"的习俗。长年菜也叫作"芥菜",吃这种菜是预示长命百岁。有的人将长长的粉丝加入长年菜里,象征着长生不老。满族除夕的家宴十分丰盛而隆重。主食有糯米粉或面粉包制的饺子、火烧、豆包等,传统年菜有鲜美的血肠、煮白肉及别具一格的酸菜汆(cuān)[①]白肉,而象征吉庆有余的鱼更不可少。子时[②]还要吃一顿送旧迎新的鲜肉水饺。壮族人除夕晚上会煮好初一全天的饭,以示来年要丰收,这种饭叫"粽粑",有的长达一尺多,重五六斤。侗族人初一清早,从池塘里弄几条大而鲜活的鲤鱼,煎、炸、烧、炖摆上桌,再加一盘香气四溢的腌鱼,整桌菜以鱼为主。侗家人说,春节吃鱼,预兆新的一年吉庆有余(鱼)、五谷丰登、余钱余粮。维吾尔族人春节家宴食品有:用大米、羊肉、葡萄干等做成的"普罗",用面粉、羊肉、洋葱等做成的"匹提尔芒达"(包子),用带骨羊肉煮制的"格西"(手抓羊肉),用面团抻(chēn)[③]成的"兰曼"(抻面),以及与汉族馄饨相似的酸辣可口的"曲曲尔"等等。藏族人在春节期间则用青稞酒、酥油茶和糕点招待客人。

　　正月十五的元宵节可以看作庆祝春节的结束篇。元宵节本身也是中国重要的传统节日,因为这是新年第一个月圆之夜。元宵节的节日食物就是"元宵"(图5),元宵本名汤圆,元宵节吃汤圆,表示的是"团圆如月"的意思。因为十五的月亮是圆的,那么在这一天吃汤圆,就表达了希望一家团聚,一起共叙天伦的美好愿望。现在的元宵用面除江米面外,还有黏高粱面、黄米面等。馅则有桂花白糖、山楂白糖、什锦、豆沙、枣泥、鲜肉等。外形上,有的像核桃一样大,也有

---

　　① 汆:把食物放进沸水稍微煮煮。
　　② 子时:中国旧时计时法指的23点到次日1点。
　　③ 抻:拉、扯。

图5 元宵

像黄豆一样大的"百子汤圆",还有实心圆子和薄皮的"碌皮汤圆"。

当然,元宵节也不仅仅只有元宵这一种节日食品,各地还有一些自己的特色食品,如东北人在元宵节爱吃冻果、冻鱼肉,广东人元宵节喜欢"偷"摘生菜,拌着糕饼,一起煮熟了吃,以求吉祥。

二、端午节

端午节是中国第二个传统大节日,时间是农历五月初五,这是一个有着两千多年历史的古老节日。端,是"初"的意思,"午"与"五"在古代是音义相通的两个字,所以"端午"其实就是"初五"的意思。

关于这个节日的由来有很多传说。不过流传最广的是纪念春秋时期伟大的诗人屈原。屈原是春秋时期楚国的大臣,因为看到楚国国君不听忠言,任用小人,最后导致灭亡,就抱着大石头跳入汨(mì)罗江自杀。他死后,楚国的老百姓非常悲痛,纷纷去汨罗江边悼念他。有的人拿出饭团、鸡蛋、粽子丢进江中让鱼虾吃,以免它们伤害屈原的身体;有的人将雄黄酒倒进江里,说是要药晕蛟龙水兽,以免伤害屈原;有的人划着船,在江上来回打捞他的尸体。以后,在每年的五月初五,就有了吃粽子、赛龙舟、喝雄黄酒的风俗,以此来纪念爱国诗人屈原。

粽子（图6）用糯米做成，外面用竹叶包成角状。在漫长的历史演变过程中，粽子的家族也不断壮大。形状上除了牛角粽，也有锥形粽、秤砣粽、菱角粽、包袱粽、枕粽，甚至在古代宫廷中还有楼阁亭子粽等。口味更是包罗万象：北方有以甜馅为主的江米粽、红豆枣泥粽、麦粽、核桃松仁粽；江南有火腿熏肉粽、干贝虾仁粽；闽台有烧肉粽；还有极尽奢豪的潮粤鲍鱼燕翅粽等等。

图6　粽子

端午节除了吃粽子这一共同食俗外，各地还有其他丰富的食俗。如：江汉平原一带吃黄鳝，甘肃吃面扇子，江西南昌吃茶蛋，河南、浙江农村吃大蒜蛋，吉林延边吃打糕，福建晋江吃煎堆，温州吃薄饼，四川会理吃炖药根等。

三、中秋节

中秋节在农历八月十五，又称"八月节"或"团圆节"，是流行于全国众多民族中的传统文化节日。据说这天夜里月球距地球最近，月亮最大最圆最亮，所以从古至今都有宴饮赏月的习俗。

月饼（图7）是这个节日中最有代表性的食物。据说从前，每到中秋，百姓们都制作面饼互相赠送，大小不等，都称为"月饼"，表示团圆。长期以来中国人民对制作月饼积累了丰富的经验，月饼的种类

中国民俗文化

图7　月饼

也越来越多，工艺越来越讲究。咸、甜、荤、素各具风味；光面、花边各有特色。如：广式月饼皮薄、松软、香甜、馅美；苏式月饼松脆、香酥、甜咸适口；潮式月饼以糖冬瓜为馅，滋润、松脆等等。

与其他节日一样，在全国各地中秋节还有许多特色的食物。如：北京人吃醉蟹，福建人吃槟榔芋烧鸭，陕西西乡县人必吃切成莲花状的西瓜，上海人要吃芋艿、大闸蟹，喝菊花酒等等，南京人吃桂花鸭，杭州人吃莼菜烩鲈鱼，四川人吃烟熏鸭子、麻饼、蜜饼，广东人吃芋头、糍粑（cíbā）等等，不胜枚举[①]。

中国还有其他许许多多传统的节日和节日食俗。如清明节吃青团（图8）或艾饼，腊八节喝腊八粥，立秋吃瓜，重阳吃重阳糕、喝菊花酒等等，所有这些节日食俗都是先人传下来的，有着悠久的历史，代代相传，改变不多。即便有些节日饮食的食物或形式发生了一些变化，其民俗文化内涵却几乎未变。

[①] 不胜枚举：无法一一全部举出来，形容数量极多。

图8 青团

第三节 地方菜系

中国是一个餐饮文化大国，长期以来在某一地区由于地理环境、气候物产、文化传统以及民族习俗等因素的影响，产生了有一定亲缘关系，菜点风味相近，知名度较高，并为部分群众喜爱的地方风味且形成流派，称作菜系。其中最有影响和代表性的，为社会所公认的有鲁、川、粤、闽、苏、浙、湘、徽菜系，即人们常说的中国"八大菜系"。一个菜系的形成和它的悠久历史与独到的烹饪特色是分不开的。中国"八大菜系"的烹调技艺各具风韵，其菜肴的特色也各有千秋。这些比喻形象地说明了地方文化对饮食特点形成的影响。八大菜系之外，东北菜、西南菜、清真菜、朝鲜族菜、蒙古族菜等也具有非常浓厚的地方特色或民族特色。

一、鲁菜、徽菜

鲁菜也称山东菜,由济南菜、胶东菜和孔府菜三大地方菜组成。鲁菜讲究调味纯正,口味偏于咸鲜,具有鲜嫩香脆的特色,十分讲究清汤和奶汤的调制,清汤色清而鲜,奶汤色白而醇。鲁菜常用的烹调技法有30多种,尤其擅长爆、扒。爆法讲究急火快炒,扒法为鲁菜独创。扒法菜肴整齐成型,味浓质烂。德州扒鸡(图9)最为有

图9 鲁菜:德州扒鸡

名。济南菜名品有糖醋黄河鲤鱼、九转大肠、汤爆双脆、烧海螺、烤大虾、清汤燕窝等。胶东菜名品有干蒸加吉鱼、油爆海螺等。"八仙过海闹罗汉"则是孔府喜寿宴第一道菜,选用鱼翅、海参、鲍鱼、鱼骨、鱼肚、虾、芦笋、火腿为"八仙",以鸡肉脯泥做成"罗汉",体现了孔府菜用料精广的特点,也体现了孔夫子"食不厌精,脍不厌细"的美食理论。很显然,鲁菜的形成和发展与山东的文化历史、地理

环境、经济条件和习俗爱好有关。

徽菜又叫"皖菜",是以沿江、沿淮、皖南三地区的地方菜为代表构成的。其特点是就地取材,以鲜制胜,讲究火功,重油重色,味道醇厚,保持原汁原味。徽菜以烹制山珍野味而闻名,其烹调方法擅长于烧、焖、炖。徽菜著名的菜肴品种有符离集烧鸡(图10)、无为熏鸭、云雾肉、火腿炖鞭笋、石耳炖鸡、绿豆煎饼等。

图10 徽菜:符离集烧鸡

二、苏菜、浙菜

苏菜又称"淮扬菜",是由苏州、扬州、淮安、南京等地菜肴为代表而构成的。其特点是浓中带淡,鲜香酥烂,原汁原汤,浓而不腻,口味平和,咸中带甜。其烹调技艺以擅长炖、焖、烧、煨、炒而著称。烹调时用料严谨,注重配色,讲究造型,四季有别。苏州菜口味偏甜,配色和谐;扬州菜清淡适口,主料突出,刀工精细,醇厚入味;南京、镇江菜口味醇和,玲珑细巧,尤以制鸭的菜肴负有盛名。苏菜著名的菜肴品种有清汤火方、鸭包鱼翅、松鼠桂鱼(图11)、西瓜鸡、盐水鸭等。

图11 苏菜:松鼠桂鱼

浙菜是以杭州、宁波、绍兴、温州等地的菜肴为代表发展而成的，其特点是清、香、脆、嫩、爽、鲜。浙江盛产鱼虾，又是著名的风景旅游胜地，湖山清秀，山光水色，淡雅宜人，所以其菜如景。不少名菜来自民间，制作精细，变化较多。烹调技法擅长于炒、炸、烩、溜、蒸、烧。浙菜久负盛名的菜肴有西湖醋鱼（图12）、龙井虾仁、三丝拌蛏（chēng）、油焖春笋、西湖莼菜汤等。

图12　浙菜：西湖醋鱼

三、川菜、湘菜

有"天府之国"美誉的四川以其得天独厚的物产条件形成了中国主要菜系之一的川菜。川菜历史悠久，源远流长，不但闻名全国，而且蜚声海外，如今川菜馆已遍布世界。正宗川菜以重庆和四川成都、乐山、自贡等地的菜肴为代表。川菜重视选料，讲究规格，分色配菜，主次分明，鲜艳协调。川菜讲究色香味形，尤以"味"的多、广、厚著称。川菜调味，离不开"三椒"（即辣椒、胡椒、花椒）和鲜姜，以辣、酸、麻脍炙人口，为其他地方菜所少有，形成川菜的独特风味，享有"食在中国，味在四川"的美誉。烹调方法擅长于烤、烧、干煸、蒸。川菜善于综合用味，收汁较浓，在咸、甜、麻、辣、酸五味基础上,加上各种调料,相互配合,形成各种复合味,如家常味、咸鲜味、鱼香味、荔枝味、怪味等23种。川菜代表菜肴的品种有大煮干丝、夫妻肺片、担担面、赖汤圆、怪味鸡、麻婆豆腐(图13)等。

湘菜是以湘江流域、洞庭湖区和湘西山区的菜肴为代表发展而成的。湘菜主味突出,尤以酸、辣、香、鲜见长。湖南人对辣椒情有独钟,他们的辣不仅有北方的咸,也有南方的甜,更有本地特色的辣与酸。湘菜烹调方法擅长腊、熏、煨、蒸、炖、炸、炒。其著名菜肴品种有剁椒鱼头(图14)、腊味合蒸、东安子鸡、冰糖湘莲、吉首酸肉、换心蛋等。

图13 川菜:麻婆豆腐

图14 湘菜:剁椒鱼头

四、粤菜、闽菜

粤菜是以广州、潮州、东江三地的菜为代表而形成的,起步较晚但影响极大。不仅港澳的粤菜馆,而且世界各国的中国菜馆,多数以粤菜为主。粤菜吸取西菜面点和外来饮食中的很多优点,与民族传统饮食文化相融。粤菜原料较广,飞禽走兽一应俱全。花色繁多,形态新颖,善于变化,讲究鲜、嫩、爽、滑,一般夏秋力求清淡,冬春偏重浓醇。调味有所谓"五滋(香、松、臭、肥、浓)、六味(酸、甜、苦、咸、辣、鲜)"之别。其烹调擅长煎、炸、烩、炖、煸等,菜肴色彩浓重,滑而不腻。粤菜著名的菜肴品种有鸡烩蛇、龙虎斗、盐焗鸡、蚝油牛肉、烤乳猪(图15)、艇仔粥和冬瓜盅等。

图15 粤菜:烤乳猪

闽菜又称福建菜,它是以福州、泉州、厦门等地的菜肴为代表发展起来的。其特点一是长于红糟调味,二是长于制汤,三是长于使用糖醋。福建菜色调美观,滋味清鲜,烹调方法擅长于炒、溜、煎、煨,尤以"糟"最具特色,有扛糟、炝糟、爆糟、炸糟之分。由于福建地处东南沿海,盛产多种海鲜,如海鳗、蛏子、鱿鱼、黄鱼、海参等,因此,多以海鲜为原料烹制各式菜肴,别具风味。闽菜著名菜肴品种有佛跳墙(图16)、醉糟

图16 闽菜:佛跳墙

鸡、烧片糟鸡、太极明虾、清蒸加力鱼、荔枝肉等。

五、东北菜、西南菜

东北菜是在满族菜肴的基础上吸收了鲁菜、京菜的长处，不断形成和发展而来的。东北菜以炖、酱、烤为主要特点，形糙色重味浓，颇像性格豪放的东北人，食用时也会令人骨子里产生一股豪气。东北菜著名菜肴品种有：白肉血肠、酱骨架、小鸡炖蘑菇（图17）、猪肉炖粉条等。

图17　东北菜：小鸡炖蘑菇

中国西南地区地势复杂，气候多变，物种奇多，烹调资源得天独厚，也构成了西南地区一些特异食俗。西南地区因众多民族小聚居、大杂居，形成了许多风格各异的小吃和名食。在云南的众多少数民族中，以虫菜、腌酸菜为代表的古朴食风，放射出奇光异彩。藏菜、傣家竹楼菜都别具一格。西南食俗具有多样性、奇异性和封闭性。西南地区居民重视大米和糯米，兼食小麦、玉米、红薯、蚕豆、青稞、荞麦、红稗（bài）和高粱，还有些少数民族采取野生植物的根茎代替粮食。西南地区的饮食以小炒、小煎、干烧、干煸和麻辣香浓的民间菜式著称于世，有"料出云贵"的美名。西南地区人几乎普遍爱辣，"宁可无菜，不可缺辣"，而且很多人喜欢酸，"三天不吃酸，走路打转转"。西南地区饮食平民文化色彩浓厚，要求价廉物美，经济实惠，并以"杂烩席""火锅席"著名。西南食俗名品有云南过桥米线、抗浪鱼、亚东鲑（guī）鱼、人参果、冬虫夏草、藏红花、糌粑、糌（zān）粑、粽粑、荷叶包饭（图18）、竹筒饭、芭蕉叶包饭等。

六、清真菜、朝鲜族菜、蒙古族菜

西北菜肴中最具民俗特点的是清真菜肴。清真菜最突出的特点在于饮食禁忌比较严格，

图18　西南菜：荷叶包饭

其饮食习俗来源于伊斯兰教规。伊斯兰教认为，人们的日常饮食不仅为了养身，而且要利于养性，因而主张吃味美、合法的食物。无鳞鱼和外形凶狠、性情暴躁的食肉动物也不能吃。清真菜选料主要取材于牛、羊两大类。清真菜的口味偏重咸鲜，汁浓味厚，肥而不腻，嫩而不膻（shān）。抓饭（图19）是清真菜的传统主食，全羊席则是清真菜的经典。

中国还有许多少数民族饮食民俗特点鲜明，如朝鲜族和蒙古族。朝鲜族的饮食文化，不仅在中国，在世界饮食文化之林中也是

图19　清真菜：抓饭

特色鲜明的。朝鲜族传统饮食以大米饭为主食，米糕的品种也很多，有打糕、切糕、发糕、蒿（hāo）糕、蒸糕、松饼等。朝鲜族人以蔬菜、野菜、海味及畜禽的肉蛋为主要副食，喜欢吃牛肉、鸡肉、海鲜及狗肉，不喜吃油腻的食物。朝鲜族口味以咸辣为主。朝鲜族爱吃冷面（图20），即使在寒冬腊月里也喜欢坐在炕头吃冷面，而且吃冷面时需用精牛肉、鸡肉、鸡蛋熬汤。朝鲜族的"汤文化"堪称世界一绝，无论在农村还是城市，无论是喜庆节日还是日常生活，汤是他们的饮食中不可缺少的。朝鲜族的汤有狗肉汤、牛肉汤、猪肉汤、河鱼汤、海菜汤、豆腐汤、饼汤、冷面汤、酱汤等。辣椒酱、泡菜（辣白菜）是朝鲜族饮食习俗中最具特色的凉菜。

图20　朝鲜族菜：朝鲜冷面

　　蒙古族的饮食分为红食和白食。白食是指以奶为原料的食品，包括牛奶、羊奶、马奶、鹿奶和骆驼奶，其中小部分为鲜奶，大部分为加工成的奶制品。红食是指以肉类为原料制成的食品。蒙族的肉食主要吃牛羊肉，也吃骆驼肉、马肉、黄羊肉、野兔肉、旱獭肉，吃法有几十种，享有盛名的有手把羊肉（图21）和烤全羊。

中国民俗文化

图21　蒙古族饮食：手把羊肉

思考题

1. 任意介绍两个中国地方菜系。
2. 任意介绍两种节日民俗食品。
3. 中国日常饮食民俗有哪些特点？
4. 介绍几种你家乡的特色菜肴，并说说它们作为民俗饮食的特殊意义。
5. 分享家乡的味道：介绍一种你会做的家乡菜，并请同学品尝、点评。

第四章　中国饮食民俗（下）

第一节　各地风味小吃

除了各大菜系中风味不同的正宗大菜以外，中国各地还有不少风味小吃，这些在人们的饮食生活中同样是不可或缺①的组成部分，也是中国饮食民俗非常生动、集中的体现。中国各地风味小吃种类丰富，有面点、有汤羹，有甜的、咸的、辣的，有蒸的、煮的，数不胜数。它们的共同特征是带着浓郁的地方风俗特色，洋溢着浓浓的乡情，而且大多价格低廉。其中北京油条豆汁、长沙米粉、汉中热面皮、兰州牛肉拉面、宁波汤圆、山东煎饼、上海糯米团、武汉热干面、西安糊辣汤、重庆酸辣粉被称为"中国十大名小吃"。要真正领略中国民间小吃的正宗风味须亲临原产地，亲口品尝。中国民间小吃种类繁多，难以计数，这里仅选十处进行粗略介绍。

一、北京小吃
1. 驴打滚（图1）

驴打滚又称豆面糕，是北京小吃中的古老品种之一。它的原料是用黄米面加水蒸熟，和（huó）面时稍多加水和软些。另将黄豆炒熟后，轧成粉面。制作时将蒸熟的黄米面外沾上黄豆面粉擀（gǎn）成

---

① 不可或缺：不能缺少的。

皮，然后抹上赤豆沙馅，卷起来，切成100克左右的小块，撒上白糖就成了。制作时要求馅卷得均匀，层次分明，外表呈黄色，特点是香、甜、黏，有浓郁的黄豆粉香味儿。豆面糕为何被叫作"驴打滚"呢？似乎是一种形象比喻，面糕制成后放在黄豆面粉中滚一下，像驴子在郊野打滚，扬起灰尘似的，因而得名。现在各家小吃店一年四季都有供应，但大多数已不用黄米面，改用江米面了，因外滚黄豆面粉，其颜色仍为黄色，是京津一带人们非常喜爱的一种小吃。

图1　驴打滚

2. 爆肚（图2）

爆肚是北京风味小吃中的名吃，最早在清乾隆年间就有记载，多为回族民众经营。北京比较有名的有天桥的爆肚石、东安市场的爆肚王、东兴顺的爆肚张，其他还有爆肚杨、爆肚冯、爆肚满等。羊爆肚的吃法在过去很讲究，要按羊肚部位选料加工成肚板、肚葫芦、肚散丹、肚蘑菇、肚仁等，随顾客的选择。爆熟的时间也因部位不同而不一样。由于广受欢迎，现在像以前那样分部位供应已经很少了。爆

图2　爆肚

肚除了要新鲜以外，功夫在爆上，爆的时间要恰倒好处。爆肚又脆又鲜，吃爆肚的人要是会喝酒，总要喝二两，再吃两个刚出炉的烧饼。特别是老北京有"要吃秋，有爆肚"的说法，讲究在"立秋"的时候吃爆肚。

3. 豆汁（图3）

图3　豆汁

老北京人爱喝豆汁，并把喝豆汁当成是一种享受。可第一次喝豆汁，那犹如泔（gān）水①般的气味让人难以下咽，但捏着鼻子，坚持喝两次，感受就不同一般了。有些人竟能上瘾，到处寻觅，排队也非喝不可。豆汁实际上是制作绿豆淀粉或粉丝的下脚料。它把绿豆浸泡到可捻去皮后捞出，加水磨成细浆，倒入大缸内发酵，沉入缸底者为淀粉，上层漂浮者即为豆汁。发酵后的豆汁要用大砂锅先加水烧开，兑进发酵的豆汁再烧开，再用小火保温，随吃随盛。别看豆汁其貌不扬，但一直受到北京人的喜爱，原因在于它富含蛋白质、维生素C、粗纤维和糖，并有祛（qū）暑、清热、温阳、健脾、开胃、去毒、除燥等功效。豆汁历史悠久，据说早在辽、宋时就是民间的大众化食品。喝豆汁必须配上切得极细的酱菜，拌上辣椒油，再配上其他点心，风味独到。

4. 冰糖葫芦（图4）

把山楂、荸荠（bíqi）、山药或核桃仁等果子裹满冰糖后，用竹签

---

① 泔水：淘米、洗菜、洗涮锅碗用过的水。

穿成一串串的小吃。冰糖葫芦不仅口感香脆，酸甜适口，而且有增进食欲、开胃和帮助消化的作用。现在，冰糖葫芦已经是中国百姓家喻户晓的名品了。

二、天津小吃

1. 麻花（图5）

早在一百多年以前，在天津海河西侧，繁华喧闹的小白楼南端，有一条名为十八街的巷子，原来巷子之中有一家小小的麻花铺，叫做"桂发祥"。"桂发祥"的主人刘老八是个精明利落的生意人，他炸的麻花真材实料，选用精白面粉，上等清油，因此总是顾客盈门。为了使自己的麻花与众不同，他在麻花的白条和麻条之间夹进了什锦酥馅。至于配料，更是苦思冥想，颇费了一番脑筋，桂花、闽姜、核桃仁、花生、

图4　冰糖葫芦

芝麻……还有青红丝和冰糖。经过反反复复的精心研究，刘老八终于研制成了金黄油亮、香甜味美、久放不绵的什锦夹馅大麻花，从此"桂发祥"麻花著称于世，广受欢迎，成为天津赫赫有名的小吃。

2. 狗不理包子（图6）

到天津不吃"狗不理包子"，是旅游者的遗

图5　麻花

第四章 中国饮食民俗（下）

图6 狗不理包子

憾。狗不理包子好吃关键在于选料、配放搅拌以至揉面、擀面都有一定的绝招儿，特别是包子褶（zhě）花匀称，每个包子都不少于15个褶。"狗不理"包子铺原名"德聚号"，已经有一百多年历史，店主叫高贵友，他的小名叫"狗子"。他的包子很受顾客欢迎，生意越做越火，"狗子"卖包子忙得顾不上与顾客说话，人们取笑他："狗子卖包子，一概不理。"日久天长，喊顺了嘴，就叫"狗不理"了。包子出名了，高贵友的大名反倒被忘记了。如今，狗不理包子仍然深得大众甚至外国友人的青睐。

三、山西面点

俗话说"世界面食在中国，中国面食在山西"。山西面食花样多、品质好、影响大，在中国小吃中独树一帜。一般山西妇女都能以面为原料加工数种面食，许多山西汉子也能显露一手面食"绝活"。山西面食主要是蒸、煮、烹三种，其他有烤、炒、烩、煨、炸、烂、贴、摊、拌、蘸、烧等多种，名目繁多。山西蒸制面食名品有玉米面窝窝头、莜（yóu）面烤佬佬、高粱面鱼鱼、烧卖等；煮制面食名品有刀削面（图7）、龙须面、扯面、转盘剔尖、包皮皮等；烹制面食名品有猫耳朵（图8）、小撅片、豆面流尖等。山西面食还有煎烤制品，如：

71

烙饼、煎饼、锅贴、水煎包、焖面等。

山西人吃面不同时候有不同的含义。老人去世时，要蒸一些包馍祭奠，即把人一生的功过全部包挽在内，犹如一个句号。过生日吃拉面，象征着长寿；过年吃"接年面"，意思是岁月绵延；孩子第一天上学要吃"记心火烧"，是希望孩子多一个长学问的心眼。可见，这些面食已不再仅仅作为充饥的食物，而已成为一种饱含情感的"精神食粮"。

图7　刀削面

图8　猫耳朵

四、江苏小吃

1. 扬州小吃三丁包子（图9）

用鸡丁、肉丁和笋丁作馅，造型为鲫鱼嘴、荸荠肚，边缘捏出32道褶子，完全就像精美的工艺品。

2. 苏州小吃

历史悠久，闻名天下，蜜汁豆腐干、松子糖、玫瑰瓜子、虾子酱油、枣泥

第四章 中国饮食民俗（下）

麻饼、猪油年糕等，都是脍炙人口的美食。

3. 南京小吃（图10）

因历史悠久，品种繁多，自六朝时期流传至今，多达80多个品种。名点小吃有荤有素，甜咸俱备，形态各异，其中代表是秦淮河夫子庙地区，其风味小吃是中国四大小吃群之一。夫子庙的点心小吃源于

图9　三丁包子

当年的秦淮画舫（fǎng），手工精细，造型美观，选料考究，风味独特。

4. 淮安茶馓（sǎn）（图11）

在淮安，茶馓是人人皆知的美食。淮安茶馓是淮安小吃之一，是用上等白精面，拉出像麻线一样的细面丝绕成四寸多长、一寸多宽的套环，环环相连，呈梳状、菊花形等网状图案，放入麻油锅中泡炸而成，质地酥脆，味道香美。

相传淮安茶馓于清朝晚期就生产了，已有一百多年的历史。在清代咸丰五年（1855），镇淮楼旁的茶馓名师岳文广，改进了茶

图10 南京小吃

徽制法,生产出闻名中外的鼓楼茶徽,亦称岳家茶徽。宣统元年(1909),茶徽参加江苏省物品展览会,获得奖励,1930年又参加国际巴拿马比赛会,获得银质奖章。

茶徽制作,分开条、搓条、盘炸等几道工序。茶徽既可干吃,也可用水泡着吃。干吃时大多作佐酒小点,而用水泡着吃时,只需用开水冲泡数分钟,便可食用。茶徽泡来吃,柔韧香软,易消化,尤其适合产妇和体弱多病者食用。

5. 黄桥烧饼(图12)

苏北泰兴黄桥镇有一种烧饼,叫作黄桥烧饼。明清时在苏南大城市和东南亚各国都是抢手货。黄桥烧饼采用古代烧饼制作法,是一种半干

第四章 中国饮食民俗（下）

图11 淮安茶馓

式面点，保持了香甜两面黄，外撒芝麻内插酥这一传统特色，目前花色品种已从一般的"擦酥饼""麻饼""脆烧饼"，发展到葱油、肉松、鸡丁、香肠、白糖、橘饼、桂花、细沙等十多个不同馅的精美品种。烧饼出炉，色呈蟹壳红，不焦不糊、不油不腻，色香味形俱佳，适合各地消费者的口味。

黄桥烧饼2003年荣获"中华名小吃"的称号，2004年获"江苏食品博览会金奖"，2005年被评为泰州市名牌产品。

五、上海小吃

1. 蟹壳黄（图13）

蟹壳黄因其形圆色黄似蟹壳而得名。蟹壳黄是用油酥加酵面作坯，先制成扁圆形小饼，

图12 黄桥烧饼

外沾一层芝麻,贴在烘炉壁上烘烤而成。此饼咸甜适口,皮酥香脆。有人写诗赞它"未见饼家先闻香,入口酥皮纷纷下"。蟹壳黄的馅心有咸、甜两种。咸味的有葱油、鲜肉、蟹粉、虾仁等,甜的有白糖、玫瑰、豆沙、枣泥等品种。

2. 糟田螺(图14)

上海市的糟田螺是著名的特色风味小吃。这种小吃是用个大肥美、肉头厚实的安徽屯溪产的龙眼田螺为原料,进店后先用清水养两天,使其吐净泥沙,然后再放入锅内,加上茴香、桂皮等煮较长时间,最后将烧好的田螺放上陈年香糟,糟制而成。这种糟田螺呈褐灰色,肉质鲜嫩,汁卤醇厚,入口鲜美,十分受人欢迎。此美食是上海五味斋点心店和鲜得来点心店的著名特色风味小吃。

图13 蟹壳黄

3. 南翔小笼包(图15)

南翔小笼包又叫"南翔小笼馒头",是上海郊区南翔镇的传统名小吃,已有100多年历史。南翔小笼包以皮薄、馅多、卤重、味鲜而闻名,是深受国内外顾客欢迎的风味小吃之一。南翔小笼包的馅心是用夹心腿肉做成肉酱,不加葱蒜,只撒一点点姜末和肉皮冻、盐、酱油、糖和水调制

图14 糟田螺

第四章 中国饮食民俗（下）

图15　南翔小笼包

而成。包子皮是用不发酵的精面粉做成的，50克面粉可包8个，100克一笼。蒸熟后的小笼包子，小巧玲珑，形似宝塔，呈半透明状，晶莹透黄，一咬一包汤，满口生津，滋味鲜美。如果吃时佐以姜丝、香醋，配上一碗蛋丝汤，其味更佳。南翔小笼包子的馅心还可以随季节变化而变化。初夏加虾仁，秋季加蟹肉、蟹黄、蟹油。

4. 生煎馒头（图16）

生煎馒头，简称"生煎"，是土生土长的上海点心，已有上百年的历史。生煎用的是半发酵的面粉包上鲜肉和肉皮冻，一排排地放在平底锅里油煎，在煎制过程中还要淋几次凉水，最后撒上葱花和芝麻就大功告成了。生煎馒头底酥、皮薄、肉

图16　生煎馒头

香。一口咬上去，肉汁裹着肉香、油香、葱香、芝麻香，味道很美。

六、 浙江小吃

1. 宁波汤团

汤团是浙江宁波的著名小吃之一，也是中国的代表小吃之一，历史十分悠久。汤团即汤圆，据传，起源于宋朝。当时各地兴起吃一种新奇食品，即用各种果饵做馅，外面用糯米粉搓成球，煮熟后，吃起来香甜可口，饶有风趣。因为这种糯米球煮在锅里又浮又沉，所以它最早叫"浮元子"，后来有的地区把"浮元子"改称元宵。与北方人不同，宁波人在春节早晨都有合家聚坐共进汤圆的传统习俗。

2. 杭州小吃

杭州著名的小吃有小鸡酥、宋嫂鱼羹（gēng）、虾爆鳝面、印糕、油冬儿、葱包桧儿等。杭州风味小吃，花式品种繁多，四季时鲜不同，有三大特色。

一是大都取料于杭州的土特产，并往往与西湖名胜相关联。夏日游湖，多喜品尝西湖藕粉。秋游南山赏桂花，多到桂花厅吃一碗西湖桂花栗子羹。

二是岁时节令，各有时鲜美味。如春三月，多鱼虾鲜笋，虾爆鳝面、虾肉小笼应时尝新、夏日炎炎，供应薄荷糕、水晶糕、茯苓（fúlíng）糕、肉骨头粥。三秋湖蟹肥，蟹肉小笼、蟹黄大包上市。腊月则为糯米麻糍、猪油玫瑰年糕。

三是历史悠久，并多伴有传说。如吴山酥油饼、油炸桧。相传岳飞被秦桧夫妇谋害后，杭州百姓人人痛恨奸臣秦桧。当年望仙桥边有家专卖油炸面食的小店，业主眼见秦桧天天坐轿，从店前而过，忿恨不已。一天，他将面食捏成人形，放入油锅，边炸边喊："油炸秦桧，油炸秦桧！"别人问他卖什么？他随口说："油炸桧"，从此得名。

3. 嘉兴肉粽（图17）

浙江嘉兴是著名的鱼米之乡，物产丰富，而粽子为嘉兴主要特产，并以大肉粽尤为出名。它始于1931年，至今已有八十多年的历史。由于用料考究，制作精细，口味纯正，四季供应，故久享盛誉，驰名于江浙沪等地，有"粽子之王"之称。嘉兴粽子为三角形，有鲜肉、豆沙、蛋黄、八宝等几十个品种。如鲜肉粽，常在瘦肉内夹进一块肥肉，粽子煮熟后，肥肉的油渗入米内，入口肥而不腻、糯而不烂、肉嫩味香、咸甜适中。嘉兴粽子选料十分讲究，肉粽采用上等白糯、后腿瘦肉、徽州伏箬（ruò），甜粽则用上等赤豆"大红袍"，通过配料、调味、包扎、蒸煮等多道工序精制而成。如今，嘉兴粽子因其滋味鲜美、携带和食用方便而备受广大旅游者厚爱，被称为"东方快餐"。

图17　嘉兴粽子

4. 温州小吃

温州风味小吃很多，有矮人松糕、长人馄饨、八字桥松糕、米面、炒粉干、马蹄桦、猪油糕、马蹄松、白蛇烧饼、五味香糕、山楂糕、芝脚糖、荷花酥、福寿糕、双炊糕、麻巧、温州松糖、象生雪梨、薄饼、胶冻、温州牛肉焙片、温州高粱肉、县前头汤圆、强能鱼丸等，约有四五十个品种。

七、广州小吃

1. 艇仔粥（图18）

艇仔粥是以鱼片、炸花生等多种配料加在粥中制作而成的，原来是一些水上人家用小船在荔枝湾河面经营。小船，在广东俗称艇，所以有了"艇仔粥"这个名字。这种粥汇集多种原料之长，多而不杂，爽脆软滑，鲜甜香美，适合众人口味。这种粥的作料是从鱼生发展而来的。《南越游记》中

图18 艇仔粥

说：岭南人喜欢把鲜活的草鱼剁成碎末，配上瓜子、落花生、萝卜、木耳、芹菜、油煎面饵、粉丝、腐干，混在一起吃，他们把这种小吃叫作"鱼生"。以后鱼生放进粥中，就有了"鱼生粥"，也就是艇仔粥。现在珠江河面的船家已迁至岸上，艇仔粥也自小艇而进入大酒家、宾馆。

2. 和味牛杂萝卜（图19）

这种小吃据说是光绪年间一位居住在光塔寺附近的回族厨师发明的。光塔寺是一座历史悠久的清真寺，附近一带曾是信奉伊斯兰教的回民聚居地。这位回民厨师在光塔寺附近开了一家牛香店。他把牛肠、牛膀、牛肺、萝卜用加了花椒、八角等五种味料的酱汁慢火炖几个小时，等牛杂炖烂了，而萝卜又吸足了加入牛杂味的酱汁后，再剪成小块，用小竹签串着蘸辣椒酱吃，称为和味牛杂萝卜，入口回味无穷。此味一出，果然吸引附近的回民甚至非回民都来光顾。于是，善食的广州

第四章 中国饮食民俗（下）

图19 和味牛杂萝卜

人都纷纷仿效，和味牛杂萝卜流传至今。

3. 潮汕小吃

广东潮汕是小吃驰名的地区之一，许多小吃不仅为本地人所喜爱，在外地也是美味。潮汕小吃扎根于民间，从诞生之日起就以自然天成的姿态，流传于民间。潮汕小吃以素为主而少见鱼肉，选材简单，大都取材于随处可见的普通农作物——大米、番薯、蔬菜，却以独具一格的田园风味赢得人们的青睐，更因为其价格低廉而深受各阶层人士的喜爱。潮汕小吃崇尚自然，注重养生，有的小吃还添加了中草药材，成为药膳。如鼠壳粿（guǒ）（图20）、朴籽粿等，就是添加了草药做成的小吃，这是非常符合当今的饮食时尚的。不仅如此，潮汕小吃的烹饪方法也非常科学，多清淡而少辛辣，多蒸煮而少煎炸。

潮汕俗语"时节吃时果，

图20 鼠壳粿

81

时令防时病",意思是,到了时令就应该吃当时的食物,应时的食物不但味美,还能达到养生的目的。如春节吃鼠壳粿、菜头粿,端午节吃栀（zhī）粿,清明节吃朴籽粿,不但美味,还能达到清热去火,防病治病目的。如今的潮汕小吃原料中增加了更多的果蔬类品种,如菠菜粿、芡（qiàn）实粿、南瓜饼等;外形上越做越小,让人们在食量不变的情况下能品尝到更加多样化的美食。

八、闽台小吃

闽台小吃指福建小吃和台湾小吃。福建小吃又分为福州小吃、厦门小吃、泉州小吃、莆田小吃、漳州小吃、龙岩小吃、南平小吃、三明小吃、宁德小吃、沙县小吃等。数目极多,特色纷呈。台湾的小吃结合了闽南,潮州,福建以及日本的一些佳肴做法,从而形成了台湾各色各样的美味。

1. 土笋（sǔn）冻（图21）

土笋冻是发源于福建泉州的特色食品,是一种由特有产品加工而成的冻品。它含有胶质,主原料是一种叫海蚯蚓的蠕虫,身长约两三寸。经过熬煮,虫体所含胶质溶入水中,冷却后即凝结成块状,其肉清,味美甘鲜。配上好酱油、北醋、甜

图21　土笋冻

第四章 中国饮食民俗（下）

酱、辣酱、芥辣、蒜蓉、海蜇及芫荽、白萝卜丝、辣椒丝、番茄片，是泉州乃至闽南地区一带冬春季节的时令佳肴。350年前土笋冻就已是十分盛行的市井小吃了。在盛产土笋冻的安海镇西垵村，村民流传一个传说：明嘉靖年间，戚继光到安海抗倭，因粮食紧缺，士兵便到滩涂捕捉一种海蚯蚓煮汤喝。戚继光最后用餐时，只剩下凝结成胶状的海蚯蚓，他便拔剑取下一块品尝，没想到比鱼蟹更鲜美。厨师知道后，依照此法加以精制，从此土笋冻便流传开来。

2. 蚵（kē）仔煎（图22）

蚵仔即牡蛎（mǔlì）[①]，发源于福建泉州，是闽台、广东潮汕的经典小吃。牡蛎加入番薯粉可以增加其胶粘的口感，成为闽台小吃的代表。关于它的起源有一则有趣的故事。民间传闻，1661年时，荷兰军队占领台南，郑成功从鹿耳门率兵攻入，意欲收复失土，郑军势如破竹大败荷军，荷军在一怒之下，把米粮全都藏匿起来，郑军在缺粮之际急中生智，索性就地取材将台湾特产蚵仔、番薯粉混合加水和一和

图22 蚵仔煎

[①] 牡蛎：即生蚝，一种海产品。

83

煎成饼吃，想不到竟流传后世，成了风靡的小吃。蚵仔煎现在是海峡两岸民众都喜爱的美味佳肴。

3. 太平燕（图23）

太平燕即馄饨，也叫"小长春"，因为形似长春花的缘故，"燕""宴"谐音，所以，太平燕又叫"太平宴"。"太平"二字是因为太平燕里有完整的鸭蛋，在福州话里"鸭蛋"与"压乱""压浪"谐音，社会生活中的各种"乱"被压下去了，福州人去海外谋生的众多，行舟之时"浪"也被压下去了，当然也就"太平"了。逢年过节，婚丧喜庆，亲友聚别，民间家宴，要取一个"太平""平安"吉利，这太平宴是必吃的。

据传明嘉靖年间，与江西接壤的闽北山区浦城县有位告老还乡的御史大人，虽家居山区，有山珍可享，但吃多了，便觉得平淡无奇。于是，他家中的厨师便想出个新花样，取猪腿处瘦肉用木槌打成肉泥，掺上适量的番薯粉，擀成纸片般的薄片，切成三寸见方的小块，包上肉馅，做成馄饨，煮熟配以高汤端给主人。御史大人吃在嘴里只觉得滑嫩清脆，淳香沁人，连呼"太妙"，忙问："这点心叫什么？"那厨师做点心本来是想讨主人的欢心，哪有名字？好在厨师见碗中的馄饨形同飞燕，便随口说叫"扁肉燕"。由此才有了"燕皮"一说。本来这"燕皮"为大户人家独享，后来打燕皮的手艺逐渐传开，燕皮的

图23 太平燕

食者越来越多，成了福州家喻户晓，最负盛名的闽味名吃。

4. 沙茶面（图24）

沙茶源于印尼，也有来自马来西亚一说。沙茶原本应读作"沙嗲（diǎ）"，厦门是个较早对外开放的城市，到了饮茶成风的厦门人嘴里，便顺口叫做"沙茶"，这"茶"是厦门方言的"茶"，与普通话的"嗲"谐音。沙茶面是福建厦门汉族面类小吃，妙处在汤。主料之一的沙茶是选用上等的虾头，经拌盐腌制两个月以上，再磨细，将虾酱、蒜头酱按先后顺序加入沸油炸透，待冷却后加入五香粉、咖喱粉、辣椒粉、芝麻等制成。

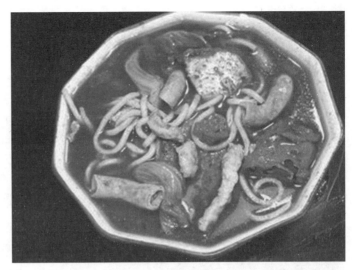

图24 沙茶面

5. 棺材饭（图25）

这种台湾小

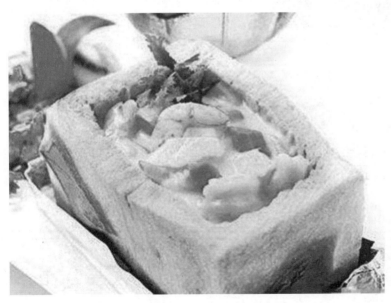

图25 棺材饭

吃是法国吐司和海鲜杂烩汤的后代。一片特别厚的面包中间被挖空来组成平面的面包碗。接着把它烤硬，在其中加入海鲜杂烩汤。一天，一个考古学家尝了这种汤，告诉厨师说，"这看起来就像我现在正在挖的一个棺材"。于是，这种海鲜杂烩汤就采用了这个恐怖的中文名字"棺材饭"。再后来，"棺材"谐音升官发财，象征吉利，喜欢吃的人也更多了。

6. 凤梨酥（图26）

这种台湾标志性的糕点是纪念品的最佳选择。凤梨即菠萝，那些迷你的凤梨酥有糖制凤梨馅。传统的凤梨酥馅是由凤梨和可嚼的冬瓜混合成，它既有水果的香甜也有表皮金黄的酥脆。

图26　凤梨酥

7. 阿给（gěi）（图27）

阿给来源于日本的油豆腐，即炸豆腐块。首先将油豆腐中间挖空，然后填充卤汁或肉燥粉丝，以鱼浆封口，加以蒸熟，食用前淋上甜辣酱或其他特殊酱汁。因为豆腐吸收了汤汁，所以每咬一口都会有汤汁进出。阿给配上一杯豆浆，绝对是一顿风

图27　阿给

味独特的早餐。

九、云贵小吃

云贵小吃包括云南小吃和贵州小吃。云贵地区，地处高原，食材丰富，口味独特。这里"一山有四季，十里不同天"。所以也就有了"一天吃四季，十餐不同味"的云南小吃。贵州小吃包括六盘水小吃、遵义小吃、安顺小吃、铜仁小吃、黔西南小吃、毕节小吃、黔东南小吃、黔南小吃等，街头常见的小吃不下百种。云贵小吃魅力十足，脍炙人口。它们各有各的制法，各有各的特点，各有各的逸闻趣事。

1. 过桥米线（图28）

过桥米线是云南最著名的风味小吃。过桥米线主要以汤、肉片、米线再加佐料做成。汤用肥鸡、猪筒子骨等熬制以清澈透亮为佳，将鸡脯、猪里脊、肝、腰花、鲜鱼等切成薄片，摆入小碟，米线则以细白、有韧性者为好；同时备有豌豆尖、黄芽韭菜、嫩菠菜等。进餐时，以大海碗盛汤，加味精、胡椒、熟鸡油。汤滚油厚，不冒一丝热气。汤上桌后，将鸽蛋磕入碗内，继而将肉片

图28 过桥米线

汆（cuān）①入汤中，轻轻一搅，霎时变得雪白细嫩。然后再放入鲜菜、米线，配上辣椒油、芝麻油等，即可食用。"过桥米线"名称的由来还有一则民间故事。传说很早以前，有一位书生在云南南湖的湖心亭苦读，他的妻子每天都要过一座桥给他送饭。有一天，妻子觉得丈夫很辛苦就炖了只鸡放进土罐里准备送过去给丈夫吃，可是中途有事便耽搁了，等回来才发现土罐里的鸡还是热的，打开一看，发现上面有一层厚厚的黄油，于是就用鸡油烫米线给丈夫吃，书生吃后赞不绝口。因为妻子每天送饭都要从南湖的桥上过，所以书生起名为"过桥米线"。

2.苦荞粑粑（图29）

云南的很多地方都有粑粑，如大理喜州粑粑、丽江粑粑等。苦荞粑粑是彝族的主食，荞麦是云南高寒地区出产的一种粗粮，又有苦荞和甜荞之分，做粑粑实际上用的是不很苦的甜荞。荞麦具有清凉爽口、又纯又香的特点，且同时具备人体需要的多种氨基酸，一直都是糖尿病人的理想主食之一。因为苦荞粑粑味道略苦，在彝族地区，每当春

图29　苦荞粑粑

---

① 汆：把食物放在开水里稍微一煮。

第四章 中国饮食民俗（下）

图30　鲜花饼

暖花开盛产蜂蜜的季节，人们把苦荞粑粑烧好或煎好后，都会从蜂蜜桶里取出蜂蜜，用牛耳大的叶包好，蘸食苦荞粑粑。

3. 鲜花饼（图30）

鲜花饼是以云南特有的食用玫瑰花入料的酥饼，是具有云南特色的云南经典点心代表。鲜花饼的制作缘起于三百多年前的清代。由上等玫瑰花制成的鲜花饼，因其特色风味成为宫廷御点，深得乾隆皇帝喜爱。用含苞欲放或者微微开放的玫瑰花的花瓣制作成玫瑰花馅，混以面粉、香油、白糖、蜂蜜等配料焙烤而制成，新鲜出炉的鲜花饼酥软爽口、花香浓郁、沁人心脾。每年4月，等待鲜花饼的上市早已成为当地人的共同期待，排着长队等待购买新鲜上市的鲜花饼已成为司空见惯的景象。

4. 香竹饭（图31）

香竹饭具有浓郁的傣族风味，每年11月至次年2月间做出的饭最好。此时竹子内有一层香气扑鼻的香膜，所以叫香竹。傣族人先将香竹剖开，然后将泡过的糯米放进竹筒，用芭蕉叶塞住竹筒口，用水浸泡15分钟，放进火灰里焙着或在炭火上烤，待竹筒口冒出蒸气10多分钟后，再取出来，吃的时候用木槌敲打，使饭变得又软又香，吃起来

图31 香竹饭

芳香柔糯，别有风味。

5. 肠旺面（图32）

肠旺面又称肠益面，是贵州极负盛名的一种汉族风味面食。"肠"即猪大肠，"旺"则是猪血，加上面条，三者相加相得益彰。"肠旺"谐音"常旺"，寓意吉祥。在贵州众多的小吃中，以色、香、味"三绝"著称，具有血嫩、面脆、辣香、汤鲜的风味和口感，以及红而不辣、油而不腻、脆而不生的特点。肠旺面始创于晚清。据说在一百多年前，贵阳北门桥一带肉案林立。桥头有傅、颜两家面馆，他们用肉案上的猪肥肠和猪血旺做成肠旺面，以招徕前来买肉买菜的顾客。两家面馆互相竞争，使肠旺面的质量不断提高，最后在贵阳卖出了名气，一直到现在都是贵

图32 肠旺面

州人民最喜爱的早餐种类之一。

6. 片鸡粉（图33）

图33　片鸡粉

片鸡粉是贵州汉族的传统名小吃，爽滑微韧，鲜香不腻，获首届"中华名小吃"称号。鸡宰杀洗净，漂去血水后放入汤锅内，加姜片、葱节大火烧开，改小火煮30分钟至熟，取出将鸡肉片下，鸡汤留下用。取鸡汤150克加盐、鸡精、化猪油调味备用。米粉放入沸水中小火烫至米粉漂起，取出放入碗中，加上烧热的鸡汤、将切好的鸡片30克放在米粉上，撒糊辣椒面、胡椒粉、葱花即可。

7. 冰粉（图34）

冰粉是贵州各地夏季最为畅销的小吃，冰凉香甜，嫩滑爽口，生津解暑，清凉降火。冰粉里放了玫瑰花瓣，葡萄干，花生，芝麻，果脯，水晶粉。吃起来有点像果冻。木瓜子放入细布中包好扎紧口，用双手在冷开水中搓揉，搓揉出滑腻的液体使之完全溶到冷开水中，搓

图34　冰粉

揉至不再出滑腻的液体为止,取少量沉淀后的清石灰水点入冰粉溶液中边点边搅,搅匀了冷却后备用。红糖化成红糖水,白糖化成白糖水,芝麻炒熟,花生米炒熟用擀面杖擀碎,青红丝、橘子糖、什锦果脯切碎。食用时用勺子打出装碗,放上碎花生、青红丝、橘子糖、什锦果脯,加入小块的冰块,浇上红糖水、白糖水洒上芝麻在放上几颗红樱桃即可。

十、川渝小吃

川渝小吃包括四川小吃和重庆小吃。四川小吃与川菜一样,在全国居于首屈一指[①]的地位,成都小吃尤其如此,有"成都小吃甲天下"的美誉。四川小吃之所以深受人们喜爱,一是因风味突出,它同川菜一样,不仅选用多种调味品和复合调味品,并且十分讲究调味的技巧,形成了多种风格。二是因善于用汤,成都风味小吃中用的汤,是用多种原料和调料精心熬制的,汤浓味美。重庆是一个让人馋得流口水的城市,尝重庆小吃有一种痛快的感觉,像口水鸡、东东包、凉

---

① 首屈一指:弯下手指计数,首先弯下大拇指,表示第一、居第一位的意思。

粉、卤水鸭掌、酸辣粉、过桥抄手、担担面、鸡油汤圆、醪糟等让你吃够了还意犹未尽，只恨自己的肚子不够大。

1. 麻辣烫（图35）

图35　麻辣烫

麻辣烫是起源于川渝地区的传统特色小吃，是川渝地区最有特色也最能代表"川味"的饮食之一。麻辣烫包括重庆麻辣烫和成都麻辣烫两大麻辣烫口味。成都口味的特点是麻辣烫配方口感偏淡、底料口感偏淡、炒料中的味道主要溶于油中，油大，汤中味道不是很香。但是，放入火锅中味道越煮越重，配合味碟更加厚味，重庆口味主要特点是麻辣烫配方口感偏重、味道主要溶于汤中，油味很大，汤中味道很香，浓郁。

麻辣烫是百姓智慧的结晶，最初是船工和纤夫创造了这种简便易行而又独特的吃法。在气候阴湿多雾的巴蜀地区，长年劳作的船工和纤夫，垒上灶台，支起瓦罐，就地取材，拔些野菜，放入花椒、辣椒等调料，涮烫食之。既可果腹，又可驱寒、祛湿。后来这种煮食涮烫食品的习俗得以沿袭，后来发展成了今天我们在大街小巷经常看到的麻辣烫了。麻辣烫的精髓不在于煮，而在于汤料。它是用七日以上的陈汤，当日先做调料，用布囊包裹，浸入其间，放入锅中，待沸腾后，依次放入蛋、丸及各种食材，七八成熟即捞起，再将蒜泥姜末佐之，在上面撒少许熟芝麻，一碗色香味俱佳的麻辣烫就做成了。麻辣烫看起来鲜嫩欲滴，闻起来浓香四溢，尝起来辣气更是过瘾（yǐn）[①]。

2.夫妻肺片（图36）

夫妻肺片是四川汉族的特色小吃，以牛头皮、牛心、牛舌、牛肚、牛肉为料，并不用肺。注重选料，制作精细，调味考究。相传在20世纪30年代，成都少城附近，郭朝华与其妻一道以制售凉拌肺片(通常是用牛皮、牛心、牛舌、牛肚、牛肉为主料，切成极薄的片)为业，他们夫妻俩亲

图36　夫妻肺片

[①] 过瘾：指满足某种特别深的嗜好，泛指满足爱好；意思就是舒服，有意思，好玩。

自操作，走街串巷，提篮叫卖。他们夫妻制作的肺片不但精选材料，制作也很精细，使人看见就生好感，加上调味精细，确实好吃，超乎一切肺片之上，深受人们欢迎，久而久之，人们为区别于其他肺片，便称郭氏夫妇所售肺片为"夫妻肺片"。夫妻肺片片大而薄，粑糯入味，麻辣鲜香，细嫩化渣。深受群众喜爱，为区别于其他肺片，便以"夫妻肺片"称之，在用料上更为讲究，质量日益提高。

3.担担面（图37）

图37　担担面

担担面是四川民间极为普遍且颇具特殊风味的一种著名小吃。因常由小贩挑担叫卖，由此得名。此面色泽红亮，冬菜、麻酱浓香，麻辣酸味突出，鲜而不腻，辣而不燥。其面条细滑，主要佐料有红辣椒油、肉末、川冬菜、芽菜、花椒面、红酱油、蒜末、豌豆尖和葱花等。

担担面已经有上百年的历史，相传为1841年一个绰号叫做陈包包的自贡小贩创制。担担面的挑子一头是一个煤球炉子，上面还有一个热水锅；另一头就是碗筷、调料和洗碗的水桶。小贩用扁担挑在肩上，晃晃悠悠、颤颤巍巍的沿街游走，还边走边叫："担担面！担担面！"担担面的得名，来自于这特殊的年代和叫卖方式；担担面的出名，却在于它的调味和独特的面臊。面臊即面卤或称浇头。担担面的面臊非常有特色，好吃而且制作起来其实也很简单：取猪腿肉剁成肉末，甜面酱用少许油解散；然后锅置火上，放少许油烧热，然后下肉末炒散，加料酒炒干水分，加盐、胡椒粉、味精调味，然后放入适量的甜面酱炒香，肉末呈现诱人的茶色，微微吐油就可以起锅放在一边了。担担面的定碗调料非常的多：盐、味精、酱油、醋、辣椒油、香油、白糖、碎米芽菜、葱花和少许的鲜汤，甚至还有人会放点花生碎和芝麻粉增香。

4.龙抄手（图38）

图38　龙抄手

"抄手"是四川人对馄饨的特殊叫法。龙抄手是成都非常出名的小吃,龙抄手皮薄馅嫩,爽滑鲜香,汤浓色白,为蓉(róng)城①小吃的佼佼者。龙抄手的主要特色是:皮薄、馅嫩、汤鲜。抄手皮用的是特级面粉加少许配料,细搓慢揉,擀制成"薄如纸、细如绸"的半透明状。肉馅细嫩滑爽,香醇可口。龙抄手的原汤是用鸡、鸭和猪身上几个部位的肉,经猛炖慢煨而成。原汤又白、又浓、又香。龙抄手的得名并非老板姓龙,而是创办人张武光与其好友等在当时的"浓花茶园"商议开抄手店之事,切磋店名时,借用"浓花茶园"的"浓"字,以谐音字"龙"为名号,也寓有"龙"腾虎跃、生意兴"隆"之意。成都的"龙抄手"1941年开设于成都的悦来场,20世纪50年代初迁往新集场,60年代后又迁至春熙路南段至今,迄今已有60余年的历史了。

5. 赖汤圆(图39)

赖汤圆始创于1894年,迄今已有百年历史,创制人是四川资阳东峰镇人,名叫赖元鑫。他的汤圆选料精、做工细、质优价廉、细腻柔和、皮薄馅丰、软糯香甜。有煮时不浑汤,吃时三不粘(不粘筷、不粘碗、不粘牙)的特点。经过一段时间,品种不断扩大。从开始的黑芝麻、洗沙心,逐渐增加了玫瑰、冰橘、枣泥、桂花、樱桃等十多个品种。各种馅心的汤圆又形状不同,有圆的、椭圆的、锥形的、枕头形的。上桌时,一碗

图39 赖汤圆

---

① 蓉城:四川省成都市的简称。

四个，四种馅心，四种形状，小巧玲珑，称为鸡油四味汤圆。吃时配以白糖、芝麻酱蘸食，更是风味别具。赖汤圆一直保持了老字号名优小吃的质量，其色泽洁白，口感绵糯，甜香油重，营养丰富。一时顾客都慕名而来，于是赖汤圆赚了钱。钱多了，名气也大了起来。特别是在成都的资阳同乡会里，这个一字不识的文盲，却成了举足轻重的人物。1939年，家乡要筹建一所中学，邀请赖元鑫回乡观光，赖深知不识字的苦处，为了报效桑梓（sāngzǐ）①，捐赠了150担（约合2.5万多公斤）谷子，作储彦中学的办学经费。直到1950年，赖元鑫对这所学校时有捐助。现今的三元寺中学，前身即是储彦中学。赖元鑫捐资办学一事，在四川资阳传为佳话。

6.酸辣粉（图40）

酸辣粉是四川、重庆等地的汉族传统名小吃，其特点是"麻、辣、鲜、香、酸且油而不腻"。"酸辣粉"主粉由红苕粉、豌豆粉按比例调和，然后由农家用传统手工漏制而成。酸辣粉源于四川民间，取食材至当地手工制作的红薯粉，味以突出酸辣为主而得名。

酸辣粉的来历，广泛流传着这样的典故。四川、可以追溯到三国时期，刘备、关羽、张飞在桃园三人结义后，桃园的主人专门为他们

图40　酸辣粉

---

① 桑梓：古代常在家屋旁栽种桑树和梓树。又说家乡的桑树和梓树是父母种的，要对它表示敬意。后人用桑梓比喻故乡。

做的饭菜，选了当时比较为人喜欢的红苕粉做主料，寓意这三人的友情像这粉条一样绵长，又加了一种特辣的小尖椒，和老坛酸菜以及红糖与黄莲在里面，刘备的意思是要让三人明白酸甜苦辣都不怕，四川酸辣粉、重庆酸辣粉由此演变而来。

7.毛血旺（图41）

毛血旺是重庆非常流行的小吃。将鸭胸肉、猪肚、猪心、火腿肠放炒锅内加泡辣椒，干辣椒会炒至香，加入少许鲜汤，然后放入牛油、香油、味精、鸡精，起锅后盛入炒好做底用的辅料上即成。麻辣鲜香，汁浓味足。血有补血和清热解毒作用，并有预防和缓解缺铁性贫血的效果。传说毛血旺的名称来源于其创始人姓毛，因为经营不善倒闭了，但好吃的毛血旺却流传了下来，不知道他该高兴呢，还是该伤心！重庆的毛血旺中一般添加的是鸭血、鸭肠、泥鳅、午餐肉、鸭肚、猪心、豆芽等。据说只有在重庆磁器口才能吃到最正宗的毛血旺。

图41　毛血旺

8.瓷器口麻花（图42）

图42　瓷器口麻花

　　磁器口麻花又称"陈麻花"，因老板姓陈，他做麻花选料上乘，采用全手工制作，其麻花具有香、酥、脆、爽，久放不绵等特点。清朝末年，陈麻花凭借其独特的口味在巴渝大地流传开来。磁器口麻花有10个品种：原味、黑芝麻、椒盐、黑米、玉米、冰糖糯米、麻辣、海苔、巧克力、蜂蜜。原味麻花，香甜可口，入口即化，老少皆宜；椒盐麻花，口味纯正，酥脆化渣；麻辣麻花，重庆口味，集甜、麻、辣于一体，回味无穷；新产品蜂蜜麻花，口味纯正，含有丰富的矿物质元素。

第二节　民间宴请习俗

　　中国有句俗话"办酒容易请客难"，是因为与具体的置办酒菜相比，请客吃饭中包含了更多的学问。宴请习俗不仅包括请客礼仪，还包括席次安排、筵席规矩等等。不懂或搞错轻则会引起误会被人取笑，重则引起纠纷破坏氛围。本节主要介绍中国民间宴请中宴会的种类和宴会的礼仪。

一、民间宴会种类

宴会是一种社交性的聚餐形式，因此，大凡举办宴会，无不带有一定的目的性和功利性。由于宴席的目的不同，因而在民间形成了不同种类的宴席，归纳起来，有以下四类。

1. 喜庆类

人生有"四大喜事"，分别是"久旱逢甘雨，他乡遇故知，洞房花烛夜，金榜题名时"[①]。"久旱逢甘雨"——干涸的土地迎来降雨，当然要感谢老天的恩赐，须祭拜天神，与神同宴；"他乡遇故知"——在异乡遇旧友，多么难得的一遇！知己朋友当然要欢聚在一起畅饮寒暄；"洞房花烛宴"——婚宴，是成家立业的开端，人的一生中最隆重的盛宴；"金榜题名时"——旧时科举考中功名，意味着一生衣食无忧，设宴拜谢恩师的教导，左右乡邻向状元郎祝酒庆贺，皆大欢喜。在从前，这四喜无论是遇到了哪一件，摆设宴会都是免不了的。如今，四喜中的"久旱逢甘雨"，为天神设宴的行为，已逐渐淡出人们的视线，但另外三喜设宴庆贺，现代人依然保留了传统的习惯。从规模角度来看，婚宴为首，"谢师宴"其次，朋友间的小宴居后。而在农村一直有"庄户人，三大喜，上梁（指盖房）娶妻添新喜（指生小孩）"的说法，民间喜庆类宴会包括结婚、寿诞、搬迁、谢恩等喜庆热烈的宴会。这一类宴会，民间最为常见。因为都是办喜事，宴会讲究丰盛热烈，但宴席规格也有区别，菜品组成也有讲究。

结婚宴，又被称为"喜宴"，俗称"喝喜酒"。此宴有些地方在

---

① 传说宋汪洙所写《四喜诗》。

中午举行，日落前结束；也有些地方在晚上进行，在日落前完成新人入洞房仪式后进行。各地婚宴菜品或许有不同，但四喜丸子（肉圆）是必须有的一道菜，除了主客长幼亲朋之间的觥筹交错（gōng chóu jiāo cuò）①，婚宴上少不了的是新郎新娘之间的交杯酒。

寿诞宴。生儿育女乃人生大事，尤其是新婚夫妇的第一个孩子，特别是生了男孩之后，要大办宴席，遍邀亲朋乡邻，以示庆贺。很多地区在小孩出生的第三天，举办宴席。如：苏北称为"三朝饭"、山东则称为"汤饼会"。有些地方有孩子满月时办"满月酒"的风俗，新生命一周之内颇多庆贺。三朝、满月之外、还有十二朝、双满月、百日、周岁等庆生宴会，各地有所不同，但都得庆贺一番。

寿诞宴会，俗称"吃寿面"，以逢十周岁生日最为隆重。但一般而言庆生相对于年少者，贺寿则相对于年长者。以苏北盐城为例，把生日宴会称为"做生日"。民间一般以虚岁生日为准。庆生宴主要在10岁、20岁和30岁生日，庆生宴通常由父母操办。因为10岁是孩子的第一个整生日，20岁往往是孩子在父母身边的最后一个生日（尤其是女儿），30岁则往往是孩子成家后的第一个整生日。贺寿宴常常被称为"XX大寿"，一般指50岁或60岁以后逢十的生日宴会。此时儿女多已成家，贺寿宴往往由子女操办。贺寿宴繁简程度依据主家条件而定，但无论是小孩还是大人，庆生贺寿宴席上都必须有一碗长寿面。20世纪后期改革开放西风东渐，生日蛋糕悄然登上了中国民间的庆生宴席。

谢恩宴。以"谢师宴"最为常见。旧时"金榜题名"是指科举得中，如今"金榜题名"是指孩子考中了大学尤其是名牌大学之后，家长宴请孩子的所有老师以及关心爱护孩子成长的亲朋好友，以表示感

---

① 觥筹交错：酒杯和酒筹杂乱地放着。形容许多人聚会喝酒时的热闹场景。觥，古代的一种酒器。筹，行酒令的筹码。

谢。以此类推，生活中很多喜事的发生，人们都可以设宴表达感激，如职务升迁，工作调动，业务开张等等，谢恩宴是一个公开表达谢意的机会。

乔迁宴。建房和搬家是中国百姓生活中的大事。开工、上梁、竣工、搬家都有相应宴会伴随。前三个环节主要是宴请工匠师傅，相对范围较小。盖房上梁，也是居住民俗中的重要仪式，主人要于上梁之日举行一系列的庆贺活动。上梁大吉，要择吉时，上梁之后，所有匠人停止工作，中午由主人大宴匠人及亲友，以示庆贺，叫作"上梁宴"。而乔迁新居同样也是大喜，主家根据情况宴请亲朋好友及邻居，范围可大可小。有些地方，乔迁之后，亲友要择日前去"贺搬"，主家要办"迁居宴"，以饷亲友及新邻居。

2. 吊唁类

除了喜庆类宴会以外，民间对丧葬活动也非常重视，因而举办丧宴也非常讲究。相对于喜酒、寿面，吊唁时招待亲友的宴会，俗称"斋饭"（孔府宴中称"如意宴"，上海人叫"豆腐饭"）。但由于丧葬活动的气氛较为隆重庄严，斋饭一般不太重饭菜，而重在礼节。因此，斋饭中的菜品质量也不很高，斋饭菜肴多为豆腐、粉条、白菜、白肉之类，主食则是白米饭或白面馒头。斋饭各地风俗也有差异。有的地区，一家办丧事，全村人都会来帮忙，也都来吃斋饭，有"一家发丧，全村盖锅"之俗，谓之"吃丧饭"，这种斋饭人多，不过菜肴也简单，多为萝卜、白菜、粉条、丸子之类。农村的斋饭往往要连续举行几天，直到死者下葬。城市里的豆腐饭一般只在死者火化后开设一餐，也有人家暂不设宴，而待丧事料理完毕后，另设宴会答谢。

3. 家宴类

民间的节日家宴，没有一定之规，随意性较大，多于春节、元宵节、中秋节等主要节日举行。特别是春节、中秋节——中华民族传统的"团圆节"——多数人家在节日期间制作美味佳肴,阖家欢宴,以享天伦之乐,尽叙手足亲情。因此,家宴菜肴虽然并不一定讲究,但却充满了欢乐融融之情,别有一番趣味。旧时的有钱人家,每个节日家宴都十分讲究的,如春节年夜饭、中秋团圆饭是各有定规的,必备的菜品也各有定例。

4. 其他

除了以上的宴会类型之外,民间还有一些特殊的专门宴席及宴饮活动。常见的有:压惊宴,朋辈亲友同事中,在有人遇到意外的天灾人祸时,大家聚而置办酒席,以酒兴和热烈的气氛减轻当事人的心理压力,消除心中余悸。此宴地点、菜式比较随意,以欢饮尽兴为目的。和解宴,指亲朋好友或邻里间因某事而使双方意见分歧,乃至大动肝火,各不相让,形成僵局时,由第三者出面以举宴共饮为名,邀双方于酒宴间据理明事,举杯和好,以释前嫌(yǐ shì qiánxián)[1],使矛盾得到解决。此类宴席一般为一桌,规模不大,档次不高,菜品数量也不太多。陪罪宴(道歉宴),指朋辈之间或晚辈因某事处理不当得罪了长辈,当事人在事后认识到错误,为了向亲友和长辈表示悔过之意,而设宴相邀,借酒席共饮之机,当面陪礼道歉,以示痛改前非,求得长辈和亲友的谅解。此类宴席也较随意,但有时有特定的菜品,如特制长辈喜欢的食品等。

另外,还有一些自发组织的聚餐宴饮形式,如同道、同行、同学、朋友之间不定时的小型聚会,以前一般是轮流做东,如今西方的AA制也被不少年轻人接受。总之,宴会是因习俗或社交礼仪需要而举行的宴饮聚会,是社交与饮食结合的一种形式。人们通过宴会,不仅获得饮食艺术的享受,而且可增进人际间的交往,加深感情。

---

[1] 以释前嫌:以便把以前的怨恨丢开。释,放下。嫌,仇怨,怨恨。

二、民间宴请习俗与席次安排

民间宴请,是亲戚朋友维系感情的重要方式之一,因而,如何宴请各地形成了一些约定俗成的礼仪。

有请有催:民间宴请一般都讲究"请"和"催"两个程序。第一次请客,有的写请帖,有的口头邀请,等于提前发个通知,让被请的客人预先做好事务安排,腾出工夫按时出席。第二次为催客,是在临近宴请时进行。主要因为预约的时间长了,再次提醒,以免客人忘记或记错了,并以此表示宴请的诚意。不履行催客程序,客人会认为邀请不诚恳,或有避而不去的。看重的,甚至为此闹得反目,特别是崇旧俗的地区,主家往往要"三请四邀",以显示请客的诚意和对贵客的敬意。

请客与送礼对应:为婚丧事宜举办的宴请,民间有个不成文的规矩,即"亲戚不请不送,朋友不送不请"。意思是如果主家不请客那么亲戚就不送礼,而对于朋友则是如果朋友未送礼那么主家就不约请。亲戚与朋友的不同十分清楚。以苏北为例,婚丧宴请,主家先要报喜或报丧,旧时喜主或丧主需亲自登门,如今通信发达,但对亲戚至少仍需打电话邀约通报。

席次安排:民间宴请时,席次的安排很有讲究。传统宴会餐桌通常为八客的方桌(俗称"八仙桌"),而不是圆桌。宴请的席次,按宴会厅堂的东西头和桌缝横放直放两个方面确定。旧时民间宴厅东西头,不是以自然方向定位。无论哪种座向,背向厅堂而立左边称"东头",或称"大边";右边称"西头",为"小边"。背向大门的那方,一般都是服务性的座位(俗称"桌长"),左边帮忙斟酒,右边协助上菜。

桌与桌之间,也有级次可分。两桌并列的,左边为甲桌,右边为乙桌;两桌直摆的,上头为甲桌,下头为乙桌;四桌同开的,上头两桌为左甲、右乙，下头两桌为左丙、右丁。桌子的摆列不能超过厅堂大梁，否则便不成席面。一般的宴请，也可以在一般居室中摆宴席。这个居室如果只有一道门户，便以近门的一侧为服务座位，然后按桌子的苏端与直端，如同在正堂那样区分席次。如果这个居室开有两道以上的门户，那便把进出上菜的那一方作为服务席位，然后再按桌子的端法去区分席次。主人家一般要找一位熟悉情况的人安排席位，被称为"支席"或"牵席"。

突出主客：结婚宴请，应以新娘家的送嫁人为主客，新娘的哥哥或弟弟要安排在首桌的首席，再则媒人，而后才安顿其他亲友。长者逝世或老人寿筵，则应以外婆家的来客为主客。招待新姑爷的宴请，则应以新姑爷为主客。斟酒时一定要按席次先后斟酒。斟酒不能将手背对着被斟酒的客人，否则便是不礼貌行为。所以，在给两边依次斟酒时，必须注意随时换手提壶。第一盘(碗)菜可放桌子中心，以后每上一盘，都应首先放到首席客人的面前，并将先上的菜向右、向下头旋转移动。宴请上菜也有一套程序，因而宴席的时间较长。太匆促了，上菜太快，或太慢，都会认为是对客人的不敬。现在大多人家都改用圆桌子举行宴请，更多的聚会都到酒店举办了。但是，有些地区，乡间淳朴的民风未变，有些地方宴请礼节基本仍按过去的规矩行事。

第三节　饮茶习俗与饮酒习俗

茶与酒是中国人饮食中最重要的两种饮料。它们都有着相当悠久的历史，各自形成了一系列的饮用习惯。

第四章 中国饮食民俗（下）

一、中国人的饮茶习俗

中国人喝茶已有四千多年的历史，中国人在日常生活中不可缺少的饮料之一就是茶，茶被列入日常生活"开门七件事"之一，可以看出茶的重要。以茶待客是中国人的一种习惯。客人进门，主人立即送上一杯香气扑鼻的茶水，边喝茶边谈话，气氛轻松愉快。

茶最初是作为一种治病的药，到西汉才开始当作饮料，而且那时茶只是属于贵族阶级的日用品。到了唐代，饮茶渐渐成为普通人的一种习惯。当时，出现了一位茶叶专家陆羽，他总结了种茶、制茶、饮茶的经验，写出了中国第一部茶书——《茶经》。此后，饮茶习俗和文化就逐渐丰富起来了。

中国人的饮茶习俗，有其独到之处，即不仅色、香、味、形、器（茶具）俱全，还讲究水、时、温等等。其中色，指茶叶、茶水呈现的色泽；香，指茶叶、茶水的香气（自然香）；形，指条形茶叶的外形、嫩度和净度；味，指茶叶煮或冲泡后，品茶水的滋味，以味醇而鲜美为佳；器，指成套的茶具，包括壶、杯、盘，不仅讲究小巧而造型精美，还讲质地；水，指泡茶用水，选用山泉水最好，含钙、镁、氯越少的水越好；时，指煮茶的火候或泡茶的时间，泡茶一般掌握在三至五分钟，而不宜太久，以免闷掉香、味和泡出茶碱；温，指泡水的温度要适中，一般用80~90℃开水泡茶为好，不要用沸水直接泡茶，以免破坏茶叶所含营养物质。

在中国，茶已形成一种独特的文化现象。人们把煎茶、品茶作为一种艺术。自古至今，中国各地都设有不同形式的茶楼、茶馆等，北京繁华的前门大街旁就有专门的茶馆。人们在那里，喝茶、吃点心、欣赏文艺演出，可谓休息、娱乐一举两得。在中国南方，不但有茶楼茶馆，还有一种茶棚（图43），这种茶棚多设在风景优美的地方，游人一边喝茶一边观景。

中国民俗文化

图43　茶棚

中国各地喝茶习惯不同，喜好的品种也不一样。北方人爱喝红茶、花茶，南方人爱喝绿茶，边疆各少数民族爱喝紧压茶，蒙古人爱喝奶茶，藏族人爱喝酥油茶等。有些地方，喝茶时还喜欢往茶里放些佐料，如湖南一些地方常用姜盐茶待客，不仅有茶叶，而且有盐、姜、炒黄豆和芝麻，喝茶时边摇边喝，最后把黄豆、芝麻、姜和茶叶一起倒入口中，慢慢地嚼出香味，所以不少地方又称"喝茶"为"吃茶"。

"客来敬茶"是中国传统的民俗。最基本的奉茶之道，就是客人来访马上奉茶。奉茶前应请教客人的喜好，如果有点心招待，应先将点心端出，再奉茶。俗话说"酒满茶半"。奉茶时要注意，茶不要太满，以"八分满"最合适。水温不要太烫，以免客人不小心被烫伤。同时有两位以上的访客时，端出的茶色要均匀，并且要配合茶盘端出，左手捧着茶盘底部，右手扶着茶盘的边缘。在中国各地，喝茶的礼节也不一样。在北京，主人端上茶来，客人应立即站起来，双手接过茶杯，说声"谢谢"。在广东、广西、福建等地，主人端上茶后，客人要用右手指弯曲后轻轻地敲三下桌面，以示谢意。在另一些地区，客人想继续喝茶，茶杯中应留些茶水，主人见了会继续加茶水，如果将茶水全部喝完，主人认为你不再喝了，也就不给你加了。

饮茶不仅可以强身健体，也是人们的一种休闲方式。从古至今，饮茶品茗引发了无数文人的闲情雅思，创作了不计其数的茶诗、茶词、茶文，让饮茶成为一种介于物质与精神之间的文明，它以物质为载体，在物质生活中渗透着丰富的精神内容。

二、中国人的饮酒风俗

酒俗离不开食俗，或者说酒俗是食俗的一个组成部分。中国产酒的地方多，如：贵州、四川、山西、安徽、江苏、浙江等等；酒的品种多，如：茅台酒、五粮液、汾酒、西凤酒、古井贡酒、洋河大曲、绍兴老酒等等；而中国饮酒的习俗花样更多，如：中国古人喝酒就有行酒令①的习俗，有人统计中国古代的酒令有300多种。酒令是中国人饮酒时的一种游戏，目的在于活跃气氛，也是交际才能的表现。至今在中国民间还有不少地方依然盛行行酒令的习俗。酒令有雅令和通令之分，雅令主要在文人雅士中进行，民间所行大多为通令，包括掷骰（tóu）子、抽签、划拳、猜数等。

中国悠久的历史，灿烂的文化，分布各地的众多民族，酝酿了丰富多姿的民间酒俗，许多酒俗留传至今。中华民族大家庭中的56个民族中，除了信奉伊斯兰教的回族一般不饮酒外，其他民族都是饮酒的。中国人饮酒习俗可分为日常酒俗、节日酒俗、生产酒俗、人生礼仪酒俗以及少数民族酒俗等，内容极其丰富繁杂。

---

① 酒令：一种饮酒游戏，输了的人被罚饮酒。

中国人一年中的几个重大节日,都有相应的饮酒活动,如端午节饮"菖蒲酒",重阳节饮"菊花酒",除夕夜的"年酒"。"生产酒俗"是指人们在生产性活动中,伴随着开工、竣工、庆功等仪式而产生的饮酒民俗。"开工酒"在农业、牧业、渔业、建筑等行业中比较常见。庆功酒一般在庆祝农业丰收、建筑落成或重大任务完成时进行。另外,中国人在人生中一些重要的日子也有饮酒的活动,如庆祝新生婴儿满月的"满月酒",每逢过十岁整生日时办的"寿诞酒",结婚时的"交杯酒"等。其他如朋友要远行,有为他送别的"壮行酒";还有人去世后,亲朋好友来悼念,主家为答谢客人要请大家吃饭,办酒席,也要喝酒。

新郎新娘喝"交杯酒"的风俗在中国非常普遍,各地细节略微不同。这是中国婚礼程序中的一个传统仪式。如在浙江绍兴地区,民间喝交杯酒时,由男方亲属中有儿有女福气好的中年妇女主持。喝交杯酒前,先要给坐在床上的新郎新娘喂几颗小汤圆,然后,倒上两杯花雕酒,分别给新婚夫妇各饮一口,再把这两杯酒混合,之后分为两杯,表示"我中有你,你中有我"的意思。新郎新娘喝完后,要向门外撒大把的喜糖,让外面围观的人群争抢。现代婚礼上的交杯酒形式大大简化,就是夫妻各拿一杯酒,为表示夫妻相爱,手臂相交各饮一口就行了。

总之,饮酒是中国人在具有纪念性的日子里必不可少的一项活动,而且中国人的好客,在酒席上被发挥得淋漓尽致。"酒礼"则是指饮酒时,大家必须遵守的礼节。

中国古代饮酒时有下面一些礼节。主人和宾客一起饮酒时,要相互跪拜。晚辈在长辈面前饮酒,叫侍饮,通常要先行跪拜礼,然后坐入次席,长辈命晚辈饮酒,晚辈才可举杯;长辈酒杯中的酒还没有饮完的时候,晚辈也不能先饮尽。

酒宴上,主人要向客人敬酒,客人要回敬主人,敬酒时还要说上几句敬酒辞。客人之间相互也可敬酒。有时还要依次向人敬酒。敬酒时，敬酒的人和被敬酒的人都要起立。普通敬酒以三杯为限。中国人敬酒时，往往都要想方设法让对方多喝点。客人喝得越多，酒宴越热闹，主人就越高兴，说明客人看得起自己，如果客人不喝酒，主人就会觉得没有面子。

一般来说，酒席开始，主人往往讲几句话后，便开始了第一次敬酒。这时，宾主都要起立，主人先将杯中的酒一饮而尽，并将空酒杯口朝下，说明自己已经喝完，以表示对客人的尊重，客人一般也要喝完。在席间，主人往往还要分别到各桌去敬酒，而客人也要向主人敬酒，称为"回敬"。酒宴过程中，客人与客人之间会互相敬酒，为了使对方多饮酒，敬酒者会找出种种必须喝酒的理由，如果被敬酒者无法找出反驳的理由，就得喝酒。在双方寻找论据的同时，人与人的感情交流得到升华。此外，有一种"代饮"的说法：就是本人不会饮酒，或不能饮太多酒，但是主人或客人敬的酒又不得不喝以表示诚意，这时，就可请人代替自己喝。代饮酒的人一般与他有特殊的关系。在婚礼上，男方和女方的伴郎和伴娘往往是代饮的首选人物，所以酒量必须大。

饮酒能让人们充分释放自己的感情，拉近人与人的距离。除此之外，它还能刺激人的灵感，古往今来，美酒飘香，诗文、书法等文学艺术作品都离不开酒的浸润。中华民族在五千年的历史中，逐渐形成了独特的酒文化，而且它已经成为悠久灿烂的中华文明的一部分。

思考题

1. 杭州小吃的特点有哪些？
2. 简述潮汕小吃的特点。

3. 你能说一说中国人喝茶时的一些民俗吗？
4. 简述中国人酒宴风俗的一般步骤。
5. 介绍你家乡的特色小吃。

第五章　中国居住民俗

居住民俗是关于民居建筑类型、结构样式以及施工、搬迁礼仪等方面的风俗习惯。中国有个成语"安居乐业",意思就是"安安定定地生活,快快乐乐地从事自己的工作"。"安居"即有一个固定、安全的住所,这个成语不仅表达了中国人自古以来的美好愿望,也说明了"居"对于人的重要性。对居住的重视是中国传统民居质地优良、建筑美观的重要原因。在中国960万平方公里广阔的陆地之上,不同的生态环境、生产及生活方式和宗教信仰,造就了各民族、各地区不同的居住民俗文化传统,并在各自的民居结构、形式和风格上显示出明显的空间文化差异性。

第一节　居住民俗的特点

一、实用性和多样性

与其他建筑相比,民居是出现最早、数量最多、分布最广、也最为基本的一种建筑类型。住宅建造的直接目的是为了满足人们日常生活起居的实际需要,是"家"的所在。哪里有家哪里就有民居,哪里有民居,哪里就少不了一整套居住民俗。所以,中国居住民俗的第一个特点是实用性,民居首先是为了满足人们的日常生活的生存和安全需要而产生的。

与其他民俗一样，因中国地大物博，民族众多，历史悠久，中国的居住民俗也体现出了多样性的特征。这在世界建筑史上也不多见。出于实用的目的，民居大多因地制宜，都是利用当地出产的材料，用最经济的方法，密切结合气候、环境、地形等自然因素建造。人与自然在这里有最直接的亲密交往，民居镶嵌在自然之中，体现出与自然的协调与统一。

二、审美性和情感性

"家"是一个特别富有感情色彩的地方，所以，民居从来不是一个简单的物质形态。中国民居普遍体现出了审美性和情感性。甚至还可能上升到表达某种思想倾向的高度，诸如体现尊卑之礼、长幼之序、男女之别、内外之分等家族观念和伦理思想。占中国人口绝大多数的汉族民居本身就有多种形式，如四合院、围龙屋、窑洞等，它们既有自己的特点，又体现着一系列共同的属性，保持着大量共同的习俗。汉族民居的基本精神是讲究大环境的营造，用老话说就是讲风水。村落的布局、家屋的地基和朝向都贯穿着这种风水意识。这种意识在民居的各个方面表现出来，形成了意味丰富的居住民俗。"风水"可以说是古代的"地理学"和"生态学"。风水讲究人类与自然环境和谐相处。人们建筑居室，同时就是在构造一个观念体系，用以表达对于安逸、和睦、人丁兴旺、荣华富贵的期盼。汉族民居讲风水的实质是对未来的重视。身处传统的居住环境，一眼看去，满眼都是指向未来的符号。这些符号从不同侧面烘托着吉祥的意义，支持着中国人对于未来的信心。

三、区域性和差异性

区域性特征是中国居住民俗在地理位置上表现出来的最大特点。

粗略地分类，中国居住民俗有南北的显著不同。由于地理环境及文化传统的影响，南方民居造型美观，贴近大自然，一般分为自由式院落和天井院落。南方住宅院落一般较小，四周房屋连成一体，多使用穿斗式结构，房屋组合比较灵活。南方建筑多白墙青瓦，颜色淡雅，房屋的山墙多形似马头。南方水资源较为丰富，水从门前屋后流过，水也是一种景致。有钱人家喜欢住房连着花园，这就是园林。南方的园林不需要很大的地盘，却能营造出境界。北方民居给人的总体感觉是比较大气，一般是大院式的建筑，以西北窑洞和北京四合院为其代表。窑洞在黄土高坡的阳面，窑脸用砖头砌成拱形门洞，并做出花饰，用料简单，手法自然。窑洞上方还种一些植物保持水土。四合院是东南西北四面都有房子的一种民居，以北京四合院最具特色。北京的四合院院子比例大小适中，冬天太阳可以照进室内，正房冬暖夏凉，院子是户外活动的场所。院中常种松树、桃树、枣树、海棠、槐树等。

  南北居住民俗的差异性表现在屋面坡度、用料、外墙用料、高度、室内格局和起居习惯等方面。南方民居屋面坡度较大，用小青瓦盖成，北方民居多为平面或缓坡屋顶，多用三合土[①]，铺瓦的瓦片厚大；南方民居外墙多用砖砌，空斗墙[②]较多，也有用木板的，北方民居则用三合土、土坯和砖砌实墙，比较厚重；南方民居房子层高较高，有两层或三层的，北方的民居层高一般不高，基本是单层的，开间也比南方小。北方汉族室内以锅灶、火炕为主体，朝向一般主房皆坐北朝南。南方水乡，房基多立于水中或水边，墙下可通船，运送粮、柴、垃圾极为方便。南方汉族一般灶头在后间后院，北方则进门先见

---

  ① 三合土：在没有水泥或水泥奇缺的年代，用三种材料配制、夯实而得的一种建筑材料。常用的三合土材料有黏土、石灰、沙。

  ② 空斗墙：中国民间筑墙方式，是砖墙的一种。用砖砌成盒状，中空或填上碎石、泥土。承重力不太强。

灶头，然后才进入住室。墙面，北方以砖纹为美，南方多涂灰泥；北京尚黑墙，涂黑灰，庄严肃穆；南方有的地区喜用白墙，涂白灰，洁净大方。起居习惯，南方睡床，双人床男女对向睡；北方睡炕，均并头睡，且一律头向炕沿，不能头朝里。北方的炕，还有连体炕、对面炕等不同形制。这些都是多年形成的传统居住习惯。这些住房无论样式规格、材料、格局和使用习惯都具有显著的区域特征。

造成中国居住民俗南北差异的原因有多种，归纳起来可分自然环境和人文环境两个方面：

一是自然环境对中国居住民俗的影响。北方寒冷，因此保暖成为中国北方居住民俗的第一要素。北方各种居住民俗都体现了保暖的宗旨，如单面窗向阳开，建暖炕、暖墙、火墙、地炉等。一般灶台连着暖炕，做饭的同时热炕以节约能源。北方干燥缺水，需要造水窖、水井。北方寒冷，缺乏植被的颜色，于是民居中往往用比较鲜艳的色彩来弥补，红绿蓝色较多。而南方气候炎热潮湿，所以，居室墙壁高、空间大，常常前后门贯通，便于通风换气，两层楼常常在一层用砖结构，二层用木结构。南方地形复杂，住宅院落很小，四周房屋连成一体，房屋组合比较灵活，适于起伏不平的地形。南方民居的山墙既有防盗作用，也比较美观。南方一年四季花红柳绿，自然界的颜色丰富多彩，民居建筑外墙一般为白墙青瓦，色彩比较素雅，特别是夏季给人以清爽宜人的感觉。南方水资源较为丰富，小河从门前或屋后流过，方便百姓洗涤，也给南方民居带来了灵气。

二是人文环境对中国居住民俗的影响。中国人家庭意识强，三代四代居住在一起形成四合院，或二进或三进①的套院及以家族为中心的土楼。一个大家庭生活在一起，体现了儒家文化重"和"的特点。现

---

① 进：旧式大宅之内分前后几排房子，一排称为一进。

代家庭多以小家庭为单元,强调生活的个性,传统民居已很难适应。中国经历封建社会的时间漫长,封建观念对中国人的影响深远。在严格的等级制度下,不同地位的人居住着不同形制的房屋。现存的一些"豪宅大院"就是这种思想的明显反映。

外来文化对中国居住民俗的影响表现在一些沿海城市,如广东、上海、江浙等地,一些外国建筑风格对中国民居的影响,出现诸如碉楼、洋楼、别墅等中西合璧的民居建筑。另外,社会环境对于居住民俗也有着显著的影响。人们对民居的建设总是与社会发展相适应。历史上经济发达的地区如山西、安徽、江浙、广东等地区都留下了质量很高的民居,而经济水平较低的地区,人们首先还是解决温饱,对居住的要求就不是很高了。不同民族文化也造就了绚丽多姿的居住民俗,在戈壁草原有飘着奶香的蒙古包;在山崖水边,有凌空建起的吊脚楼;在吐鲁番盆地,有炎炎烈日下的土房民居;还有海南黎族的船形屋、藏族和羌族的碉房、云南傣族的竹楼……它们之间相互影响、互相辉映,共同构成了中国居住民俗的亮丽风景。

第二节　民居的主要类型

汉族人口占中国总人口的百分之九十以上,汉族的民居因区域的不同分为多种类型。如四合院式民居、干栏式民居、碉楼式民居、帐篷式民居、窑洞式民居、船形屋等。

一、四合院式民居

四合院式民居是中国民居中在地理范围上分布最为广泛的一种。"四合院"指的是以正房(北房)为主体,相对应的南房为从属,东、西厢房为附属,以墙壁联合四者所构成的院落。四合院民居充分体现了中国的传统观念。首先,院落四周都由墙壁围绕起来,通过一个大门与外界相通。其次,房屋布局与家庭成员的住房有着比较严格的规定。一般正房高于侧房和厢房,家长住正房,而兄弟、子女辈则住在侧房或耳房中。第三,专门设有"堂屋",堂屋中设有神位。第四,四方房屋有檐下回廊,回廊和天井是家庭成员及客人进行日常交流的场所。中国各地四合院规模不同,大小各异,有一家一院的,也有多户合住一院的。大四合院常常是官邸,中小四合院一般为民居。不论门第高低,大门内都有一扇照壁,既可以遮挡院内的杂乱,又美化了大门的出入口。

北京的四合院(图1)最具特色,普通四合院的大门可分为屋宇式和墙垣式两种,屋宇式的级别高一些。四合院式民居在中国各地以繁简不同的程度表现出来。白族和纳西族的"三房一照壁"和彝族的

图1 北京四合院

"一颗印",从本质上讲也是四合院式的民居。这类民居已脱胎于四合院,形成自身的风格。上海的"石库门"民居(图2),是传统四合院与西方建筑艺术结合的产物。中西文化的碰撞使庭院式大家庭的传统生活模式被打破,取而代之的是适合单身移民和小家庭居住的石库门弄堂文化。石库门民居外门选用石料做门框,多为砖木结构的二层楼房,坡形屋顶常常有老虎窗①,红砖外墙,弄堂口有中国传统式牌楼。现在的上海陕西南路、河南中路和新闸路的一些石库门民居被作为近代优秀建筑整组保存,充满了浓厚的"上海味"。

图2 "石库门"民居

二、干栏式民居

中国的干栏式民居主要分布在长江以南。这与南方的炎热多雨,气候潮湿是密不可分的。人在楼上居住,可以避暑防潮,家畜养在楼下便于看管。在干栏式民居中,以云南西双版纳一带的傣族竹楼最具有代表性;贵州雷山、台江等地的吊脚竹楼,则是半楼居干栏式民居

---

① 老虎窗:凸在房顶斜面的小窗,用以采光通气。

的代表。傣族竹楼（图3）用竹子造成。西双版纳竹楼前廊比较宽敞明亮，三面都没有墙壁遮挡，而是在上面伸出重檐①来遮挡风雨和阳光。前廊外沿设有靠椅，供平时休息，也是乘凉、进餐、招待客人、做家务活的地方。前廊一端，是一个大约十二平方米的晒台，是早晚洗漱、晾晒衣物和放水罐的地方。竹楼室内，分成堂屋和卧室两个部分。堂屋与卧室之间的竹编篱笆隔墙设两个门供人出入：一个门在男柱一侧，供男性出入；一个门在女柱一侧，供女性出入。

图3　傣族竹楼

吊脚楼大多背山面水，横向延伸，楼层一般分为内外两个部分，靠里为实，屋面为地；靠外为虚，屋面为楼。楼底架空，下面一层用于养牲畜。

三、碉楼式民居

碉楼式民居是一种风格比较特殊的建筑，住户多少不等，共同的特点是强调居住建筑在特定社会情况下所具有的防卫功能。具备这一特征的民居有闽南、客家的汉族"围楼"、藏族和羌族的"碉楼"。围楼主要分布在福建、广东及江西部分地区。碉楼主要流行于藏

---

① 重檐：两层屋檐。

族、羌族等聚居地区。

　　围楼又叫土围楼或土楼（图4），有方形和圆形之分。方形围楼是指那些主楼呈方形的土围楼。方围楼以四合院为主体，特点是前后堂多与两横屋等高，并连成四合一体。土楼外墙用泥土构筑而成，内墙多用木结构。方围楼一般都在三层以上，一层大多是厨房、饭厅，二层为储藏室，三层以上作为卧室。楼内有通廊式的走马廊，在方围楼的天井中，常常建有一层楼的中堂屋作为厅堂。楼内还有水井、米碓（què）①、谷砻（lóng）②、浴室，楼外设有厕所等生活必需设施，

图4　客家土楼

---

① 米碓：舂米的农具。
② 谷砻：农具。稻谷经过谷砻扬去糠皮，才成为米。
③ 祠堂：同族的人共同祭祀祖先的房屋。
④ 私塾：指中国旧时家庭、宗族或教师自己设立的教学处所，一般只有一个教师，采用个别教学法，没有一定的教材和学习年限。

有的方围楼还建有戏台、祠堂③、私塾（shú）④等建筑。

圆形围楼，也称为"圆楼"或"圆寨"，结构、功能与方楼大同小异。圆形土楼大多数是一环楼，少数有二环，甚至三环组成同心的圆楼，楼中有楼，内低外高，环环相套。

碉楼（图5）是羌族的主要民居形式，主要用石头造成。碉楼民居的出现与从前的社会结构和社会矛盾有密切关系。由于旧时氏族之间经常发生械斗，因此，山寨地址大多选在地势险要、易守难攻的地方。羌族碉楼一般依山分层而上。民居大多为三层，底层养牲畜，二层住人，三层是屋面，也是多功能的"房背"。出于防卫功能的考虑，底层大多只

图5　羌族碉楼

开一个门以供进出。房门都朝向南方或北方，而忌讳朝东开门。因羌族信仰大门不朝东开是为了避免与太阳相斗，而朝南朝北可以求得大吉大利。碉楼四周的墙体上都不开设窗户，只在接近楼层之处开几个气孔。气孔内低外高，向上倾斜，内小外大，略可透光。碉楼主室、卧室和储藏室等房间的门口，也要避免正对着大门口，因为羌族人认为，专门作祟的鬼只会走直路，不会拐弯。

四、帐篷式民居

帐篷式民居最为典型的是蒙古包（图6）。这种略呈尖锥状的立体造型，十分适合北方草原风大雪猛的气候状况，也便于拆卸和组

第五章 中国居住民俗

图6 蒙古包

装,捆绑和运输都不用费太多的功夫,适应草原上逐水草而居的游牧生活特点。蒙古包包壁上无窗,但帐顶有可以随意开关的长方形天窗,人们通过天窗透进来的阳光就可以断定时间。蒙古包一般一梁二柱,八木外撑。帐外的立杆上高高悬挂着经幡,门前钉着许多排拴牛的牦牛绳。靠近帐门的立柱供拴挂马鞭、马绊(bàn)①,里柱供悬挂敬神、诵经之物。两个立柱之间的中心处专门用于垒灶,灶也是男女分界线,左侧为男,是客厅和男性居处;右侧为女,是操持家务的厨房和女性的居处。

哈萨克族、柯尔克孜族的毡房也是帐篷的一种演变形式,由木栅、撑杆、顶圈、篷毡、顶毡、门框、围带等组成。毡房在外形上呈圆弧形,顶部和四周通常装饰有菱形图案,而蒙古包则用祥云图案,

---

① 马绊:拴马用具。

123

这是哈萨克毡房在外观上与蒙古包的明显区别之一。

藏族、裕固族的"帐房"比较简易,三面用篷布固定,一面开敞,这种帐篷与蒙古包、哈萨克毡房相比起来,无论从外观、构造、材料等方面,还是从居室内部的空间安排、居住习俗等方面来讲,都相差很大。

鄂伦春族的"仙人柱"(图7)也是一种典型的帐篷式民居。仙人柱也叫"斜仁柱",是先支起两根主杆,接着用六根一头带叉的木杆搭在主杆上,相互"咬合"成约30度的圆锥体架子,并在顶端套一个柳条圈,再围绕柳条圈的周边再搭上二十几根木杆,上面盖上狍(páo)皮、芦苇帘、桦树皮等,最后用绳子捆牢。

图7 仙人柱

第五章 中国居住民俗

五、窑洞式民居

在黄河中游一带，窑洞（图8）是主要的民居形式。随着黄土土质的改变，窑洞的形式也逐渐随之改变。窑洞分为"平顶式窑洞"、"靠崖窑洞"和"天井窑洞"。平顶式窑洞，在平地上用土坯或砖石垒砌而成。靠崖窑洞，选一面直立的山崖，辟出高约10米左右的直壁，名为"窑脸"，然后从窑脸上开挖窑洞。靠崖窑洞分为单窑、套窑和天窑三种形式。单窑是一门一窑；套窑是一个窑门内两侧再各打数窑，居中为正窑，两侧为套窑；如果窑顶土层较厚，还可以在窑上再挖窑，俗称"天窑"或"悬窑"。天井窑洞是一种特殊的窑洞形式。挖地为院，筑成人工崖面，再在院子的崖面上开挖窑洞。这种窑洞花费人力多，结构也相对复杂。但天井防风效果好，更加安全，也能发挥窑洞冬暖夏凉、保温隔热的长处。天井院的窑洞宽大约3米，往里的进深大约7~8米，四周见方，然后在坑的四壁下部凿挖窑洞，形成天井式四方宅院，另从窑洞一角的一孔窑洞内凿出一

图8 窑洞

---

① 甬道：走廊，过道。

125

条斜坡甬道①通向地面，为住户进出之阶梯式通道。院内一般都种有高大树木，窑洞顶部四周筑有带水檐道的砖墙。宅院内有做粮仓用的窑洞，顶部开有小孔，直通地面打谷场，收获时可直接将谷场的粮食灌入窑内粮仓。宅院内还有单独窑洞，可作鸡舍牛棚。天井窑洞还有二进、三进院等多院组合，进入村内，只听人语响，不见村舍房。天井窑洞四周墙壁上凿出许多大大小小的洞孔来，叫做"窑龛（kān）"，可以用来放日常生活用品。

六、船形屋民居

船形屋（图9）是黎族传统民居，屋顶呈半圆形，就像船篷一样，而且全屋的构造也如同一条船的形状，分成船头、头舱、尾舱等部分。门开在侧面的山墙上，而不是像其他建筑形式那样开在横面上。船形屋是黎族祖先迁入海南岛以后的产物。

在船形屋内除了床铺、农具和堆放粮食外，屋内还放置"三石炉灶"或砖泥马蹄形灶。后来黎族人又将船形屋直接建造在地势较高的地面上，并且吸收了汉族造床而睡的做法，改变了过去架空地板而睡的习惯。

图9 船形屋

第三节　民居的建造与搬迁习俗

中国居住民俗除了民居本身的外观有不同类型外，民俗意味还从民居建造以及搬迁的整个过程中表现出来。

一、择基、择日

中国民居的建造习俗从选择地址开始。造房子的地方叫作"宅基"。造房子首先要选择一块地方，民间叫作"择基"，这是造房中关键的第一步。人们认为，宅基的好坏，直接影响到居住者的生活、命运，更重要的是，在民间信仰中，宅基还关系到后代子孙的健康昌盛和家道的兴衰。

中国各地各族受风水理论的影响择基要求也有所不同。民间建房要请风水先生[①]按四时八运、生辰八字来选定新房的地点、方位和开工日期。风水先生依照风水理论选地基，普通民众也有一些自己的观念和俗信。比如：山东荣城居住民俗认为，左有流水环抱，右有街道的地方是"金不换"的宝地。湖北通城居住民俗忌讳新房屋后一百步内有水塘，否则对子孙不利。江南地区民众信仰"环抱水"，认为宅基右边有活水河为好。彝族是山地民族，认为"好根地"一般都在左右两山形成的相交的山口，也是聚水之地。在中国不少少数民族地区，还常用占卜[②]的方法来择基。有梦卜、米卜、蛋卜、水卜、瓜卜、竹卜

[①] 风水先生：风水指住宅基地、坟地等的地理形势，迷信的人认为可以影响其家族，子孙的盛衰吉凶。专门帮人看风水的人被称为风水先生。

[②] 占卜：古代用龟甲、蓍（shī 草名）草等，后世用铜钱、牙牌等推断吉凶祸福。

等方法，各有不同规则，但最终目的都是为了选择一处吉祥如意的宅基。总体看来，中国民间建房的择基习俗有以下几个特点：

1. 宅基的选择是事关家族兴衰的大事，所以有不少家庭会专门请风水先生来择基。一般而言，宅基最好选在地势高，水源有保障，能坐北朝南，采光好，不要太喧闹，没有闹鬼传闻，周边没有坟墓的地方。

2. 地基要牢固，出水要通畅，后背要有"靠山"，门前视线要开阔。有门要朝向山之峰、峰之松等说法，倘若视线阻隔，有些地方便竖一块写有"泰山石敢当"的石碑或木牌，或在门上挂一小圆镜，用以驱邪镇魔。

3. 房屋大多朝南，以享受日照，但一般人家按风水先生的指点略偏东或偏西，只有庙宇、祠堂等要朝向正南。

4. 庙宇旧址上不宜造房，坟地不宜造房，绝户、败户①的基地不宜造房，火烧之地不宜造房。

5. 建房多取单数成间，忌造双数，特别是四间。

农家盖房大多在冬春不结冻、雨水少的农闲时期，具体日期要请风水先生择算。民间最为简单的择日习俗是遵从"好事成双"的原则，即日期逢双数，选农历的初四、初六、初八……动土；民间另一个说法是"六六大顺"，于是也有并不请人算日子，而是自选一个有"六"的日子。

二、建房工序与禁忌

由于民居类型的不同，中国各地在建造房屋时，一些具体的程序会有所不同，但总体上的步骤仍是相同的。如汉族民居建造基本上都遵循"动工""砌屋墙""安门窗""再砌墙""上梁"（图10）"盖顶""砌院墙"几个步骤。真正的动工是从打地基开始的，各地

---

① 绝户：没有后代。败户：使家业败落。

第五章 中国居住民俗

开工仪式大同小异，都是表达人们对宅基地的重视和对土地的尊敬。民居建造习俗中上梁是最为重要的工序。

有关上梁的习俗（图11）是整个建房过程中最重要的活动。"梁"是房子结构中重要的承重构件，梁对于房子的重要性也反映在汉语中的一些词语之中。"国家栋梁""栋梁之才""顶梁柱""买屋看梁，攀亲看娘""上梁不正下梁歪"①等。上梁是建房程序中最关键的步骤，在技术上也是对工匠的考验。户主对此非常重视，要准备好酒菜、鞭炮、香纸等祭品。工匠一般也要早早来到主家。上梁要选择吉时进行。一般先由匠人和帮工把梁摆正位置，系好绳索，墙上和墙下的人都准备好以后，开始焚香祭祀，工匠把大梁徐徐吊起之时，鞭炮齐鸣，锣鼓震天。上梁的同时须演唱"上梁歌"，实际上是拉梁上房的号子与匠师吟诵的祝词，上

图10 上梁

图11 上梁仪式

---

① 上梁不正下梁歪：指父母或上级行为不轨，子孙或下级也将染上同样的习气。

129

下一气，一唱一和，把气氛渲染得十分热烈。有的地方，上梁时一边放炮，一边用红布把历书、笔墨包扎在正梁的中间，缠上五彩线，悬上镜子（也有嵌在屋脊上的），再贴好"上梁大吉"的横额。有的地方还有"抛梁"的习俗，抛梁又称"甩包子"，由工匠在梁上抛洒吉祥食物，念诵祝词。所抛的吉祥食物有包子、馍或糕、粽子等，由主人自备或由亲友馈赠。工匠一边吟诵祝词，一边抛撒食物。浙江湖州的上梁祝词有："抛梁抛到东，东面出了姜太公，百无禁忌样样好，今后发达就在你家中。抛梁抛到南，代代子孙中状元，男子要把高官做，女子要把大学士中。抛梁抛到西，出了当年郭子仪[①]，七子八婿朝廷坐，福寿双全像棵万年青。抛梁抛到北，代代砌高屋，前面造起阁老厅，后头两边再造转盘楼。"祝词包含了众多古代高官显贵和名人。抛梁的方向顺序各地也有不同，在四川，主家特别要抛包子，所抛的包子至少来自三家以上。工匠师傅在房上抛包子时，唱到"一抛东方甲乙木"，将包子向东方抛去；接着再是南方、西方、北方，直到唱"我今抛个团团转"后，将包子向新房四周抛散。抛出去的食物四方都要有人去拣，拣的人越多越好，预示主人发达兴旺。围观的男女老少纷纷乱抢，笑声此起彼落。因为上梁仪式的重要，所以有不少地方，房屋的建成也以上梁为标志，有些地方则要举行专门的落成仪式。

这些居住民俗在现代都市中也可以见到一些踪影。如奠基仪式（图12）几乎是任何一项大型建筑动工之前必不可少的。落成典礼也常常是借鉴于民间的上梁仪式的寓意，只不过形式稍有不同罢了。

民间建房禁忌大多是关于工匠的。在汉族地区普遍流传着不能得罪盖房师傅的说法，因为据说工匠中有会"邪法"的，邪法会使房主家破人亡。建房过程中，使用犯忌讳的东西、做不吉利的动作、说

[①] 郭子仪：中国唐代名将。

第五章 中国居住民俗

不吉利的言语都会给主家带来不幸或灾祸。建房禁忌各地大同小异，受当地民众信仰影响，形式有所不同，内涵大多相似。建房过程中工匠或仇人在房梁、柱子、门槛等处刻一些不吉利的符号或放置一些特殊的物品，如头发、树叶、碗筷、以及鸟、兽、鱼鳖等的骨头可用来对主家的不敬表示报复或发泄对主家的不满与仇恨。

图12　奠基仪式

三、搬迁习俗

民间俗称搬家为"乔迁之喜"，搬迁是一件喜事，所以，搬家前要精心准备，搬家时要一丝不苟，迁入时还有一系列活动。

一般而言，新居落成后，搬迁不是马上就进行的，一般都要隔一段时间后再搬进。有的地方还有先在新家养牛、养鸡、喂狗等民俗。民间俗信认为新房中"煞气[①]"较重，所以，有的地方在搬迁之前，要预先在新居中举行一定的活动或仪式，祛除煞气。如放鞭炮、焚香烧纸、敬拜天地等。有的地方还有经长辈住过之后再让新婚夫妇入住的风俗；有的地方搬家之日邀请亲朋好友到新家里玩耍、聚餐；有的地方要进行"分火"或"偷火"仪式；有的地方要请道士念《归土

---

① 煞气：邪气，凶秽之气。

经》；德昂族搬进新居第一晚要先祭"房神"，第二晚才可入住……人们都希望搬了新家生活更加美好。

搬进新居是个喜庆的日子，所以中国人搬迁还非常讲究择吉日。有些日子一般不能搬家，有些日子搬家最好，各地习惯有所不同。如河南信阳地区"月底不搬家"，一般都选每月头几天。在山西吕梁地区，搬入新窑洞时，除了三、六、九日搬家的讲究外，还要结合新居的朝向来考虑具体的时间。

对游牧民族来说，搬迁是经常的。在搬迁中也有许多习俗和信仰。如鄂伦春族在搬动"仙人柱"时，要将"仙人柱"后面树干上安放神像的桦皮盒子先搬走，女人不能插手，然后再拆"仙人柱"。到达新地点后，先安置神位，然后再搭"仙人柱"。存神像的桦皮盒子依然要安置在仙人柱的后面。

四、家屋布置

家屋布置是指居室附近和内部的布置，既要出于过日子的实用考虑，也要服从一系列习俗的规范。家屋布置非常突出地服务于安居的目标，一是使用物质、技术手段，二是采用民俗提供的心理方式。包括门前屋后、大门内外、厅堂、卧室、其他空间等五个区间的习俗，不同民居室内布置差异较大，以下为汉族民居的布置习俗。

1. 门前屋后

中国民居家屋前后都有栽竹种树的习惯。有的是"房前栽杏，屋后种桃"，有的是"前种榆，后种槐"，都有一定的规矩。据说，榆树籽叫"榆钱子"，把它种在门前是招财；"杏"与"幸"同音，把杏树种于门前，意味着幸福临门。南方的许多农户习惯在房前屋后种竹。护院围墙似的竹丛夏能遮阴，冬可挡风，造成很舒适的环境。当然，人们首先看重的还是竹与笋的经济价值，以致民间出现过"养儿不如种竹"的说法。一些农户则习惯在屋后种竹，在门前栽树。门前屋后栽树也有一些禁忌，例如民间谚语说："前不栽桑，后不种柳，门前不栽'鬼拍手'①。"江苏、浙江许多村子桑园成片，但是，因为"桑"与"丧"谐音，蚕农忌讳在门前种桑。客家土楼的大门前都有一个宽敞的场地，俗称"晒禾坪"，再往前是一口半月形池塘，一方面便于储水防火，另一方面有维护风水之效。围屋后面要植造"风围林"，同样有维护风水的作用。

2. 大门内外

大门是维护安全的一个关口，民居的门扇都用比较结实的厚木板制成，往往是铁皮包角、蘑菇门钉、兽头门环、铁环门搭，多刷成黑色或紫红色。人们还要采用一些巫术手段保障心理的安全，如照壁（图13）、宝镜等。照壁是受信仰禁忌心理支配的产物，通常迎门而建，主要是用来挡住"脉气"外走，防"三煞②"，也避免外人直视院内景象。照壁正面中心多设有天地爷神龛。有的在门口外面还要设照壁。为辟灾邪，有些地方的民居有在大门上方正中的地方挂一圆镜的风俗，据说挂上"宝镜"，邪气、小人便不敢入内。现代都市住宅楼的单元式住房，照壁虽然不见了，但几乎与照壁有着近似功

图13 照壁

---

① 鬼拍手：杨树。
② 煞：凶恶的神。

能的"玄关①"(图14)依然留存于楼房套间的入门之处。

3. 厅堂(图15)

旧时民居厅堂俗称"正厅""堂屋"等。在一些大家庭的房子里,客厅和供神的厅堂是不同的屋子,客家人的围楼就是如此。在普通的家屋里,正屋中间的一间最为高大宽敞,被用于待客和供神,这就是厅堂。

图14 玄关

图15 厅堂

厅堂正墙居中安放一长方形香案作为神台,台上摆有一个大花瓶,内插时令鲜花或鸡毛掸子。香案正中供有"天地君亲师"、财神神位或领袖画像等。两侧摆有香炉、烛台。有的还要摆祖先牌位。在广东,神台正中下方为土地神牌位,并写有"天

---

① 玄关:从门到厅的一段空间。

官赐福"。比较讲究的厅堂正壁多为木板嵌成，上挂"百寿图""松鹤延年""鹿鹤同春"等图画，称之为"中堂"。厅堂的中间多安置八仙桌①或圆桌，周围放置各式椅凳。

4. 卧室

图16　木床

卧室又叫居室，俗称"房"。传统民居中"房"的布置有明显的南北之分。在南方，房内摆木床（图16），并有较多的家具。旧式木床三面均有栏杆，在四周有六根方柱支撑床的棚顶。柱顶钉有木板，下面可以挂蚊帐。柱上有图案，如麒麟送子、龙凤呈祥、花卉鸟兽等，或雕或绘，栩栩如生。床身高大、宽敞，酷似小屋。床前地面放有木制踏板。一般来说，床的装饰繁简以户主经济地位高低而分。摆床有一定规矩，必须按屋梁走向安放，但不得正对顶梁，否则为"担梁"。民间传说"担梁"很不吉利，会导致家中人财不旺。此外，睡房内的家具有五屉柜、垛（duò）柜、梳妆台、马桶、椅凳、茶几之类。它们大都放置在进门附近的窗前或墙根处，马桶放在门后或墙角。南方百姓有盛夏夜晚不待在房里，而是在外面的竹床、凉席上纳凉的习惯。

在北方，房内造炕。农村大多以土炕为卧具（图17），且多为过

---

① 八仙桌：每边可坐二人的大方桌

火炕。土炕与灶台通连为一体，由青砖筑起高约两尺的炕墙，炕洞垫起黄土，再用土坯或砖撑起，上面盖泥制炕板。有的地方用石片炕板。烧饭同时便热了炕。炕的讲究在炕围①，上面配有多种图案，有抓髻娃、鱼戏莲、戏剧人物、历史典故以及山水花鸟。

图17 土炕

这类图案高约1米，有的是雇民间艺人画上去的，有的是自家用蛋壳镶嵌的。炕围画由各种图案花边、画心、灶头画几部分组成。画心由白粉调胶打底，通常每幅炕围有六到八个画心，分长方形、圆形、菱形、六边形等。底色以绿色居多，也有红色的。画完用胶矾水封色后，用大漆或清漆油两遍。用蛋壳镶嵌炕围图案时，先把蛋壳分别用各色漆涂染，再剪成指甲大小的圆形、方形、菱形、三角形、长方形、枣核形等几何形状，在泥成炕围之后，趁湿在上边画上炕围常用的图画样，然后将剪好的蛋壳一块块扣在图样上按实，再用锅底灰加水、鸡蛋清调和后刷上几遍，再用豆浆刷几遍，稍干后用手蘸香油反复抹，图案就成了。

5. 其他空间

农家的生产和生活资料都和人在一起，诸如农具柴草、牛马鸡

---

① 炕围：炕的周围。

狗猪羊、吃喝拉撒都要安排位置，这就需要在主要建筑之外附属其他设施。在有院子和天井的民居里，人们在院子和天井里的空地上或打有水井，或设有水道，以便洗衣、洗菜；院子和天井周围总有几间狭小、简易的房间，其中比较好的一间可能会用作厨房，其他的用作库房、柴房、鸡窝、猪圈、牛棚、马厩（jiù）、羊栏、茅房等。

思考题

1. 按照中国民间风俗，择基一般要考虑到哪些因素？
2. 试分析中国传统民居与自然环境的关系。
3. 试分析中国传统民居与人文环境的关系。
4. 中国居住民俗有哪些特点？说说中国居住民俗在现代生活中有什么意义。
5. 介绍一下你家乡的民居特色，文字、图片或视频都可以。

第六章　中国交通出行民俗

交通出行民俗是有关运输通道、交通工具及个人出门和行旅等方面的礼仪和习俗。传统中国社会，民众大多生活在熟人圈子里，乡邻、街坊①、三亲六戚，相互之间诸事都有照应；家里、村里以及地方上都供奉着自己的保护神。这个环境给人的亲切感、安全感是人在任何时候都需要的。超出了这个环境，人们就置身于一个陌生的世界，人们自然就产生了危险意识、怀疑意识。中国有句俗话，"行船走马三分险"，为了生产生活，人们必须出行。自从人类在地球上出现，就开始不停地奔走，陆路乘车、水路乘船。于是，人们创造出了一系列出行民俗，力求行旅途中的安全和心态平静。

第一节　交通出行民俗的特点

中国历史悠久的农耕文化，使人们形成了强烈的"守家"意识。旧中国社会平民百姓因为服役而离家，文人为求知或考取功名而外出，商人为了赢利而外出，而达官显贵乃至帝王为巡游而外出，这一切形成了富有中国特色的行旅文化。各地的交通工具和运输方式因地

---

① 街坊：邻居。

制宜，平原地区的车马比较发达，沿河靠湖的地方船则更有用场，交通特别困难的地方只有更多地利用人力。就中国传统的交通工具和运输方式来说，大致可以分为车、船、畜、轿、人力等五类。中国的交通出行民俗有如下四个方面的特点：

一是地域性。俗语有"南船北马"之说，意思是中国南方人出行主要用船，北方人出行主要骑马。中国960万平方公里的大地上，马帮（图1）穿行在云贵川的崇山峻岭之中，驼队跋涉在西北的沙漠上，黄河上漂着羊皮筏子，乌苏里江上行驶着桦皮船，竹筏穿行在长江的风浪之中，而崎岖的山路，有时甚至只能靠人力，特定的地域环境造成了不同的交通民俗。

图1　马帮

二是神秘性。这一特点与中国民间信仰有关。民间信仰中，为保出入平安，人们出行时，陆路有山神信仰、树神信仰、石神信仰等，水路有妈祖信仰、龙王信仰等。一方面人们离家时有一整套民俗礼仪要举行，同时在外出途中，人们必须真诚地敬仰或祭拜这些神灵。

三是等级性。古代各种交通设施与交通工具的使用都有严格的等级。在便捷的公共交通没有普及以前，交通方式的选用完全由身份和财富决定，并且充满了社会等级的含义，所以有人坐轿，有人抬轿；有人坐车，有人赶车；有人乘船，有人驾船。官员出行住官驿，不同等级的官员住宿的待遇不同。百姓出行只能住普通的旅店或跟人家借宿。现在此类民俗虽已消失，但出行民俗中的等级的痕迹还可以在不同星级或不同性质的宾馆中看到。

四是行业性。交通本身就是一个行业，陆路、水路，车船或人力等在交通方面都有各自的活动领域和技艺传承，并形成了各自的操作规范、旅途规矩、行话、信仰、禁忌等一系列行业习俗。

第二节　交通民俗

中国交通民俗主要表现在交通运输通道和交通工具两个方面。

一、交通运输通道

传统的交通运输通道可分为陆路通道和水路通道。陆路通道又可分为平直大道、栈道和盘山道。平直大道主要在平原地区。栈道（图2）和盘山道（图3）主

图2　栈道

第六章 中国交通出行民俗

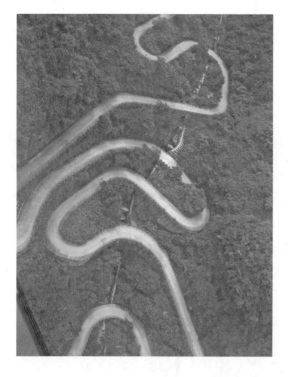

图3 盘山道

要在山区。栈道是指在悬崖绝壁上凿孔支架木桩、铺上木板而成的窄路。在悬崖绝壁架筑栈道是中国古代汉族的交通风俗，流行于四川、陕西之间的崇山峻岭之中。盘山道是绕山而开的山路。水路通道可分为水道和桥梁。水道可分为天然水道和人工水道。桥是架在水上或空中以便通行的建筑物。古时候用木跨水为梁，即是桥，桥与梁合在一起称为"桥梁"。

桥又可分为梁桥、拱桥、索桥、屋桥等。梁桥的梁有平梁和拱形梁两种。长石板或整木为梁，砖、木或石做柱，又称平桥。它是以桥墩和横梁为主要承重构件而建造的一种桥梁，是中国古桥中最基本、最主要的一种类型，也是民间最为常见的一种桥，独木桥（图4）是它的原始形式。梁桥中，以陕西的

图4 独木桥

灞（bà）桥、福建的洛阳桥、安平桥最为著名。

拱桥有石拱桥和砖拱桥，也可分为单拱桥和多拱桥。中国拱桥，以公元282年河南洛阳东石建的"旅人桥"为最早。保留至今最古、最著名的是河北赵县的安济桥。北京的卢沟桥、苏州的宝带桥是南北两座连拱长石桥。

索桥又称吊桥、绳桥或悬索桥，分为独索和多索两种。独索桥又叫"溜索桥"，是索桥的一种形式，流行于中国的云南、贵州、四川地区的独龙、傈僳、藏、彝等少数民族中。一般以竹篾、藤或铁索制作成溜索，系在山涧两头的树干或铁桩上，人通过时两手、两脚并用，面向蓝天，背对深涧溜索过河。多索桥是并列几根缆索，上铺木板桥面，有的两边悬索做栏杆。这是一种以竹藤、铁索等索具为桥身主要承重构件的桥梁，有竹索桥、藤索桥、铁索桥（图5）之分。中国最著名的铁索桥是四川泸定的"铁索桥"。

屋桥也叫"风雨桥""楼桥""廊桥"，是梁桥中比较独特的一种。流行于湖南、湖北、贵州、广西等地的侗族地区，汉族地区也有类似于风雨桥的"廊桥"。（图6）风雨桥多建于交通要道上，方便行人过往歇脚，可以避雨、遮阳，也是迎接宾客的场所，有的还有老人守护，免费提供茶水，供行人解渴。侗族风雨桥由桥、塔、亭三部分构成，浑

图5　铁索桥

然一体。该桥全用木料造成，桥面铺木板，两旁设置栏杆和长凳，上面有立柱、横梁，顶部盖瓦，形成长廊式的走道。石桥墩上建塔、亭，有多层，每层有屋檐，檐角翘起，绘凤雕龙，顶部有宝葫芦、千年鹤等吉祥物为装饰，与鼓楼相似。风雨桥的建筑技巧高超，一般都由众人资助、献工、献料建成，是一项公益事业。桥旁立有石碑，刻上出资、出工、出料者的姓名。

图6 廊桥

二、交通工具

中国民间交通工具因地制宜，多种多样，名称五花八门。随着中国经济的飞速发展，中国的交通向现代化迅速迈进，有不少民俗交通工具和运输形式已不再流行。本节仅选择在部分地区依然盛行或在现实生活中仍具有作用的几类加以介绍，包括车载、船行、畜力、伙抬、背负五类。

1. 车载类

近代陆地交通的主要工具是车，各地民间对车的叫法很多，若从牵引方式来分类，有畜力车（如马车、驴车、骡车）和人力车（如独轮车、黄包车、板车）；若从车轮来分类，有四轮车、三轮车、双轮车、独轮车，有木轮车、胶轮车。

中国北方的平原地区用车的条件比较好，车也比较多。常见的有：

（1）太平车（图7）。太平车是大型车的代表，又称"大牛车"，简称"大车"，前面两个小轮，后面两个大轮，可由一至四头牛拉，载重量很大，能乘坐十多人。车轮的大小和车体的长宽在尺度上都有讲究，一定要带"六"，以"六六"最好，如车架的大杆最短六尺六寸，最长一丈二尺六寸。农闲时十多人赶集，逢年过节全家去祖坟祭扫，接送老姑奶奶回娘家，就特别用得上太平车。

图7　太平车

（2）双轮大车（图8）。双轮大车是以大牲畜（马、牛、骡）

图8　双轮大车

为动力的载重车，过去各地农村普遍使用的运输工具，原为木轮铁角车，后改为胶皮充气轮胎，称之为"大皮车"或"胶轮大车"，用马拉的又称为"大马车"。这种车有两个大轮，车体两边的大杆向前延

---

① 厩：马棚，牲口棚。

伸出五尺多，末端装一根横木，俗称"横担"。车体、大杆、横担之间形成一个长方形的框，俗称"辕门"。有的车辕、车尾装有镂花铜饰。车把式（赶车人）坐在车上赶车，把一头牲畜放在辕门内，把横担搭在它的肩上或身上，叫做"驾辕"，前面另外一头或两头牲畜拉车，俗称"拉套""拉边套"。架车骡马的绳套、笼头个个装有铜饰与缨穗，骡马的头颈上又系着许多铜铃。这种车普遍用于运货、载人。载人时通常临时架个窝棚（席棚或布篷），若是客车，车上本来就装有防风雨的车罩，俗称"花轿顶子"。遇到赶集、走亲戚，用三套马拉上，合家老小一坐，人喊马叫，串铃声声，非常风光。春节后，头一趟出车时，车把式还得在厩（jiù）①旁焚香鸣炮，祈求马神保佑这一年"车行千里路，人马保平安"。

（3）独轮车（图9）和二轮车。也称"小车""鹿车""一轮

图9　独轮车

车"。车体称为"车架子"，呈梯形平面，前窄后宽；前边装独木轮，后边是一尺多长的两个车把，各装一个支架，俗称"小车腿"，在停下休息时作为支撑。这种车由一个人用两手抓住车把向前推行，并有一根系在两边车把上的带子搭在推车人的双肩上。这种车结构简单，造价便宜，不受道路限制，大道小路、载人载物都能适应。载重物时，前边可用人力、畜力牵拉。载重量约200～300公斤。四川称这

种车叫"公鸡车",江南称作"羊角车"。

二轮车,又叫"黄包车"(图10),最早发明黄包车的是英国牧师培利先生。1873年(清同治十二年),黄包车从日本传入上海,故又名东洋车。当时有个叫米拉的法国人看到上海租界日趋繁荣,交通工具不敷应用,便从日本引进300辆东洋车,开设车行,雇佣车夫开始营业。

图10 老上海黄包车

(4)扒犁(图11)和狗车。满语叫"法喇",是中国东北地区满族、赫哲等族等冬季运输工具,流行于吉林、黑龙江等省,以马、牛、骡及狗作为牵引,穿行于冰雪之上,速度很快。其中,上有棚子或毡子围的被称为"暖扒犁"。狗车也是东北地区民间常见交通工具。狗车为木制,形状像小船,长一丈,宽二尺多,若多条狗

图11 牛拉扒犁

第六章 中国交通出行民俗

同时拉车,在冰雪中轻捷如飞。

城市中在出现自行车、机动车以前,中国民间交通主要靠畜力①和人力推拉的车辆,各地也形成了一些约定俗成的服务项目。如老北京的"骡车""趟子车"②"车口儿"③等。

2. 船行类

中国江河湖海众多,水上交通工具种类繁多,按它们的结构、质地以及制作的复杂程度,大致可分为以下船类交通工具和非船类交通工具。

（1）船类水道交通工具

中国水道交通的主要交通工具是船。人们受到水浮空木的启发而制造出船。最早的船是像空心木一样的独木舟。桨和舟是同时出现的,后来随着帆的使用,船的形状和功能越来越多。船大致有捕鱼和运输两种。捕鱼船多在大海和湖泊中行进,运输船多在江河之中行进。民间跑运输的船通常都以运货为业,捎带搭客。客船单独分化出来则是晚近的事。渡船是一种特殊的水上交通形式。一般行船都是上下游行驶,渡船却是在两岸之间来回跑。

瓜皮船,盛行于江南水乡。因两头小中间大,样子像切开的西瓜而得名。一般瓜皮船可乘4～6人对坐长椅,中设茶桌,船上覆花边布幔,可挡风遮阳。也有用这种船叫卖羹（gēng）汤、

图12　桦皮船

---

① 畜力：牲口的力量。
② 趟子车：旧时节日期间有固定线路的车。
③ 车口儿：旧时城里拉大车的聚集的地方。

147

水果、蔬菜和酒类的。

桦皮船（图12），流行于中国东北黑龙江、乌苏里江、松花江流域。以松木为架子，外包桦树皮，船身长可达5米，宽0.8米，主要用于渔猎活动。

乌篷船（图13），也叫"脚划船"。用脚划船装货运客，流行于水乡地区。货船大的可载重一吨，小的只能载重五六百斤，速度很快。客船有6～8道，用小竹竿为拱，竹篾为主体，夹着竹箬（ruò）做成乌篷，第2道和第4道两边各开有窗户，挂着白色窗帘。船头雕刻着螭（chī）首①，中舱有木板、草席、枕头，可坐可卧。船工手把舵，脚踩桨划水行进。

渡船，是摆渡用船，有多种形制。一种是船两岸扣绳，从船角的铁环中穿过，由行人自己拉绳渡河。另一种为手划渡船，有船舱，可搭客、运货。摇船的人称为"艄（shāo）公"。摆渡的人往往一家甚至几代人都以此为生，被称为"船户"，一般家就在渡口附近，以利于一天到晚都能给人方便。一些中小河流上，即使

图13 乌篷船

---

① 螭首：传说中的没有角的龙头。常雕刻在古代祭器、碑额、庭柱、殿阶以及印章等上面。

在半夜，只要有人在渡口呼叫，船主就会起来为人摆渡。渡船的收费方式有两种，即收钱和收粮。有些地方收钱的习惯是等船到河、湖的中间再停船收钱，一般是有钱给钱，或以实物作为船钱，没有什么可给的也就算了，各凭良心，因此有俗语说"有钱没钱都过河"。船户大多是周围住户集体雇佣的，本地人随便往来，既不收钱也不记账。船户每年在夏秋两季庄稼收获后，到服务范围的村庄里挨户收粮，俗称"收时俸①"。因为缴粮并无定数，庄户人家随意缴纳，船户也是给多不嫌多，给少不怨少。一些人家即使一二年不外出乘船，见到船户收粮，也会主动给点，所谓"自己不绝自己路"。在云南一些地方，河两岸的村子共同准备公船，过江时自己撑船，没有专门的船家。中国民间造船的材料各地有所不同，老百姓善于因地制宜，充分利用当地便捷的材料作为水上交通的工具。经济条件改善后，政府在许多渡口架桥，有些渡口也已经用机动船或轮渡代替人工行船。

（2）非船类水道交通工具

非船类交通工具，根据制作的材料不同可分为三种：竹排（竹筏）（图14）、木排（木筏）、皮筏。

竹排：将数根毛竹去皮，反复涂桐油或沥青晾

图14 竹排

---

① 时俸：薪水。

干后，用藤条扎紧成一排。竹排流行于南方盛产竹子的地区。木排或竹排又称木筏、竹筏，是木材、竹材水上运输的一种主要方式。是用绳索将许多原木、原条或竹子编扎成一定形状，利用自身浮力在水上运输的工具。其特点是浮力强，吃水量少，是这些地区民间水上交通工具，也是水上运输的一种简便形式。

图15　牛皮筏

皮筏（图15）：用充气的动物皮囊制作成的在水上运输的工具。制作时，先用质地柔韧的圆木编成木排，然后下面拴上羊皮或牛皮皮囊。这种工具流行于中国青海、甘肃、宁夏境内的黄河沿岸。皮筏子有两种：一种为牛皮筏，形体很大，载重可达几十吨，以运货为主；另一种羊皮筏，形状较小，负重亦轻，以客运为主。兰州谚语"下水人乘筏，上水筏乘人"，是说羊皮筏子上岸时，人们将它扛在肩上。皮筏子船夫常用嘴对皮囊吹气，后来人们听到有人说大话、夸海口时，就建议他到黄河边上去"吹牛皮"。这就是俗语"吹牛皮"的来历。

3. 畜力类

以牲畜代步叫做"骑"，马、骡、驴等曾经是常见的骑畜，以马的身份最高，而以驴的成本最低。毛驴性情温顺，生命力强，对饲料也不挑剔,在近代不仅广泛用作使唤的牲口,而且大量被用作代步工具。公驴俗称"叫驴",母驴俗称"草驴",驮人通常都用叫驴。

图16　民间赶脚者

用作交通工具的驴有一系列装饰:头上挂一个红线的穗子;脖子上套一个皮带圈,再挂九个铜铃,俗称"驴叫子";背上不加木鞍,但要垫上褥子或被子。乡下中等人家可能会专门养一头驴,装饰起来供出门骑乘。也有一些以出租毛驴为生的人,俗称"赶脚的"(图16)。旧时在北京骑毛驴曾经像现在骑自行车一样普遍。

在高原和沙漠地区,主要的代步工具除了马之外,还有牦牛、骆驼等。牦牛运输流行于青藏高原。牦牛被人称"高原之舟",体壮耐劳,运货驮人皆可,一次可驮一二百斤。

4. 伙抬类

伙抬是两人及两人以上合作抬行的交通工具,以轿子为主。轿子是安装在两根杠上可移动的床、坐椅、坐兜或睡椅,有篷或无篷,流行于中国很多地区。因时代、地区、形制的不同而有不同的名称。如肩舆(yú)、檐子、兜子、眠轿、暖轿等。现代人所熟悉的轿子多是明清以来沿袭使用的暖轿,又称帷轿。轿子分为官轿和民轿两类,官轿等级森严,轿夫数量也有规定,是乘坐者身份的象征,除天子轿舆外,以"八抬大轿"为高贵;民轿多为二人抬的小轿。民间结婚时流行"花轿"(图17)迎亲。花轿一般有两顶,讲究"红女绿男"。近代乡间十里八里定有专门出租轿子的,各家娶亲、一些人家请医生或接贵客都要租用轿子。

（1）眠轿，制作简易，用一把躺椅，上面支起一块篷布。乘坐者可以半躺其中，由两人抬，适合年纪较大的人乘坐。

（2）兜子，制作简易，轿身轻便，用两根竹竿作轿杆，用一块木板作坐板，一块小木板作踏板，用麻绳悬着，系在两根轿杆上。兜子适宜于崎岖的小道或山道上代步。

（3）滑竿（图18），也是一种简易的轿子，是特别适应山区的一种代步工具，至今仍在四川、陕南、鄂①西、浙江的山区流行。滑竿用竹竿及竹篾条编成，宽两尺多，长不足一丈，很像现在的担架，上铺垫褥，还可以撑起挡雨遮阳的斗笠篷伞，坐卧随意。坐在滑竿里让人抬着，滑竿晃晃悠悠，仿佛睡在悬空的大摇篮里，格外舒服。抬滑竿有抬短程的，也有抬长途的，一般按里程远近和道路情况收费，翻山越岭加倍。抬滑竿是苦力，但需有特殊的技术。抬滑竿的人须挺直腰杆，脚移身不动；前后两人步伐要一致，前头出左脚，后边则抬左腿，同起同落，快慢一致，踏在一个"点子"上；前头视野宽、路况明，要随时向后头"报路"，后头的必须应声回答，称为"应路"或"应点子"，这样才能省力、耐久。很讲技巧的是，

图17　花轿

---

① 鄂：湖北省的别称。

第六章 中国交通出行民俗

图18 滑竿

图19 背二哥

二人换肩时不停步，同时向上一抛，再用另一个肩膀接着即可。四川重庆等地旧时抬滑竿的很多，抬着客人，边走变喊抬竿行话，前呼后应。如：路遇两边有行人，前面人呼"两边有"，后面人应答"中间走"；如果过独木桥，则前呼"独桥两空"，后应"端踩当中"等。

5. 背负类

乡间许多搬运工作一直都靠人力，尤其是在崇山峻岭的大山区，车船难行，搬运一切货物全凭人力，或肩挑或背负。在陕西南部山区，从事长途背负运货生涯的人叫作"背二哥"（图19）。背二哥上路，事先选一个胆大、富有行路经验的背夫当"背头"，由他

153

负责路上安全。由于山道崎岖①狭险，树木枝叶蔽目，再加人人背后货物高耸，挡住了视线，看不清眼前的道路，"背头"随景编歌报路，后边的人随口应和，以示知道，不使乱了套、止不住步出危险。特别是上坡、下坡、急弯、过桥和道上有障碍物时，报路歌至关重要。背二哥所用工具是喇叭背斗一个（或绳架一副），丁字拐一个，沿途休息时用丁字拐支撑，每人每次可背负一百多斤。

西藏墨脱地区门巴族的背运与背二哥大同小异，使用一种可扩大或缩小的藤制背筐，用两个背带套在两肩上，筐的上方另有一条背带套在背运人的前脑门，途中休息也用丁字拐支撑。背运都是集体进行，领头人为富有经验的中年人，他领呼号子，调节步履快慢，由于路途险阻而负重，一般数百步一停，使整个队列的人能够平安到达目的地而不至于体力耗尽。

第三节　　出行习俗

"在家千日好，出门一时难"，背井离乡的路途中潜在着种种危险，这使旧时的出行之人，无论是集体性的交通作业，还是一个人的远途跋涉都十分信奉能够保佑生命安全的一系列神灵和一整套规矩。旧时民俗信仰中，有相应的行神、马神和水陆保护神。行神据说是黄帝的妻子嫘（léi）祖；马神又称马王爷，旧时在农历六月二十三祭祀马神，在北京，祭马王爷的祭品是用全羊。与水上交通有关的神灵因地域不同也有区别，湘江有湘君、湘夫人，洛河有洛神；航海人信奉的保护神很多，但其中影响最大的是妈祖。

在传统社会，除了官员能够享受交通的便利和奢侈的接待，普通

---

①崎岖：高低不平的山路。

人的旅行充满艰辛,没有安全保障,"行路难"是民间普遍的感受,平民百姓万不得已才出门,出门就得平添几多磨难。所以,如果不是受突发事件所迫,只要是有安排的出门,人们往往不论路途远近,时间长短,都要择日上路,尤其偏爱黄道吉日[①]。简易的择日是查阅皇历,一些地方则按更简便的方法择日,如出门要逢三、六、九,回家应选二、五、八,依此安排行程就吉利。山东还以谚语的方式传承这种习俗:"三六九,往外走"、"二五八,好回家"。这些择日习俗,后世认为只是一种迷信,但当时的人却视为是可以信赖的依据、准则,并在一定程度上影响着今天的中国民众。

出远门要做充分的准备。首先是带足费用,俗称"盘缠"。中国有句俗话叫"穷家富路",出门举目无亲,事事靠自己,事事靠钱财,总要尽力带足。经济拮据的人还要带衣物等生活用品。若是骑驴骑马出行,除尽力带干粮,如烙饼、煮鸡蛋等,还要带足草料。搞贩运的商人还得带几只狗随行,晚上歇脚时用来护守货物。有的地方出门前要系红腰带,俗信认为可以避邪气保平安。

民间风俗出远门有一套告别的仪式,现在已经大大简化,但通常情况下要全家人一起吃饯行饭。与长辈"道别"时,长辈们必定安抚吉言吉语,有的还会资助一点盘缠。许多地方的饯行及迎客的习俗是"出门饺子回家面",或说"上马饺子下马面"。出门吃饺子(象征元宝)是祝他出门发财,客来吃面条是表示用长长的面条绊住客人,希望客人留下来。有些地方送客煮十个鸡蛋相送,取"十全十美"的吉利,叫作"送元宝"。讲究一点的要摆宴席饯行,请家族兄长、亲朋好友,大家以酒祝愿。

旅行途中有许多谨言慎行的习俗。途中问路要先施礼,加尊称开

[①] 黄道吉日:适宜办事的好日子。

口,所谓"见人不施礼,多走五十里"。路上见到东西不要随便捡,以免惹是非。遵守交通禁忌,如坐车不能说"翻"字、坐船不能说"沉"字等等。路遇过道之蛇,决不能伤害,因为民间俗信认为蛇为土神。

外出回来时,亲友要"接风""洗尘"。归来之人要给亲友每人一份礼物,多少不限,以表心意。总之,在中国百姓看来,出行既是一件比较重要的事情,也是一件增长见识、增进感情、充满关爱的活动。

思考题

1. 简述中国民间传统出远门和外出归来时的一些礼仪。
2. 简述中国民间渡船习俗。
3. 简介你家乡的出行习俗。

第七章　人生交际礼仪民俗

中国一直有"礼仪之邦"的美称。在古代，礼仪是统治者为了统治国家而建立，是为政治服务的。礼仪秩序混乱，会影响社会的稳定，动摇统治者的地位。早在西汉时期，就出现了介绍和解释礼仪、礼仪制度的专著《礼记》[①]。礼仪也成为一种学问——礼学，是儒家思想的重要组成部分。在两千多年的历史中，中国人生、交际等方面的礼仪已经形成了一套完整规范的系统，深深地影响着整个中华民族。

第一节　人生及交际礼仪的特点和作用

人生交际礼仪民俗包含两部分内容，一是人生礼仪，一是交际礼仪。人生礼仪是贯穿于人一生当中的诞生、成年、结婚、去世等几个重要时段的典礼和仪式。交际礼仪是人们日常交往中应当遵守的礼节和规矩。人生礼仪大致可以分为出生礼仪、成年礼仪、婚俗礼仪、丧葬礼仪四大类。交际礼仪包括日常礼貌用语和行为礼仪。行为礼仪包括见面、宴请、喝酒饮茶等礼仪。人生及交际礼仪和每个人的生活都有着十分紧

[①]《礼记》：中国古代重要的典章制度选集，主要记述先秦的礼制，是"十三经"之一。

密的关系，一般而言，中国的人生及交际礼仪具有以下特点：

一、系统性。人生、交际礼仪和每个人的联系都很紧密，涉及一个人一生中的每个重要阶段——出生、成年、结婚、去世以及日常生活，每种人生礼仪又具有特定的步骤，很多礼仪受到历代政府的高度重视，甚至通过颁布法律来确立人生礼仪的重要地位。

二、约束性。人生、交际礼仪是一种人们需要严格遵守的行为规范，任何人都不能随便改变和违反。有时候，国家也会通过法律强制要求人们去遵守人生、交际礼仪，从而维护整个社会的秩序。

三、稳定性。人生、交际礼仪从产生开始，就表现出稳定的特性。它虽然在历史发展中会吸收一些新的内容，同时抛弃一些旧的内容，但是总体上，没有太大的变化。

四、传承性。人生、交际礼仪具有明显的传承性。人们的生活离不开人生、交际礼仪。人生礼仪和人们的日常生活有着十分密切的联系。人生、交际礼仪在历史发展的过程中，被人继承、发展，成为一个民族文化的重要组成部分，体现特定民族的文化特色。

人生、交际礼仪具有特定的社会作用。人生、交际礼仪是维护社会秩序稳定的重要因素，代表整个社会的价值取向、道德规范，也制约着人们的思维和行为方式。人生交际礼仪的社会作用具体表现在以下两个方面：

一、约束社会成员，促进社会和谐。人是社会的人，在日常生活中，通过交际礼仪的引导和约束，人与人之间的交往才能够顺利进行。人的一生要经历人生中的各种礼仪——出生礼、成年礼、婚礼等仪式，从而完成从儿童到成年再到完全独立的人的转变，并逐渐开始承担社会和家庭的责任和义务。同时，礼仪约束和规范人们的行为，从而促进整个社会的和谐有序。

二、密切人际关系，增强民众团结。各类人生、交际礼仪虽然产生在不同时段、不同空间，但却有着共同的宗旨，即通过人生、交际礼仪的一些活动，增强人与人的合作精神，促进人与人之间的团结。人生、交际礼仪在帮助人们完成社会角色转换的同时，还可以帮助人们完成心理角色的转换。如婚礼时新娘的哭嫁①既是对自己心情的一种宣泄②，也有助于新娘从女孩到主妇的角色心理转变。

第二节　人生礼仪民俗

一、诞生与成年礼仪

繁衍后代是人类最重要的任务之一。中国传统观念认为"养儿防老""多子多福"，意思是生了儿子年老时就会有所依靠，而且孩子生得越多，就能得到更多的"福"。在这种观念的影响下，人们非常重视后代的繁衍和健康。但是，由于古代科学水平无法满足人们的生理、心理需求，因此，人们创造发明了一套伴随人生的礼仪民俗来表达人们的美好愿望。诞生礼是希望从怀孕到出生，孩子能健康平安。成年，意味着一个人由儿童转变为成人，应该承担起社会责任，完成社会角色的转变，成年礼就是对这种转变的强调和重视。

1. "求子"习俗

求子的习俗起源于古人对生育的重视。人口众多，人丁兴旺是古代家庭的一个最基本的目标。因此，一结婚就要祈求怀孕。祈求怀孕的习俗，在婚礼的时候就有。例如"压床"，在结婚前一天晚上，要选一个爷爷奶奶、爸爸妈妈都健在的没有结婚的男子陪新郎睡在新床上，祈求"早生贵子"。此外，婚礼的时候，还会选择一些水果、鲤鱼、食物，来表示祈求"早生贵子"的意思。例如石榴，石榴象征

---

① 哭嫁：中国有些地方婚礼的一种仪式。
② 宣泄：舒散或吐露（心中的郁闷）。

"多子"。鲤鱼的意思是"鲤鱼跳龙门",鲤鱼象征多子多福,也希望孩子长大能有很好的前途。其他的食物有枣子、莲子、花生等等。

结婚以后,如果不能顺利怀孕,就要去寺庙祈求负责生育的神——送子娘娘。中国地域辽阔,各地求子风俗也不尽相同。

2. 孕期习俗

小生命的孕育从来是人类心目中神秘而又神圣的事情。为了确保妇女怀孕时期的安全和孩子出生时健康平安,中国民众创造了许多怀孕期间的禁忌,包括饮食、起居等日常行为的许多方面。这些禁忌,有些是迷信的产物,有些现在看来还是很有科学道理,甚至是有科学依据的。如孕妇饮食的禁忌有:不能吃姜、螃蟹、公鸡、狗肉等等,也不能吃油腻的食物,尤其不能吃兔肉,因为吃兔肉,孩子的嘴巴会少一块,变成"兔唇"。现代科学证明,孕妇确实不宜食用公鸡、狗肉,但是吃兔肉会得兔唇,这就是典型的迷信的说法。再如孕期起居和日常行为方面规定,在怀孕期间,夫妻需要节制性生活。上海松江地区流行一种习俗,妇女怀孕三个月以后,娘家就送一张床到女婿家,意思就是女儿女婿应该分床睡觉了。孕妇应该避免听到噪音和别人的脏话,避免看到丑恶的东西,孕妇要注意自己的言行,避免说脏话,保持心情平和。孕妇不能参加祭祀,不能从事重体力劳动,不能太辛苦。这些禁忌,对孕妇和婴儿都很有好处。

3. 产后习俗

孩子刚出生,为了保证产妇和孩子的健康平安,中国各地产生了很多产后习俗。刚生完孩子,产妇进入休息时期,中国人把这段时间叫做"坐月子"。产妇坐月子的时候,有很多的禁忌和习俗。为了保证产妇奶水的充足,产妇的饮食有严格的限制:食物以清淡为主,甚至不放盐。一般来说,不能吃猪、牛、羊等肉类,也不能吃辣椒、姜等味道重的东西。有些地方的习俗是,产妇只能吃小米粥。有的地方产妇要喝"定心汤""平安药"之类的中药。猪蹄和鲫鱼是最适合孕妇吃的食物。

中国民间，尤其是农村，产妇的房间不能随便进去。家中有人"坐月子"，一般都会在房门口挂一样东西，既能辟邪，保护婴儿和产妇的健康，又能提醒别人不要随便进去。如中国北方如果生了女孩，门口挂块红布，生了男孩，挂上弓箭。还有挂草帽、挂草绳的习俗，各地不同。

4. 新生儿礼仪

新生儿在母腹中已经受到很多呵护，而降生人世以后，更有一系列的民俗礼仪恭候着他们。如三朝礼、剃头礼、满月礼、取名礼、抓周礼等等。

"三朝礼"是婴儿诞生礼中重要的礼仪，在婴儿诞生三天时举行，包括"添盆"和"洗三"两种礼仪。添盆和洗三是同时进行的。在婴儿诞生三天的时候，婴儿的长辈准备鸡蛋、花生、枣子、栗子、桂圆等象征吉祥的果子，放进婴儿洗澡的盆里。再放几枚铜钱，再加一点冷水，这就叫"添盆"。添盆以后，就开始洗三。一边给婴儿洗澡，一边要说祝福的话，例如："洗洗蛋，做知县。洗洗沟，做知州。"表达对孩子将来的美好期望。

"剃头礼"是婴儿诞生满一个月时的礼仪。剃头前，婴儿长辈会送礼物给婴儿，礼物有金银项链、手镯、脚镯等，还有送衣服的。项链和手镯上常常刻着"长命富贵"等表达美好祝福的话。有的地方，剃头仪式是一个家庭很隆重的仪式，婴儿由舅舅抱着，接受剃头的礼仪。剃下来的头发被称为"胎发"或"胎毛"，父母会把它整理好，然后挂在房间里，保护婴儿，让婴儿健康成长。江南一带流行将婴儿的头发做成毛笔，叫作"胎毛笔"，既能够辟邪，又能够保佑婴儿长大后学习优秀。

婴儿出生三个月的时候，就应该为他取名字了。在正式的名字没有取好之前，一般先给婴儿取乳名、小名或者贱名，它们都不是正式的名字。乳名和小名一般根据生肖，比如阿牛、小龙等等。贱名是长辈为了留住孩子，给孩子取一个十分难听的名字，例如阿狗、阿猫，或者名字里带上"傻"等不好的字。这么做是因为旧时医疗条件较差，孩子不容易养大，因此人们认为取一个难听的名字不容易被鬼神看中带走。旧时孩子的乳名是不能告诉不认识的人的，因为古人认为，如果告诉了坏人，他们能够把孩子的灵魂带走。因此，乳名具有保密性。

正式名字的选择，有以下这些原则，第一，根据家谱，如家谱规定这一代的人名字中必须有一个"学"字，那么，名字就叫"×学×"。第二，按照孩子的生辰八字，即出生时间，春天出生可以取名"×春"或"春×"。第三，根据父母的美好愿望。旧时由于男女不平等，妇女地位低下，女孩子是没有名字的，只在姓后面跟一个"氏"，例如张氏、王氏，结婚以后再将丈夫的姓放在前面，叫做"×张氏"、"×王氏"。

抓周礼（图1）是在婴儿周岁生日的时候，父母长辈为了了解婴儿的兴趣爱好和未来前途，而举行的"抓周"仪式。婴儿将来的前途是父母最关心的事情，每个父母都希望自己的

图1 抓周

---

① 文房四宝：笔、墨、纸、砚的合称。因是书房中常备的四各种文具，故称为"文房四宝"。

孩子能有一个美好的前途。抓周那一天，要把婴儿打扮得很漂亮，在他的面前放着文房四宝①和书、针线、金银财宝等东西，让婴儿自己选择一样喜欢的东西。如果选择文房四宝或书，那么婴儿将来是一个读书人。如果是金银财宝，那么婴儿长大会成为商人。这样的习俗，虽未必有科学的依据，但表达了父母对孩子的未来的美好期待。

5. 成年礼仪

成年礼是少年男女成为成年人的一种礼仪。旧时男子一般到20岁要举行"冠礼"，举行冠礼要选择吉祥的日子。冠礼结束后，男子戴上成年人的帽子，标志已经是成年人了，可以享受成年人的权利,同时，可以得到名字里的"字"。女子15岁的时候，要举行"笄（jī）礼"。笄是古代女子扎头发用的"簪（zān）"①。女子举行"笄礼"后，表示已经成年，可以使用簪子扎头发，可以婚嫁了。在少数民族中，有多种形式的成年礼，例如文身②、染齿③、换裙礼、上马礼、扎耳礼等等。染齿和文身是傣族男女的成年礼仪，换裙礼是彝族女子的成年礼仪。上马礼和扎耳礼是哈萨克族少年男女成长中的礼仪。

新中国成立以后，规定18

图2　成人仪式

---

① 簪：中国古代妇女用来绾头发的首饰。
② 文身：在身体上刻字或者图案，少数民族的一种成年礼仪。
③ 染齿：把牙齿染上颜色，少数民族的一种成年礼仪。

岁为成人年龄。18岁时许多孩子正上高中，因此，现在许多中学在高中毕业时举行集体成人仪式（图2），保留了成年礼仪的精神内核，形式已经发生了较大变化。

二、婚姻礼仪民俗

人生礼仪中，婚姻是繁衍后代，延续家族的重要方式。成语"终身大事"就是指婚姻，中国民族众多，区域辽阔，婚姻习俗表现出了一定的民族性、区域性和稳定性。汉族传统婚姻礼仪程序比较复杂，常常包括招亲定亲、议婚论嫁等结婚前习俗，迎娶、哭嫁、拜堂、合卺（jǐn）①、闹洞房等婚时习俗等多个步骤。招亲主要看男女双方各方面条件是否匹配相当；定亲是确定双方的婚姻关系；议婚论嫁是双方商谈结婚的各种程序，包括彩礼②的数目等。结婚前负责联络男女双方，传达各自意见的人叫"媒人"或"红娘"。"迎娶"主要是指男方到女家来迎接新娘，往往会在不同环节受到不同程度的为难；"哭嫁"是新娘告别老家亲人的一种仪式；"拜堂"是新婚入洞房前必须要举行的仪式，新郎、新娘一起参拜天地和父母；"合卺"即喝交杯酒，表示从此两人已是一家，形同一人；"闹洞房"是借婚礼喜气，亲友与新郎新娘开玩笑，渲染欢乐的气氛。婚礼时负责照看新房、照顾新人的妇女，有的地方叫"喜婆"或"福奶奶"，必须由有儿有女、家庭美满幸福的"全福"之人担当。

传统婚姻习俗当中，有的是精华，有的是糟粕，有的现在还在使用，有的已经消失，延续下来的婚俗也在一定程度上被简化、改良或省略。中国各地各族婚姻礼仪可谓琳琅满目、五彩缤纷。以下列举的十个例子，不难发现，中国民间婚姻习俗的每一个步骤都表达着人们

---

① 合卺：成婚（结婚的仪式之一，卺是半瓢，把一个匏瓜剖成两个瓢，新郎新娘各拿一个饮酒）。
② 彩礼：旧时订婚是男方送给女方家的财物。

祝愿新人美满幸福，祝愿小家庭早日有小孩等美好的心愿。

1. 东北婚俗中的"离娘肉"（图3）

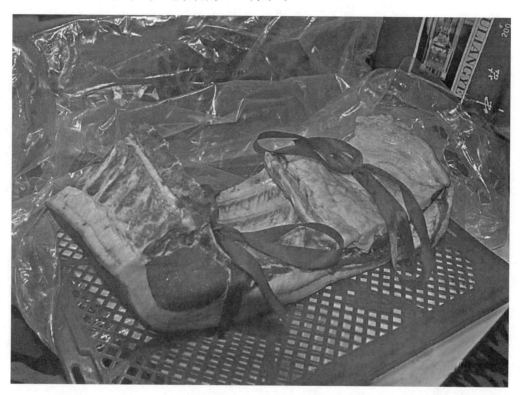

图3　离娘肉

东北婚俗中，新郎来新娘家迎娶时，迎亲队伍人数是有规定的，大多是十几人，而且人数必须是单数，加上新娘正好是双数。十几个人中不能有新郎的父母，但必须有一对童男童女。必须要带的东西有：猪的里脊[①]肉一条，是给新娘母亲吃的，叫作"离娘肉"；几根大葱用红线捆着，寓意是生活过得充实；还有一个红脸盆，里面装满琐碎的生活用品，叫作"聚宝盆"。

---

① 里脊：牛、羊、猪脊椎骨内侧的条状嫩肉，做肉食时称为里脊。

2. 安徽婚俗中的"谐音"特色

安徽婚俗中，充分利用了汉语谐音的特点。男女双方定亲后，男方要向女方送提亲礼金，徽州一带的礼金一般为108元或128元，取"8"的谐音为求"发"家的吉利。安徽婚礼中新娘离家时，要进行"过炉"仪式，即由家人背着新娘从锡炉子里烧着艾叶的香气中跨过，"艾""锡"谐音"爱媳"。新娘到达男家门前时，男家会请出专人将新郎新娘的鞋对换，因为"鞋"与"偕"同音，这个动作是"白头偕老"的象征。新娘还须踩着青色布袋而行。当新娘踩上前一只青布袋时，后边一只青布袋就被两名傧相（bīnxiàng）①掀起并从新娘头顶翻过，口中高喊"一袋（代）传一袋（代），一代高一代"。闹洞房时，依次撒向新房床上的红枣、花生、桂圆和莲子，谐音"早生贵子"。安徽婚俗中谐音寓意很明确，表达了人们对新人的美好祝愿。

3. 上海婚俗中的"撑伞"与"换鞋"

上海婚俗中，在送亲时，女方的一位全福的女性长辈要撑起红伞伴着新娘走，以便保护她不受妖邪侵犯。女司仪在新娘出门时要多备一双全新的绣花鞋，待新娘上轿或上车后，便要立即换新鞋，表示新娘出家不会带走任何属于娘家的东西到夫家，也寓意以后的生活将全部交付给丈夫。

4. 朝鲜族婚俗中的"奠雁礼"与"公鸡"（图4）

朝鲜族的传统婚礼有新郎婚礼和新娘婚礼两部分。新郎婚礼在女方家举行，新娘婚礼在男方家举行。新郎婚礼上"奠雁礼"比较特别。新郎迎亲时要带去一只木刻的雁。放到新娘家客房房门外一张小桌上，把模雁往前轻轻推三次，之后行跪拜礼。雁是双双高飞、至死不离的鸟类，奠雁象征新郎、新娘像雁一样永远相爱，相互忠诚，永

---

① 傧相：接引客人的人，婚礼时赞礼的人。

不分离。

新娘婚宴比新郎婚宴要丰盛，在桌上一定要摆一只煮熟的昂首挺胸的整公鸡，嘴里还叼着一个大红辣椒，以示吉祥。

图4　朝鲜族婚俗

5. 蒙古族娶亲途中的"争先"习俗（图5）

图5　蒙古族婚俗

蒙古族婚礼中，娶亲路上，依照习俗，男女双方送迎亲队伍互相追逐戏逗。有时，女方的送亲人抢去新郎的帽子，挑在马鞭上，或扔在地上，新郎没法，只好下马捡帽，这样就耽误了时间。有时，聪明的男方也有办法,在离新郎家不远的地方设一桌酒席,款待送亲人,女方盛情难却,只好下马喝酒,男方趁机抢先到家。一路上这样纵马奔腾,你追我赶,气氛热烈,富有浓郁的生活气息。

6. 瑶族婚俗中的"对歌"定情风俗(图6)

瑶族谈婚的主要方式是"讴莎(ōushā)瑶",即通过唱歌选择自己的心上人。对歌可以在节日也可以在劳动时隔山对歌,最盛行的是晚上到女方家窗前对歌。瑶族少女长到18岁左右,晚上即有男青年上门唱歌,有时一个男青年单独邀姑娘唱,有时几个男青年同时轮唱。姑娘如果对唱歌的男子有情意,即和他对唱;如果无意,她即默不作声地从窗口传出火把,意思除了表示谢绝求爱,还表示善良的姑娘希望这位小伙子不要气馁,拿这火把照路,去别处寻觅姑娘谈情说爱。在众多求婚者中,如果有一个青年被姑娘选上,其他青年不仅不会嫉妒,而且还衷心祝贺他唱歌求爱得到爱情。

图6 瑶族婚俗

7. 拉祜（hù）族婚礼无婚宴（图7）

拉祜族婚礼当天，男女双方家里都要杀一头猪，先后将猪头送到对方家，并且把猪头切成两半，一半留在对方家，一半由自己带回来。之后，男女双方将各自的两半猪头合在一起，以表示骨肉之亲和新婚和睦之意。婚礼当天，新郎、新娘要一同下山背水、砍柴，同时还要先后献饭给双方的父母，并到寨庙里叩头和供奉礼肉，然后再到双方家里祭祖和敬拜父母、亲戚。这些仪式完成后，新郎新娘与宾客简单吃喝，接着便进入婚礼的高潮——大规模的对歌活动。

图7　拉祜族婚俗

8. 苗族婚俗中的对歌和讨歌习俗

对歌风俗在中国多个少数民族中盛行。云南西部的苗族婚庆有三个步骤："画把曲"、对歌和讨歌。"画把曲"是在新郎家派来的年轻人脸上抹上黑手印。苗家风俗认为"把曲"画得越黑越好，这样新娘过门后，喂猪喂狗养鸡养鸭，才会肥肥壮壮。苗家婚礼上的对歌首先是新郎新娘两家的歌队对歌，赢者再和婚礼贺客对歌，往往是几个歌队同堂对歌,歌声此起彼伏。"讨歌"是苗家婚礼进行到第三天时,客人离寨前,主人再三向其讨歌,按习惯,客人每跨一块石板就要留下一首歌,讨歌时"把曲"表现得最积极。讨歌最后往往变成青年男女之间的情歌对唱。

9. 摩梭族的"走婚"习俗

摩梭族的走婚风俗,特点是男不娶,女不嫁,男子于夜晚到女子家中访宿,第二天清晨又返回自己家中从事生产劳动,配偶双方不组织共同的家庭。在川西,人称走婚为"爬房子"。走婚并非杂乱无章,更不是乱婚、群婚制,这种暮合朝分的阿注①关系的缔结,要遵循一定的原则:有亲戚血缘关系的严禁走婚;不能同时结交多个阿夏②;男女双方有好感就可走婚;感情破裂,标志走婚关系的结束;若女方有小孩,走婚关系就稳定下来。

10. 哭嫁婚俗(图8)

中国的汉、土家、藏、彝、壮等族的婚礼中有"哭嫁"的习俗,流行于中国大部分地区。哭嫁是新娘出嫁时履行的哭唱仪式活动。民间认为,新娘出嫁,一定要哭,并有"不哭不发,越哭越发"的说法。哭嫁所哭的主要内容有:哭诉少女时代逝去的悲哀和对新生活的迷茫不安;哭诉对家长制的不满;哭诉父母的养育之恩、哥嫂弟妹的关怀和对媒人的痛恨,对婚事不满者哭诉委屈,对婚事如意的就哭诉怀念之情。土

图8 哭嫁

---

① 阿注:摩梭族语,"朋友"的意思。
② 阿夏:摩梭族语,"情人"的意思。

家、壮、彝等族过去还把哭嫁水平作为女子才德的标准,所以有些地方的女孩子十一二岁就跟人学习哭嫁的风俗。

今天,中国的婚姻习俗发生了重大的变化。传统的婚姻习俗也逐渐被现代习俗代替,婚礼的习俗越来越多元化。西式婚礼也越来越受到年轻人的青睐(lài)①,拍婚纱、去教堂、蜜月旅行。尽管婚礼的形式在变,但是,中国传统婚姻文化里喜气洋洋的吉祥色彩仍然没有改变。婚礼,仍然是最热闹,最隆重的人生仪式。

三、中国丧葬礼仪民俗

丧葬礼仪民俗是指安葬、哀悼和纪念死者的礼仪活动。丧葬是对死者的一种文化处理方式和方法。丧葬礼仪一般分为三个阶段:葬前的礼俗、葬礼和葬后服丧的礼俗。这种方式和方法,随着历史的发展、人类对于死亡文化的重视以及人类信仰的不同,变得越来越繁琐和复杂。一方面仪式越来越多,丧礼、葬礼以及死后七七、周年等纪念日等都有不同的仪式和文化规定;另外一方面是埋葬的方法也随着历史的发展、在不同地区、不同民族形成了多种多样形态各异的方式,形成了土葬、水葬、火葬、天葬、树葬以及悬棺葬等多种葬法。

1. 丧葬的仪式

中国民间的丧葬礼仪具有浓厚的宗教和迷信色彩,各地的丧葬习俗也有差异。以下为中国民间丧葬习俗中比较有代表性的一些活动。

(1)**择基** 与居住民俗相近,崇尚风水的观念也体现在死后墓地的选择中。为了真正实现人与自然的和谐,达到祈求吉祥的目的,必须为死者落实一处风水上好的墓地(图9)。为死者选择合适的墓地也是子女"孝"的表现。俗信认为,祖先墓地的风水的凶吉直接与后

---

① 青睐:非常喜欢。

人、家庭的盛衰紧密相关。因此，一定要为死者选择一个风水宝地。民间墓地往往选建在：有水回绕、有山有水、朝南或朝东向、高处或面向开阔地或山清水秀的地方。

图9　墓地

（2）**哭丧**[①]　哭丧是中国民间传统丧礼的一大特色。哭丧是丧礼不可缺少的一部分，如果谁家的丧礼没有哭丧，就会被别人认为是子孙不孝。哭丧有丧歌。丧歌的种类很多，不同的时间唱不同的丧歌，大多表现对死者的赞扬和思念之情，讲述自己内心的痛苦，希望死者在另一个世界生活美好。

（3）**做七**　这是民间超度[②]死者灵魂的一种仪式，是民间丧礼

---

① 哭丧：中国古代丧葬的一种礼仪。
② 超度：佛教用语，指念经或做佛事使死者灵魂脱离地狱诸苦难。

中最重要的一个部分。时间为七七四十九天,以七天期,举行一次祭奠,以女儿操持为主。七七中有一次非常隆重的祭奠,叫作"做七",有的地方是"做五七",有的地方是"做六七"。第七个"七"又叫"断七"。七七以后,除了通行的清明祭扫、七月半烧纸外,比较大型的祭奠死者的活动是其逝世周年纪念日,如头年和三年等。

中国很多少数民族也有各自民族特色的丧礼仪式。如土家族最具有代表性的仪式是"绕棺"和"跳丧"。这两种习俗已经有一千多年的历史了。"绕棺"是两个人或者四个人、八个人甚至几百人,围着死者,一边唱歌一边跳舞,内容具有独特的民族特色,表现原始渔猎生活、农业生产、日常生活。歌的内容一般是死者生前的一些事情。"跳丧"也是一种丧礼上的舞蹈,分为七个类型。绕棺和跳丧表现了土家族人对亲人去世的乐观态度。壮族人在死者死后三年,将死者的尸骨从坟墓取出,放在一个陶器里面,然后把陶器放在一个干燥的洞里。如果死者不是正常死亡的,必须将尸骨烧成灰,由亲人背回家。

2. 安葬的方式

中国传统的安葬观念是"入土为安"。因此土葬是中国几千年来最主要的安葬方式。古代中国人认为,只有把死者埋在土里,死者的灵魂才能升天。另外一种观点认为,土葬是生者害怕死者的鬼魂危害人间,所以,必须用土把死者埋起来。人们在埋葬死者时,肯定会同时埋葬大量物品,这些物品叫作"陪葬品"。

火葬起源的时间很早,一种说法是火葬起源于印度,随着佛教传入中国而被人们采用。但是,考古学家发现,早在新石器时代,中国就已经出现了火葬。商代已经有关于火葬的记载了。北宋时,首都东京地区还流行过火葬。火葬由于成本低,所以很受平民的喜爱。但是,火葬的习俗不符合儒家传统的丧葬礼仪,因此,过去它没有像土葬一样成为最主要的安葬方式,旧时甚至多次受到政府的禁止。但火葬由于简单、便宜,也有利于节约社会和土地资源,现在不仅政府倡导,也逐步被越来越多的中国百姓所接受。

各个少数民族也有各具特色的葬法。如天葬、树葬、悬棺葬等。

天葬是流行于中国藏族地区的安葬习俗,一般认为起源于印度。人们认为,人死后,只有他的肉体被群鸟食尽,他的灵魂才能上天。

树葬是流行于中国北方少数民族的安葬习俗。鄂温克族、鄂伦春族、赫哲族是树葬的最主要民族。有人认为树葬的起源与生活在森林里的民族的生活方式有关,也有人认为起源于原始人的巢居,还有人认为是森林民族的鬼魂信仰——死者的鬼魂游荡①在森林里。

悬棺葬,流行于中国古代南方山区。大约三千四百年前就已经有这种安葬方式了。悬棺葬是人死后升天观念的反映。采用悬棺葬安葬死者的地区都是山区,山区的人们认为,高山是一个神圣的地方,更加接近天堂,于是采用悬棺的葬法。

3. 丧服和居丧制度

丧服是人们为了纪念哀悼死者,参加葬礼时的穿戴。中国民间丧服直接反映着生者和死者的亲属关系。丧服的出现和丧礼一样,是奴隶社会和封建社会礼仪制度的一个非常重要的组成部分,是维护统治秩序的一种工具。由于其强大的社会功能,它受到了儒家的高度重视。中国完整的丧服制度是由儒家建立起来的。丧服制度最重要的内容是"五服"。它根据与死者在血缘、姻亲方面的亲疏远近,分成五个严格的等级。民间一般称穿丧服为"戴孝"。丧服多以白色棉布、麻布等材料制成,有些地方用黑色的裤子或头巾区分身份。鞋帽或腰间夹以麻绳、稻草等,一般孙辈用红色的丝线或布带。

"居丧",历史上也叫守丧或丁忧,是为了哀悼、纪念死者,在其死后的一段时间内,遵守严格的规定。由于居丧制度是儒家孝道观

---

① 游荡:没有目的地闲逛。

的体现，有利于维护社会秩序和巩固伦理道德系统，因此，儒家极大地发展了居丧制度，使它成为中国古代丧葬制度最重要的组成部分。传统的居丧制度主要体现在饮食、居住地、哭泣、容貌、言语和衣服六个方面。饮食方面，葬前不能喝酒，葬后可以喝酒吃肉，但是不能和别人一起喝酒取乐。居住地方面，住在墓旁的简陋小屋内。哭泣方面，不同葬礼的仪式有不同的哭法，哭的顺序也不一样。容貌方面，要表现出悲伤的样子，外表和内心要一样，否则是不孝的行为。言语方面，居丧时期丧主应尽量少说话，不说和丧礼无关的话，这是儒家的一种礼节。儒家礼仪还有父母死后，儿子应该为父母居丧三年的制度。

　　民间居丧虽无明文规定，但也有自己的约定俗成，并在一个较长的时间内认真地遵守。诸如：男不理发、女不装饰、食不用荤、不参与娱乐、夫妻不同房、春联不用红色等等。以江苏盐城地区为例，居丧期间，参加丧礼的亲友在死者"六七"期内不得理发，俗称"留七头"，做七时，丧主专门请理发师"剪七头"。但居丧期间，丧主可以大开宴席，来答谢那些帮助自己度过悲痛时期的亲友和左邻右舍。居丧期间，死者子女若有嫁娶之事，必须在六七期内举行，否则须等三年以后；有丧事的家庭，第一年春联用白纸，第二年用黄纸，第三年用红纸。

　　今天，中国的丧葬礼仪已经有所变革，简单、节约成为最主要原则。死者去世，一般开追悼会，先火葬后入土。每年清明的时候，子孙亲友去死者坟上扫墓，表达对死者的思念。在农村地区，现在还存在着葬礼过于隆重、繁琐的现象，但是，随着社会的不断发展，传统的习俗也会被新的习俗取代，现代的、简单的葬礼将会是人们最终的选择。

第三节 交际礼仪民俗

中国素有"礼仪之邦"之称,这里的"礼"包含礼制的精神原则与礼仪行为两大部分。

礼仪规范着人的道德和行为,也是文明的象征,是中华文化的优秀传统之一。在日常人际交往中,一个懂礼、习礼、守礼、重礼的社会是令人感到温馨和美好的社会。交际礼仪民俗主要指民间日常交往中应有的礼貌性言行举止。

一、言语谈吐礼仪

语言是双方信息沟通的桥梁,是双方思想感情交流的渠道。语言在人际交往中占据着最基本、最重要的位置。作为一种表达方式,语言能随着时间、场合、对象的不同,而表达出各种各样的信息和丰富多彩的思想感情。言语谈吐礼仪是人们在日常交际中的言语交际礼仪规范。

言语谈吐有几条通用的规则:一是谈话时应与人保持适当距离。从礼仪角度来讲一般保持一两个人的距离最为适合。这样做,既让对方感到有种亲切的气氛,同时又保持一定的"社交距离",在常人的主观感受上,这也是最舒服的。二是恰当地称呼他人。对有头衔的人称呼他的头衔,就是对他莫大的尊重。直呼其名仅适用于关系密切的人之间。你若与有头衔的人关系非同一般,直呼其名来得更亲切,但若是在公众和社交场合,你还是称呼他的头衔会更得体。对于知识界人士,可以直接称呼其职称。但是,对于学位,除了博士外,其他学位,就不能作为称谓来用。三要善于选择话题。不管是名流显贵,还是平民百姓,作为交谈的双方,他们应该是平等的。交谈一般选择大家共同感兴趣的话题,但是,有些不该触及的问题:比方对方的年龄、收入、个人物品的价值、婚姻状况、宗教信仰,还是不谈为好。打听这些是不礼貌和缺乏教养的表现。

言语谈吐礼仪的关键在于尊重对方和自我谦虚。日常交际中,说话者的谈吐言辞包括敬语、谦语和其他礼貌用语三类。

1. 敬语

敬语,亦称"敬辞",是表示尊敬礼貌的词语。除了礼貌上的必须之外,多使用敬语还可体现一个人的文化修养。

(1)敬语的运用场合

第一,比较正规的社交场合。

第二,与师长或身份、地位较高的人的交谈。

第三,与人初次打交道或会见不太熟悉的人。

第四,会议、谈判等公务场合等。

(2)常用敬语

日常称呼中的敬语,如:第二人称中的"您"字,代词"阁下""尊夫人""贵方"等。称呼长辈或上级可用"老同志、老首长、老领导、老先生、大叔、大娘、叔叔、伯伯"等。称呼平辈可用"兄、姐、先生、女士、小姐"等;询问对方姓名可用"贵姓、尊姓大名、芳名(对女性)"等;询问老人年龄可用"高寿、贵庚"等。

在日常生活中习惯用的敬语:初次见面说"久仰",很久不见说"久违",向人祝贺说"恭喜",请人批评说"请指教",请人指点说"请赐教",请人帮忙说"劳驾",请求人给予方便说"借光",麻烦别人说"打扰",托人办事说"拜托",赞人见解说"高见",等候客人说"恭候",看望别人说"拜访",宾客来到说"光临",中途先走说"失陪",请人勿送说"留步",欢迎购买说"光顾",归还原物说"奉还"等。

2. 常用谦语

谦语亦称"谦辞",它是与"敬语"相对,是向他人表示尊敬并自谦的一种词语。谦语最常见的用法是在别人面前谦称自己和自己的亲属。谦称自己的,用"在下、鄙人、晚生"等;当言行失误时,说"很抱歉""对不起""失礼了""不好意思"等;请求他人谅解时,可说"请包涵""请原谅""请别介意"等。

自谦和敬人,是一个不可分割的统一体。尽管日常生活中谦语使用不多,但其精神无处不在。只要你在日常用语中表现出你的谦虚和恳切,人们自然会尊重你。

更加传统的一些的谦辞与敬语,有人总结为七字口诀,即"家大舍小令外人"。

所谓"家大"。"家"是用于当着别人的面称自己长辈和年长的平辈的谦辞,如"家父""家母""家叔""家兄"等。

所谓"舍小"。"舍"本是指房屋的意思。如说"茅庵草舍""寒舍""茅舍",这都是自谦之词。"舍"是用于对外人称比自己年龄小的家人用的谦语。凡是辈分小、年龄小的家人都应冠以"舍"字,如"舍弟""舍妹""舍侄"等。

所谓"令外人"。"令"是敬语。凡是称呼别人家中的人,无论辈分大小,男女老少,都应该冠以"令"字,表示尊敬之意。如"令尊""令堂""令亲""令兄""令妹""令郎""令爱"等。

3. 其他礼貌用语

在交谈中多使用礼貌用语,是博得他人好感与体谅的最为简单易行的做法。日常生活中的问候语、感谢语、回敬语、告别语等都应尽可能选择礼貌言辞。

问候语:"您好""早上好""下午好""晚上好""很高兴认识您""请多指教""请多关照"等。

感谢语:"谢谢""劳驾了""让您费心了""实在过意不

去""拜托了""麻烦您了""感谢您的帮助"等。接受对方致谢或致歉时:"别客气""不用谢""没关系""请不要放在心上"等。

告别语:"再见""欢迎再来""祝您一路顺风""请再来"等。

二、行为举止礼仪

1. 行走礼仪。

城市道路,行车走路,如今有了交通规则,而在此之前或者在乡间小路,人们主要靠行走礼仪规范自己。日常的行走的过程也是一种人际交往。行走礼仪中,古有"行不中道,立不中门"的原则,即走路不可走在路中间,应该靠边行走;站立不可站在门中间。这样既表示对尊者的礼敬,又可避让行人。对于横行霸道①(héngxíng bàdào)者,有句俗语是很生动的描述和讽刺,那就是"好狗不拦路,恶狗当门坐",以狗说人说明了行走中的规矩。古代还有"趋礼"之说。即地位低的人在地位高的人面前走过时,一定要低头弯腰,以小步快走的方式对尊者表示礼敬,这就是"趋礼"。进入民主社会以后,此礼已不多见。

2.见面礼仪。

日常见面既要态度热情,也要彬彬(bīnbīn)有礼②。与不同身份的人相见,旧时都有一定的规矩。一般性的打招呼,行拱手(gǒng shǒu)礼。拱手礼是最普通的见面礼仪,方式是双手合抱(一般是右手握拳在内,左手加于右手之上)举至胸前,立而不俯,表示一般性的客套。如果到人家做客,在进门与落座时,主客相互客气行礼谦让,这时行的是作揖之礼,称为"揖让"。作揖往往是双手作合十

---

① 横行霸道:依仗权势为非作歹。横行,行动蛮横,仗势做坏事。霸道,蛮不讲理。
② 彬彬有礼:形容文雅有礼貌的样子。

状,拱起再按下去,同时低头,上身略向前屈。作揖礼在日常生活中为常见礼仪,除了上述社交场合外,向人致谢、祝贺、道歉及托人办事等也常行作揖礼。身份高的人对身份低人的回礼也常行作揖礼。另外,对至尊者还有跪拜礼,即双膝着地,头手有节奏触地叩拜,即所谓叩首,俗称"磕头"。现今跪拜礼只在偏远乡村的拜年或贺寿活动中能够见到,一般不再施行。受西方文化影响,现在人们相见大多习用西方社会传入的握手礼。

3.入座礼仪。

社会礼仪秩序井然,座位亦有主次尊卑之分,尊者上坐,卑者末坐。待人接物、公务社交中都涉及入座礼仪。何种身份坐哪个位置都有一定之规,如果盲目坐错席位,不仅主人不爽,自己事后也会为失礼而追悔莫及。宴会中座次我们已经了解。如果自己不懂,最好的办法是听从主人安排。室内座次以东向为尊,即贵客坐西席上,主人一般在东席上作陪。年长者可安排在南向的位置,即北席。入座的规矩是,饮食时人体尽量靠近食案,非饮食时,身体尽量靠后,所谓"虚坐尽后"。有贵客光临,应该立刻起身致意。

4.饮食礼仪。

饮食礼仪在中国占有极重要的位置,迎宾的宴会俗称"接风""洗尘",送客的宴席称为"饯行"。"无酒不成礼仪",无论迎送都离不开酒品。宴席上饮酒有许多礼节,客人需待主人举杯劝饮之后,方可饮用。所谓"与人同饮,莫先起觞"。客人如果要表达对主人的盛情款待的谢意,也可在宴饮的中间举杯向主人敬酒。在进食过程中,同样先有主人执筷劝食,客人方可动筷。所谓"与人共食,慎莫先尝"。不同地区还有一系列进食规则,主客相互敬重,营造和谐进食、文明进食的良好氛围。具体饮酒和饮茶习俗我们在下一章节讲述。

5.拜贺庆吊礼仪。

中国自古是一个人情社会,人们相互关怀、相互体恤,在拜贺庆吊人情往还中有许多仪礼俗规。拜贺礼一般行于节庆期间,是晚辈或低级地位的人向尊长的礼敬,同辈之间也有相互的拜贺。如民间新年拜年之礼。行拜贺礼时,不仅态度恭敬,口诵贺词,俯首叩拜,同时也得有贺礼奉上。庆吊之礼,即庆祝和吊唁,主要行于人生大事中。拜贺庆吊礼仪显示了人们相互扶助的社会合作精神与社会团结的传统。

总之,中国传统礼仪的精神是亲亲爱人,礼仪原则是自卑尊人。在与人交往时要放低姿态、谦恭待人,尊重他人、以赢得他人的尊重。如果地位高的人屈尊结交比他地位低的人会得到很好的社会效果,这便是俗语所说的"若要好,大敬小"的效果。并且敬人不仅是礼貌的姿态,或仅为礼仪性的表示,而是要有发自内心的对他人的尊重。如果没有发自内心的恭敬,礼节就成为了虚套,这就不符合的礼仪标准。

思考题

1. 人生交际礼仪主要包括哪些方面?
2. 人生交际礼仪的社会作用是什么?
3. 中国丧葬礼仪中安葬的方式有哪些?
4. 宴会上座位的安排是怎样的?
5. 举出十个日常交际场合的礼貌用语。

第八章　中国岁时节日民俗

中华文明具有五千年的历史，在这么漫长的时间里，中国人创造了很多具有特色的岁时节日民俗，这些节日给人们的生活带来了许多快乐，体现了中国民众与自然之间、人与人之间和谐的亲密关系。中国传统节日大多历史悠久，到了汉代，中国的主要节日，如春节、元宵、上巳、寒食、端午、七夕等节日都已经成熟。魏晋南北朝时期，骑射、蹴鞠（cùjū）①等节日习俗的出现，节日中又融入了许多娱乐性的元素，丰富了节日的内容。唐宋时期，国家经济发达，国力强盛，人文气息浓厚，使节日真正走向了礼俗性和娱乐化。中秋节祭祀月亮转变成了赏月，元宵节对火的崇拜转变为赏灯活动。明清时期，节日的发展演变逐渐稳定。人们在节日期间拜访亲友，互相赠送礼物，更加注重礼节性，娱乐性也被进一步加强。舞狮、舞龙等活动成为节日中最受人欢迎的表演庆祝活动。

中国岁时节日民俗具有以下几方面的特点：

首先，中国节俗表现出了鲜明的农业文化特色。民间节日的产生大多是根据农业生产的需要，节日活动起初也多与农业生产有关。清明前后是播种的最佳时间，五月是"恶月"②，所以，端午节的活动都

---

① 蹴鞠：中国古代的一种足球运动。用以练武、娱乐、健身。

② 恶月：古代迷信称农历五月为恶月。因天气多阴雨，衣、物都容易霉烂，稻田也易遭虫害，于是人们认为五月诸事不吉。

与防病、除害紧密相连。十一月冬至，民间有看雪的习俗，通过对雪的观察，了解病虫害情况和收成的多少。

其次，中国节日具有习俗性和礼俗性统一的特征。一些节日民俗已经被纳入国家管理制度之中。清明节祭祀祖先的习俗是每个中国家庭纪念祖先的一种活动，唐代开始，祭祀祖先的习俗被列入官方的礼制当中，成为一种礼俗。

第三，节日民俗是传承和变异的统一。节日自从产生开始就被大家所接受，而且世世代代传承下去。中国现存的节日大都具有两千年以上的历史。但是，随着社会的进步和发展，节日里落后的习俗遭到淘汰，同时新的习俗进入节日。改革开放后，一些中国民间节日也呈现出中西融合的倾向。

最后，中国节日民俗还表现为民族性和区域性的统一。中国地大物博，在这片广阔的土地上，生活着56个民族。各民族自己的生活习惯导致中国节日数量众多。像回族的古尔邦节，蒙古族的那达慕大会，傣族的泼水节。同时汉族的节日习俗里也融入了少数民族的活动，例如荡秋千、杂技等活动。少数民族的节日和汉族节日共同组成了中华民族的传统节日。

第一节　春节和元宵

春节和元宵是农历一月即"正月"里的两个重要的节日，都具有十分悠久的历史。春节是中华民族第一大节日，全世界的华人在这一天都会举行各种庆祝活动，因此，春节已经成为中华民族团结的象征。

一、春节

"春节"这个名称1911年才有，但春节的历史却有三千多年了。

中国民俗文化

农历正月初一，民间叫"大年初一"，古代叫"元旦"。民间过年从腊月二十三开始一直到正月十五元宵节，大约要持续一个月。农历年的最后一个月叫"腊月"，古代有"腊祭"活动，是为了答谢天地神和祖先。腊月二十三，民间就开始准备过年了。腊月二十三或二十四，民间有"祭灶"的习俗。灶神是每户人家最重要的神，他监视着人间发生的任何事情。每年他都要上天向玉帝①汇报这户人家的情况。祭灶的食品中有一种叫"糖瓜"的东西，据说是为了把灶神的嘴黏住，不让他在玉帝面前乱说话。

过年期间，民间有在门口挂桃符、贴门神（图1）、贴春联，挂年画，放鞭炮烟花等习俗。相传有座山上有棵桃树，桃下有一个鬼门，守门的是两个神，一个叫神荼（tú）②，一个叫郁垒③，如果鬼在人间做坏事的话，那么两个神就把鬼抓起来给老虎吃。所以，人们为了防止小鬼去家里作乱，就用两块桃木，把两个神的名字写在上面，挂在门口，这就是桃符，后来衍化为门神年画。年画是一种代表吉祥的装饰物，它的内容很广泛，表现人们的日常

图1 门神

---

① 玉帝：道教称天帝为玉皇大帝，简称玉帝或玉皇。
② 神荼：上古传说中能制伏恶鬼的神人。常与另一神人郁垒并称。
③ 郁垒：上古传说中能制伏恶鬼的两位神人之一，后世遂以为门神，画像丑怪凶狠。

生活和美好愿望。再后来门神渐渐被红色的春联所取代。

一年的最后一天叫"除夕"。除夕的晚上，家人一起吃一顿丰盛的"团圆饭"。除夕晚上中国人有"守岁"的风俗。"守岁"就是除夕晚上不睡觉，一家人一边吃饭、喝酒聊天或游戏，一边恭候新年的到来。中国人有春节吃年糕和饺子的食俗。年糕有"年年高"的寓意。饺子是中国北方人新年必吃的食物，每年除夕晚上十二点的时候，人们就开始把包好的饺子投进锅里，是新年的第一顿饭，寄托了人们对新年美好的愿望。除夕之夜，中国大地上鞭炮声不断。在孩子们睡觉前，长辈们会给他们分发压岁钱，祝贺他们健康成长，学习进步。

大年初一清早，人们见面互相祝福，开始拜年或走亲访友。春节期间娱乐活动丰富多彩，有舞狮子，舞龙，放花炮，踩高跷①等等。春节是一个超越政治，超越国界，超越阶级的节日，全世界的中国人都在这一天庆祝这个中华民族最传统的节日。春节展示了中华民族独特的文化魅力，也是中华民族团结的象征。

二、元宵

农历正月十五是中国传统的元宵节，又叫"灯节"。人们常常把过元宵节叫做"闹元宵"。元宵节是新年第一个月圆之夜，晚上到处张灯结彩，人们赏花灯，猜灯谜，看演出，不亦乐乎。

关于元宵节的起源，有很多种说法。一般认为元宵节与宗教活动有关。有种说法是在汉代时，佛教从印度传入中国，当时的皇帝命令在正月十五那一天点灯，以表示对佛的尊敬。另一种说法认为正月十五是中国道教里面一个神的生日，这一天人们点灯祭祀，希望能得

---

① 踩高跷：一种民间杂技。表演者装扮成戏剧或传说的人物，踩着有踏脚装置的木棍，边走边表演。

到他的关心和爱护。还有人认为,元宵节与原始社会人们对火的崇拜有关。还有传说认为,汉朝的第一个皇帝汉高祖死后,他的妻子吕后叛乱,后来汉文帝在正月十五这一天平定了这场叛乱,为了庆祝胜利,每年的这天晚上,他都要出宫游玩观灯。

　　元宵节的两个最主要的活动就是看花灯和吃元宵。正月十五闹花灯的习俗是从汉代开始的。隋唐时期,闹花灯的习俗达到了最鼎盛的阶段。元宵节那天,人们带着假面具,表演杂技,大家在一起狂欢,俗称"耍百戏"。隋朝的第二个皇帝——隋炀(yáng)帝的时候,由政府出钱,在元宵晚上举行盛大的"百戏"表演,演员有一万八千人,场面十分盛大。到了唐代,为了节约,废除了这个习俗,但是百姓在元宵节闹花灯的习俗仍然保留至今。元宵花灯的历史非常悠久,而且花灯的制作和形式也不断变化发展。现在的元宵灯会规模越来越大,彩灯越来越精美,如年年不同的上海豫园灯节(图2)上的彩灯不仅造型别致而且富有故事情节,而中国东北地区利用自然条件制作的

图2　豫园灯会

186

冰灯（图3）也是异彩纷呈。

元宵节除了赏花灯，还有别的游戏，例如把谜语写在灯上——猜灯谜、舞龙、舞狮等。元宵节还要吃元宵，祈求团圆和平安。

图3　冰灯

第二节　清明和端午

清明节是中国传统节日中唯一以节气命名的节日。这一天，中国人祭扫祖先的坟墓，怀念死去的亲人，体现了浓浓的亲情。同时，人们在这一天郊游踏青，感受春天的美好气息。农历的五月初五是中国的端午节，端午节有吃粽子、赛龙舟等习俗。

一、清明节

"清明时节雨纷纷，路上行人欲断魂。"这是唐代诗人杜牧《清明》里的两句诗。这两句诗真实地反映了人们在去扫墓的路上的悲伤心情和气氛，清明节因此也成了一个令人悲伤的节日。但是，事实

中国民俗文化

上，清明节并不仅仅反映了人们对死去的亲人的思念，还有人们对欣欣向荣的春天美景的欣赏，对美好未来的希望。

扫墓习俗，在中国西周时期就已经产生，当时是为了纪念国王的祖先。战国时期，扫墓变成普通百姓的习俗。唐代的时候，扫墓已成为国家的礼俗，时间固定在寒食①时期。寒食节与清明节时间先后仅差一天，唐代清明节不同于寒食节，清明这一天，大家都外出郊游。大概是从明代开始，清明节和寒食节合二为一，形成了现在的清明节。

清明扫墓的时候，除了要带祭品，还要烧纸钱。迷信的观点认为，纸钱是人死后在阴间②使用的一种钱。扫墓的一个重要任务是整修祖先的坟墓。古代的坟墓是用泥土堆成，一年下来，天气和动物都能对坟墓造成破坏，而且坟上长满杂草。因此，扫墓的时候，整修坟墓，清除杂草。在坟墓上插一根木棍，上面挂上纸条。以表达对死者的思念。

清明时节，春光明媚，非常适宜去郊外踏青③，举行各种游戏活动。荡秋千就是其中之一。荡秋千的习俗开始于唐代。据历史记载，每年寒食清明的时候，皇宫里面就架起秋千，宫女们在上面玩耍。此外，唐代在清明寒食期间，还要举行打马球、蹴鞠活动，蹴鞠就是中国早期的足球。清明节还有插柳的习俗。俗信认为柳枝具有辟邪的作用，因此，中国一些地区有清明插柳的习俗。人们也把柳枝做成帽子或把柳叶做成柳花，戴在头上，据说可以保持青春美丽。

清明节融合了其他节俗，经历了历史的演变和发展，融入了中国人的美好愿望和观念。扫墓祭坟的习俗是中国人以家庭为中心，尊敬

---

① 寒食：节日名。在清明节前一天，古人从这一天起，三天不生火做饭，所以叫寒食。
② 阴间：迷信谓人死后灵魂所到的地方。
③ 踏青：清明节前后郊野游览的习俗。旧时以清明节为踏青节。

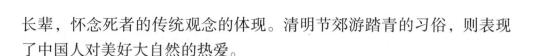

长辈，怀念死者的传统观念的体现。清明节郊游踏青的习俗，则表现了中国人对美好大自然的热爱。

二、端午节

端午节又叫端阳节、五月节等。端午节的来历，也有很多说法。现在比较流行的纪念中国古代伟大的爱国主义诗人——屈原，只是端午节起源的说法之一。此外，还有人认为，端午节起源于对龙图腾的崇拜。古代南方越族人就是在这一天举行盛大的图腾祭祀活动，把食物装在竹筒里，扔进河给龙吃，同时，还要划龙形独木舟①比赛。也有人认为，端午节起源于夏至。中国古人非常重视夏至和冬至这两个节气，因为这是季节交替的日子。夏至曾是一个重要的节日，但是端午节产生以后，逐渐取代了夏至。夏至在五月，过了夏至，夜就变长，白天缩短。这个季节也是经常洪水发生，害虫长大，危害人们正常生产生活的时候，所以，古人认为五月阳气减少，阴气加重，各种"恶"，例如害虫、疾病、鬼魂都在这个月里出现。民间俗信认为五月是"恶月"，五月初五被古人看作是最不吉利的日子。因此，端午节的不少习俗与辟邪、驱病、祈求健康平安有关。端午民俗大致包括以下几项：

第一，使用菖蒲（chāngpǔ）、艾草的习俗（图4）

菖蒲和艾草是两种端午节必须使用的植物，它们同时具有药用和辟邪两种作用。人们在端午这一天，把艾草和菖蒲挂在家门口辟邪。这样做是为了防止不吉祥的东西进入家门，祈求家庭的安宁。

第二，使用各种饰物的习俗。端午节人们的身上都要戴一些饰

---

① 独木舟：用一根大木头挖空而制成的船，是最早的船。

中国民俗文化

物，尤其是戴"五色丝"的传统。人们把五色丝做成绳子，系在手臂上，或者挂上金银，或者编成人像，做成的"端午索"，挂在家里或者戴在身上。古人认为，五色丝可以使人避免瘟疫疾病，而且能够驱赶不吉祥的东西。

第三，喝药酒的习俗。喝菖蒲酒和雄黄酒。菖蒲不仅可以用来驱邪，还可以用来做酒，用菖蒲做的酒可以防止瘟疫。雄黄是一种传统的药材，具有杀菌和消毒的作用。饮用雄黄酒，可以有效地避免五月天里疾病的感染。喝这两种酒，对人的身体都很有好处，具有科学依据。大人们还用雄黄在儿童的额头点一下或画一个"王"字，既有杀菌的作用，也有辟邪的作用，寄托长辈对儿童的健康、平安成长的美好期望。

图4 菖蒲艾草

第四，吃粽子、赛龙舟的习俗。粽子是夏至的食品，人们用菰（gū）叶①把糯米包起来，因为有角，所以古代也叫"角黍"。传说粽子的产生是为了纪念屈原，因为屈原跳江以后，当地的老百姓为了让水里的鱼虾和龙不吃屈原的尸体，把米装在竹筒里，投到江中。但实际上粽子产生于更早以前的古代的祭水神习俗。到了唐代，端午吃粽子已经成为一种风气。宋代，粽子出现

---

① 菰叶：一种植物的叶子。

了许多种类。赛龙舟的习俗（图5），据说是屈原跳江以后，当地的老百姓纷纷用自己家的小船，去救屈原，后来就变成了龙舟比赛的习俗。唐代以后，端午节赛龙舟的习俗成熟。赛龙舟的场面十分热闹。

图5 赛龙舟

端午节是一个体现中国人传统观念，促进社会团结的重要节日。村落之间的龙舟比赛，通过竞争，增强了凝聚力，密切了人与人之间的关系。同时，中国古代人民在自然条件恶劣的环境里，充分运用自己的想象力和认识自然的能力，使自己少受伤害，体现了中国人的智慧。

第三节 中秋和重阳

中秋节是中国传统节日中的第二大节日。由于中秋节在农历的八月十五，所以，人们也常常把中秋节叫做"八月节"。八月十五是一年中月亮最圆的时候，"圆"象征团圆，因此，中秋节又叫"团圆节"。中国还有二十多个其他少数民族也过中秋节，如侗族把中秋节叫做"南瓜节"、仫佬族称为"后生节"，含义与汉族略有不同。重阳节在农历的九月初九，那一天，人们要登高望远，还要喝菊花酒，赏菊花,插茱萸(zhūyú)。如今,登高和敬老已经成为重阳节的两大主题。

一、中秋节

中秋节起源于中国古人对日月的崇拜。中秋节真正成为节日是在宋代。明清时期,中秋节逐渐成为和春节一样重要的传统节日。

中秋节举行的活动有祭祀月亮和祈求丰收。在明代的北京,八月十五那天,人们要举行祭月的活动。人们用圆形的水果、饼和西瓜供奉月神。北京民俗里的月神"兔儿爷"(图6)就是在那个时候产生的。

中秋节要吃月饼。月饼又称团圆饼,象征吉祥和团圆,因此,它成为人们中秋节最主要的食品。月饼在宋代就已经产生,

图6 月神兔儿爷

明代真正成为中秋节的主要食品。明代中期,人们在中秋节互相赠送月饼已成为当时的重要礼仪。后来,月饼逐渐发展,形成了各地不同风格的月饼:京式月饼、广式月饼、苏式月饼和甬(yǒng)①式月饼。从唐代开始,中秋节逐渐成为人们赏月的节日。从那个时候起,中国文学里产生了大量描写中秋月色的文学作品。

---

① 甬:浙江宁波的别称。因境内有甬江面而得名。

家人团聚是中秋节最重要的活动。在中国古代，中国人生活在大家庭里，因此，中国人有着浓厚的家族观念，重视亲情。团圆，对每个中国人来说，具有十分重要的意义。家族团聚是中国人最重视的一件事情。中秋节就是家人团聚的最好时间。

由于中秋节是在农历八月十五，这个时候正是丰收的时节。人们祭祀月亮，祈求来年的丰收。同时，在这一天，还有祈求生育后代的习俗。在古代，人们非常重视后代的繁衍，因此"祈子"的仪式一般在丰收的时候举行。除了"祈子"之外，人们在中秋节还有追求爱情的习俗。在湖南西部、贵州东部的侗族，人们还有"偷瓜"的习俗。"偷瓜"的目的是为了寻找自己的伴侣，追求爱情。青年男女到自己喜欢的人家里的菜园里偷瓜偷菜，然后两个人嬉笑打闹，一起分享爱情的幸福。

二、重阳节

农历的九月初九是中国传统的"重阳节"。重阳节，中国人有登高、插茱萸、喝菊花酒的习俗。在中国数字文化中，单数是阳数，九是阳数，九月九，两九重合，所以叫"重阳"。中国民间的传统观念认为，那一天是个不好的日子，所以，人们要"登高""插茱萸"（图7）来消除这一天的厄运①。每年重阳节的时候，有些地方的人就把家畜赶到外面。重阳节登高，传说中是为了躲

图7 插茱萸

---

① 厄运：艰难困苦的遭遇。

避灾难，但是，实际上也是为了欣赏秋天的美丽景色。插茱萸也是为了躲避灾难。古人把茱萸插在头上，或者放在一个袋子里。

九月又叫作"菊月"，所以重阳赏菊，喝菊花酒是必不可少的。菊花可以使人的眼睛明亮，清除人身体里面的垃圾。因此，菊花酒对人的身体很有帮助。菊花酒汉代就已经有了。有些地方重阳这天，有戴菊花或吃重阳糕的习俗。重阳糕又叫"花糕""菊糕"。重阳节女儿要回娘家送重阳糕。人们也相互赠送重阳糕。"糕"和"高"发音相同，因此人们用吃重阳糕来暗示重阳节"登高"的习俗。

在陕西北部地区，人们吃完晚饭，爬上山，生起火，一起聊天，直到天亮才回家。爬山的时候，还要摘几朵菊花，给自己家的女儿戴上辟邪。在福建沿海，人们在重阳祭祀，在那天祭祀"妈祖"①。广西壮族人把九月初九称为"祝寿节"。老人到了六十岁以后，子孙都来祝贺他，并且为他准备一口缸，缸是用来放米的。以后每年的九月初九，子孙们就往缸里加米。据说这样能使老人躲避灾难和疾病，延长老人的生命。缸里的米也只有等到老人生病的时候才能吃。

1989年，中国政府正式确定九月初九为敬老节，从此登高望远和尊敬老人一起成为重阳节的两大传统。

第四节　少数民族节日

在中国55个少数民族当中，有些民族的节日和汉族基本相同。比如春节，已经成为中华民族的共同节日。但是，也有很多少数民族仍然保持着具有自己特色的节日。下面仅选取几个影响较大、特色鲜明

---

① 妈祖：传说中的海神。北宋时福建蒲田的林默娘，天生有神力，死后升天为神，在海上救助遇难的船只，救人无数，被封为"天上圣母"。民间习称为"妈祖"。

的中国少数民族节日。

一、古尔邦节

古尔邦节是伊斯兰教的三大传统节日之一,又称"宰牲节",这一天,人们要宰杀牲畜祭祀真主安拉。古尔邦节是中国回族、维吾尔族、乌孜别克族等信奉伊斯兰教少数民族的共同节日。

古尔邦节的时间是在伊斯兰教历的十二月十日,大概在七月下旬。节前,穆斯林(即伊斯兰教徒)会把自己的家打扫得干干净净,准备各种节日食物。节日的早晨,他们把身体洗干净,穿上整洁的衣服,去清真寺参加会礼[①]。会礼结束后,人们回家宰杀牛羊,把肉分成三份,一份留给自己,一份送给亲友,一份送给穷人。节日那天,慰问自己的亲友和长辈,还要举行很多娱乐活动。

二、开斋节

伊斯兰教历的九月是斋月。天数有时是二十九天,有时是三十天。斋戒期满后的三天是穆斯林的开斋节。开斋节期间,穆斯林都要在日出之前吃好斋饭。日出之后的白天,不能吃任何东西,也不能喝一口水。穆斯林把这种习俗叫做"封斋"。封斋的目的是为了消除人的欲望和邪念[②],表示对真主安拉的忠诚。小孩和老人可以不封斋。到了傍晚,封斋即将结束的时候,清真寺开斋的钟声敲响,人们可以吃饭。

开斋节前,人们要把自己的家打扫干净,还要洗澡理发。早晨,参加会礼,人们都向麦加[③]方向朝拜,表达对真主安拉的敬意。会礼结束,人们要祭祀逝者,然后拜访亲戚和朋友。也有回族穆斯林青年在

[①] 会礼:伊斯兰教对每年两大节日(开斋节和宰牲节)集会礼拜的专称。

[②] 邪念:不正当的想法。

[③] 麦加:沙特阿拉伯城市名,是伊斯兰教最神圣的城市,拥有克尔白和禁寺。伊斯兰教先知默罕默德的诞生地,穆斯林每天朝拜的方向。

开斋节举行婚礼。对穆斯林来说，开斋节是十分重大的节日。

三、那达慕大会（图8）

"那达慕"在蒙古语里是游戏、娱乐的意思。那达慕是蒙古族人民非常喜欢的传统体育运动节日，一般在每年农历六月初四后五天内举行，是蒙古族人民的盛会，也体现了蒙古族尚武的精神。那达慕最重要的体育项目是射箭、摔跤和赛马。古代的那达慕，是蒙古族展示自己实力的最好的机会，也是中国

图8 那达慕大会

统治者维护民族团结的最有效手段。清朝康熙皇帝执政期间，举行了历史上规模最大的那达慕大会，有效地团结了蒙古贵族。因此那达慕大会也是促进民族之间交流的重要方式。

现代的那达慕大会，不仅是蒙古族展示自己能力的舞台，也是进行商品交换的重要场所。每年的那达慕大会，正是牧民丰收的时候，他们要把自己家的牛羊卖掉，换回生产生活用的物品。举行那达慕大会的时候，参加的人都会穿上蒙古族传统服装，进行各种比赛，进行商品交换，非常热闹。

四、泼水节（图9）

泼水节是中国南方少数民族傣族的重要节日。在傣族的历法里，泼水节是傣族的新年，也是傣族最重要的传统节日。泼水节起源于

印度，是婆罗门教①的一种仪式。后来被佛教吸收，传入云南傣族地区。泼水是为了洗掉厄运，为新年的顺利而祈祷。泼水节一般在每年的4月11日举行。

泼水前，人们要到佛教寺庙里为佛洗去灰尘，叫做"浴佛"。浴佛结束，人们开始泼水。姑娘们提着一桶放着香水的凉水，用一根柳枝，轻轻地往长辈和客人们脖子上洒去，表示祝福。最激烈的时候，人们把水泼向对方，大家互相追逐，场面非常热闹。

图9　泼水节

泼水节还有"赶摆"和"丢包"的活动。"摆"在傣语里是"丰收的节日"的意思。赶摆是泼水节最热闹的、最隆重的活动。大家穿上节日的服装，走到"摆场"，参加各种娱乐活动。白天，举行龙舟比赛。到了晚上，男女老少手拉手围成一圈，一边唱歌一边跳舞。放傣族自己制作的烟花。丢包是"赶摆"的一种活动，是男女之间寻找伴侣，表达爱情的娱乐方式。姑娘都会准备一个花包，朝自己喜欢的男人身上扔过去。男人接住花包，表示男的也喜欢女的，再把包扔给姑娘。通过这样的方式，表达男女之间的爱慕之情。所以，傣族的泼

---

① 婆罗门教：印度古代宗教名。

水节被称作"东方的狂欢节"。

五、火把节（图10）

图10　火把节

火把节是彝族最重要的节日，一般在六月二十四日前后三天。火把节起源于原始人对火的崇拜，具有神秘的色彩。火是人类改造自然最重要的工具之一，它不仅给人类带来了熟的食物，而且能广泛应用于农业生产。在原始社会生产力十分低下的时候，火被用来消灭田地里的害虫，同时燃烧杂草还可以使土地肥沃。随着生产力的发展，火把节逐渐演变为人们祭神，祈求丰收，消除灾难的节日。

彝族人也把火把节叫作"过小年"。四川凉州的彝族人在火把节那一天，家家户户都要杀羊宰牛，分成很多份，叫作"坨（tuó）坨肉"。晚上，在空地上挖一个大坑，里面烧着火，火上架一个大铁锅。大家坐在火坑旁边，或者手拉手围着火坑唱歌跳舞，直到第二天

第八章 中国岁时节日民俗

天亮才结束。云南红河地区的彝族人到了火把节那一天，家家都要做火把，天黑以后，点燃火把，把自己家从里到外照一遍，然后到田间走一圈，驱除疾病、瘟疫和灾害。每户人家的门口还要插上火把。此外，人们还在火把节进行摔跤、赛马、斗牛等娱乐活动。火把节还是青年男女表达爱情的节日。

六、藏族新年

藏历新年是藏族最热烈、最隆重的节日。藏历的一月一日就是藏历新年。新年的准备工作在前一年的十二月初就开始了。藏历的新年和农历的新年，有时是在同一天，有时藏历晚一天，有时藏历晚一个月，有时藏历晚一个月零一天。

节前，家家户户要打扫自己的屋子，在厨房里的墙上画上吉祥图案，在大门外画上万字符"卍"，象征吉祥如意。每户人家还要制作一种叫"切玛"的食品，里面放青稞和糌粑。除夕之夜，藏族人吃年夜饭一定要吃"古突"。古突是用牛羊肉、面粉、萝卜做的。最有意思的是，有的"古突"里面包着石头，有的包着盐，有的包着钱，有的包着辣椒，有的包着木炭，有的包着羊毛。全家人坐在一起，小心地吃"古突"，看谁吃到什么东西。石头代表坚强，盐代表懒惰，钱代表有财运，辣椒代表性格直爽，木炭代表人心很黑，羊毛代表性格温柔。"古突"吃完后要举行隆重的送鬼仪式。

大年初一那天，家庭主妇一大早起来煮一锅"羌枯"，就是放着奶渣、红糖和糌粑的青稞酒，让家人喝。家人喝完，继续睡觉，家庭主妇坐着等天亮去河边抢水。因为谁家能打到新年的第一桶水，谁家就能有好运。天亮以后，全家人穿上新衣服，向长辈拜年，说"扎西德勒"（藏语，吉祥如意的意思）。初二那天，人们开始相互拜年。主人捧着"切玛"在门口迎接。客人首先把"切玛"（图11）里的青稞和糌粑抛向空中，表示对神的尊敬，然后再抓起一点放进自己的嘴里，感谢主

199

中国民俗文化

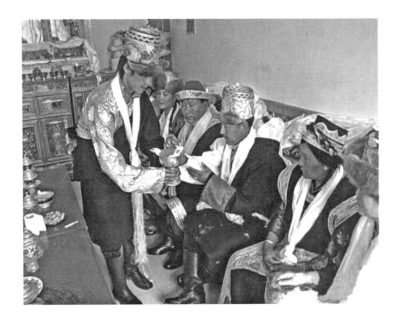

图11　切玛

人的热情招待。藏历新年还有民间艺人表演藏戏，以及其他庆祝节日的活动。

七、三月三"歌圩（xū）"①（图12）

三月三也称"歌节"或"歌圩"。每年在三月三举行的一年中最隆重的"歌圩"，是壮族人在某一个地方举行聚会唱歌的活动形式。它既是壮族人的传统民间活动，同时"歌圩"也是壮族青年男女交往的地方。传说有一个老人的女儿长得非常漂亮，也很会唱歌，老人想给自己的女儿找一个很会唱歌的丈夫。各地的青年闻讯后纷纷赶来求婚，于是就产生了"歌圩"这种民间文化活动。其实，壮族歌圩是为了纪念壮族人的祖先——布洛陀（tuó）。

---

① 歌圩：壮族举行歌会的地方。

第八章　中国岁时节日民俗

图12　壮族歌圩

　　传说布洛陀是壮民族开天辟地的创世始祖，其功绩主要是开创天地、创造万物、安排秩序、制定伦理等。每年农历二月十九是布洛陀生日，历史上壮族群众从这一天开始到农历三月初九，都会自发地去祭奉始祖布洛陀，形成了广西最为古老、盛大的歌圩。2006年6月，中国国务院把布洛陀文化列入第一批非物质文化遗产名录。

　　三月三也曾是古代汉族人的传统节日，农历三月三是春天里最美好的时候，经过一个冬天，人们纷纷走到郊外，在河里洗澡，洗去冬天的污垢（wūgòu），男女嬉戏玩闹，后来，逐渐演变成郊外踏青，在水边喝酒的习俗。这些丰富多彩的少数民族节日和汉族的节日一起，组成了中国内容丰富、历史悠久的节日文化，是中国文化多样性的体现。

思考题

1. 中国传统节日的变化发展的特点是什么?
2. 简述春节的习俗。
3. 元宵节的起源有哪些?
4. 端午节有哪些习俗?
5. 中秋节为什么是团圆的节日?
6. 傣族的泼水节有哪些活动?
7. 彝族的"火把节"起源于原始人对火的崇拜,讨论一下火对人类历史起的作用有哪些?
8. 介绍你家乡的一个节日,说明其起源、活动内容和意义。

第九章　中国生产商贸民俗

中国是一个传统农业国家，中国民俗文化中的很多内容的起因与农业生产直接有关。中国人口中百分之八十是农民，早熟和发达的农业文明孕育了丰富多彩的农业生产民俗。虽然如今中国农村的城市化速度很快，但几千年的农业文化传统根深蒂固地烙在了中国人的心灵深处。另外，中国有着广阔的草原和森林，狩猎业民俗也比较有特色。中国数量众多的江河湖海也滋生了丰富多彩的渔业民俗。中国社会虽然没有经历过资本主义阶段，以农耕社会为背景发展起来的城镇商业活动，商贸民俗意味也很浓厚。

第一节　农业生产民俗

中国农业生产民俗内容丰富，历史悠久，影响深远。不同的农业生产民俗，今天依然在不同程度地发挥着作用。中国农业民俗最具特色的内容是农历、农事和农谚等。农历是中国特有的一种历法；农事是指农业生产中的各项工作，本节主要介绍中国农事中的一些特殊的民俗文化活动；农谚是用简单通俗的话语反映农业生产方面的深刻的道理，在中国农村流传十分广泛。

一、农历

农历即阴历,依太阳运动和月亮运动的规律,通过增加闰月①来调节阴历和阳历的年长度的历法。相传农历创始于夏代,一直沿用至今,如今中国的重要民俗节日都是农历节日。农历的特点是既能反映月亮的圆缺消长,又能反映季节的寒暑变化。农历还有一个最大的特点,就是运用"二十四节气"。

节气是中国农民根据月初、月中的月亮运行位置和天气以及动植物生长等自然现象之间的关系,把一年平分为二十四等份并给每等份取名,这就是"二十四节气"。二十四个节气事实上也就是表示地球在公转轨道上二十四个不同的位置。一年四季节气的顺序是:

立春、雨水、惊蛰、春分、清明、谷雨;

立夏、小满、芒种、夏至、小暑、大暑;

立秋、处暑、白露、秋分、寒露、霜降;

立冬、小雪、大雪、冬至、小寒、大寒。

二十四节气的名称有的表示季节变化,有的表示气温变化,有的表示降水降雪情况,有的说明作物生长的情况。其中四个"立"表示季节的开始;两个"分"和两个"至"是季节更换的转折点;小暑、大暑、处暑与小寒、大寒表明一年中最热、最冷时期的出现;白露、寒露、霜降反映气温下降的过程与程度;雨水、谷雨、小雪、大雪反映降雨降雪的程度;惊蛰、清明、小满、芒种反映季节和农作物的生长态势。民间还将二十四节气编成歌谣:

春雨惊春清谷天,夏满芒夏暑相连;

秋处露秋寒霜降,冬雪雪冬小大寒。

在这首节气歌中每句除一两个字外,其余每一个字都代表一个节

---

① 闰月:农历一年较回归年相差10天又21小时;故须置闰月,即三年闰一个月,五年闰两个月,十九年闰七个月,每逢闰年所增加的一个月叫闰月。

气。俗话说"种田看节气",中国农民一直以来都按照二十四节气来安排农活,这也是农历一直保留至今的主要原因。

二、农事

在中国这个农业大国中,民间农业生产民俗不仅历史非常悠久,内容和表现形态也非常丰富多彩,主要表现在顺应大自然规律的农业习俗特点:

一是农业生产完全按时序节令来安排,季节性非常强。现在提到的春耕夏种秋收冬藏,其实都是农业生产按时序节令季节长期因循而形成的。人们常说的"季节不等人",表达的就是农事不能违背时序节令这个季节规律。不过随着现代农业和科学技术的发展,这种局面在逐步得到改变,大棚农业、无土栽培等农业新科技的推广,使农业生产依循季节这个千百年来的传统,发生了微妙的变化。

二是存在大量经验的占卜天象以预测农事的习俗。这既是人们在长期的生产过程中形成的经验总结,同时也是人们遵循天地变化规律的写照。在江浙一带,常常以各种自然天气现象来占农事,比如"清明头夜雨,麦烂蚕也死"、"端午无雨是丰年,芒种无雨空种田。立秋无雨千人愁,万物从此欠丰收"等,都是这种占卜天象以预测农事的习俗。

三是农事禁忌带着非常浓郁的迷信色彩。中国人一直认为农业是立国之本,所以,农事活动中有不少禁忌,使农事活动带上了仪式性、神秘性的特点。选种、下种、收割,包括农业养殖活动中,有不少禁忌。比如浙江武义地区过去认为育秧时挑谷种出去若遇到女人是很大的忌讳,是很不吉利的事情,须回头重挑一遍。江苏盐城地区请人插秧的"插秧饭"必须八大碗一起上桌后开饭,要是像酒宴似的一道一道地上菜则预示今年收成不好。这些农事禁忌随着中国农业的发展,农业现代化的实现,在不少地区已经消失。

四是欢庆丰收活动频繁。农业生产受自然、气候等因素的影响很大,农民基本靠天吃饭,所以,丰收以后人们就要真诚感谢天地神灵的赐福,最终形成了一系列节日性的庆贺活动,这些庆贺或祭祀活动又往往和春节、元宵、中秋等节日活动融合在一起。

三、农谚

中国是个历史悠久的传统农业国,农民创作了很多跟生产有密切关系的耕种、气象或节气类谚语,统称为农谚。耕种类谚语是人们劳动经验的精炼总结。气象类谚语是人们长期观测天气总结出来的。农谚是历代农民根据气象观测和耕作经验的总结,虽然不是条条应验①,但也有较大的可靠性与实用性,对从事农业生产有很大的参考作用。如:

庄稼一枝花,全靠肥当家。

有虫治,无虫防,丰收先保苗健康。

要想丰收没有巧,一苗二肥三除草。

日没胭脂红,无雨即是风;日出胭脂红,有雨不到中。天上钩钩云,地下雨淋淋。

第二节 狩猎业生产民俗

狩猎生产民俗是原始时期中国民间一种主要的生存劳作方式。进入农业社会之后,狩猎的许多习俗惯制依然被保存在一些地区民间生产过程中。

---

① 应验:后来发生的事实与预先所言、所估计的相符。

第九章　中国生产商贸民俗

　　原始社会时期的狩猎要举行极其隆重的仪式，现在世界上的许多岩画都是狩猎山行图，其中祭拜山神的习俗，在集体狩猎中是一项不可缺少的仪式。中国湖北的神农架地区，人们认为猎获物都是山神所赐，因此上山打猎前必须选择吉日，烧纸钱，并为山神供上鸡肉馒头，要跪拜祝祷，还有翻斤斗仪式。打到猎物时不能立即抬走，须用木签把它的脚钉在地上，祷告山神，感谢恩赐，否则下次打猎时就不会有好运气。浙江金华等地狩猎之前也要祭山神。人们用香纸缚（fù）在毛竹上以示敬神。许多地方还有上山后垒一个三块石头的山神位，进行礼拜，祈求获得丰厚猎物的习俗。

　　狩猎的季节性观念很强，在中国东北，一般都在秋冬之后进行，其他地区则在农闲时进行。狩猎是一种体壮勇敢者的生产劳动，在猎获凶猛动物的过程中还充满了危险，体力弱、猎技差的猎手可能有生命的危险。为了减少危险的发生，人们创造了各种各样狩猎的方式与技能。如南方捕猎各种动物，大都先用猎狗探路，然后由个人或集体进行捕杀。再如东北人猎熊常常都是在冬季黑熊进入冬眠之后。黑熊进入冬眠俗称"蹲仓"，即进入枯树中过冬。人们从树洞中猎熊叫"掏仓"或"刷仓"。首先是由一人到树洞边去"叫仓"，用大斧猛击树干震醒睡熊，等到黑熊出洞时将其射杀。有些山区采用设陷井、夹子等方法进行捕捉。

　　由于狩猎极其危险，大都需要集体进行，所以在长期的生产过程中，人们形成了许多适宜各地民众的狩猎习俗。如东北长白山的猎人总是集体进行狩猎，他们在入冬后便推选负责人，带着斧锯、食物、炊具，背上子弹扛上枪进山打猎。在山中一直待到积雪一尺多厚之后，人和猎狗都跑不动了才收工下山。习俗规定下山时不能将搭好的窝棚或"地洞子"拆除，也不能将多余的粮食柴火和盐等带走，主要目的是供那些在山上迷路者使用。南方人狩猎，也集体进行并推选负责人，一切都集体讨论决定。人们常常进行分工合作，有负责搜山的，有负责传达信号的，有负责打伏击的。

民间狩猎（图1）猎获大兽时的分配一般都还保留非常原始的"上山赶肉，见者有份"的规矩。如打到野猪，许多地方规定野猪打死后在四足未捆缚之前，凡赶到帮助缚脚和抬兽的人都可以分到一份，但习惯上还是保留着对那些参与狩猎者因功劳大小不同而得到猎获物不同的方法。如果猎手击中猎物，可分得头或腿肉；一部分肉与内脏，用于参与狩猎者集体欢宴；一部分肉，平均分配，猎犬也有一份。猎人常常将野兽的头骨挂在门前，挂得越多越荣耀。有些地区和民族猎得野猪，头一般不分，用作祭拜山神和灶神。

对山神的敬重、按季节捕猎以及宽松的分配原则，还体现了人们对自然的尊重和保护意识。如今，随着人们环保意识的增强，越来越

图1　打猎

多的民间力量加入了保护野生动物的行列。除了指定的打猎时间和区域，更多的野生动物已成为国家保护动物，不得非法捕猎。

第三节　渔业生产民俗

今天，渔业生产的器具和条件有了很大的改善，但许多当年的渔业民俗依然深深地扎根在人们的心里，特别是渔民的一些行为规范，至今还有着很大的影响。

中国民间的捕鱼大致有以下几种方式：第一种是徒手捉鱼；第二种是使用工具，如鱼网、鱼钩、鱼叉等；第三种是用药物捕鱼；第四种是用驯服的鱼鹰之类捕鱼。

沿海的渔民捕鱼前要占验天气，尤其是出海捕鱼，显得更为重要。像福建的漳州等地渔民出海先要占天（看风雨）、占云（看阴晴）、占风（看潮汛[1]、飓风[2]）等。浙江的舟山渔民中这类习俗极为系统和规范。出海前要举行海祭，在每条船上祭告神祇，烧化疏牒（dié）[3]。供祭之后，把一杯酒和少许碎肉抛入海中，叫酬[4]游魂，以祈祷渔船出海顺风顺水，平安归来。这一天人们不能吵架，也不能讲不吉利的话，否则要受处罚。舟山渔民的大船上都供奉关菩萨[5]，小船上则供奉圣姑娘娘。关菩萨传说是三国时的关云长（图2），圣姑

---

[1] 潮汛：一年中定期的大潮。
[2] 飓风：风力等于或大于12级的风。破坏力极大。
[3] 疏牒：一种保证通行的文书或证件。
[4] 酬：感谢。
[5] 关菩萨：历史上三国时期的蜀国将领，名叫关羽。

娘娘则是宋朝的寇承女。关菩萨老爷旁还供有两个木头神像，一个叫顺风耳，另一个叫千里眼。供奉这些神灵的主要原因是海上作业危险性大，天气变化无常，人们无法掌握自己的命运，便将一切都托给神灵。

渔民的生产除了经验就是靠运气了。在长期条件落后的生产过程中形成了许多行业上的禁忌。比如船上不借东西，船上之物只准进不准出，渔民上船后不洗脸不洗脚不穿鞋。船上忌坐七男一女，据说与八仙①有关。东海渔民对遇险之船或人都是全力救助的，但若遇仰面朝天的女尸或面部朝下的男尸则不能捞，要等海浪将尸体冲翻过来之后才能捞。捞尸时用镶边篷布蒙住眼睛以避邪气。捞尸体要说捞元宝②，对无主尸体则集中安葬。但有些地方渔民则有不救落水之人的禁忌，因为人们相信有讨替身③的说法。民间渔民禁忌和"翻"有关的一切东西，吃鱼时是绝对不能将鱼翻身的，否则将预示着翻船。有些地区有渔民出海时点长明灯的习俗，据说长明灯象征着出海者的灵魂，因此家人决不会让长明

图2　关公

---

① 八仙：中国古代民间传说中道教的八个神仙人。即汉钟离、张果老、吕洞宾、铁拐李、韩湘子、曹国舅、蓝采和、何仙姑。

② 元宝：从前较大的金银货币。

③ 替身：替代别人的人。

灯在出海者回来之前熄灭,否则就会发生事故。渔民的各种习俗,都是基于现实功用目的和信仰等因素而形成的。其中有些是生产生活经验的总结,有些是缺乏科学知识的结果。随着现代渔业生产技术的进步,许多传承下来的旧的生产习俗正在消除,科学的生产观念正在逐步形成。

第四节　商贸民俗

中国传统商贸业水平并不发达,但中国的商贸民俗却十分丰富。这些商贸民俗同样是中国民俗的一个组成部分,是带有中国特色的商人、手工艺人的精神生活的反映。

一、手工艺人

手工艺人,民间俗称为"匠人",技术高明者被称为"能工巧匠"。民间手工各行的祖师爷①都有各自的由来、传说,而有了祖师爷便有师祖的崇拜,人们不仅修筑鲁班庙、老君堂、药王庙等进行祭拜,而且在行业之内还有各种祖师爷生辰祭日②的祭祀,非常隆重。各行手工艺都是特殊的工种,需要特殊的技能和特殊的训练,因此形成了手工艺民俗的特征:

一是讲究师承③关系。手工艺都是需要特殊技能的职业,需要有名师指点,于是形成了师徒相承、手教口授的特殊关系。"拜师"成为学艺的重要前提,不拜师就难以学艺,当然也就不会取得大的成就。

---

① 祖师爷:某一派学术、技艺、宗教或行业的创始人。
② 生辰祭日:出生和去世的日子。
③ 师承:师徒相传学术或技艺的系统。

有些绝活还形成了传男不传女的规矩，使行业传承的范围更加狭小，有的仅在子弟或亲戚间传承，形成了地区性行业趋势。

二是严密封锁技术。由于讲究师徒传承，技术只在师徒间传授，对于非师徒关系的人员则严格保密。加上各行各业之间本身存在的竞争，手工艺同行之间的技术封锁，就显得更加严格。如祖传秘方"只此一家，别无分店"之类的说法至今还常常能听到见到。这种技术封锁在一定程度上阻碍了地区手工业的发展，产生了一些弊端。

三是生产活动的神秘性。民间手工生产的神秘性，主要表现在师承关系和封锁技术方面，同时也表现在行业中有许多禁忌和特殊的行话。如甘肃武威一带石匠工作时不准开口说话，否则可能导致工伤事故。严禁女人到采石的洞口或洞中，认为女人去了会惹山神发怒。青田石匠称进矿洞叫"进财"，回家叫"拔草鞋"；特别忌说洗，因为洗与"死"同音，所以连碗也不洗只用布擦干净。手工艺生产的特点和特殊性，使各种手工艺者的门户①观念非常强。

二、商人

中国的商人按照其经营的不同方式分为行商和坐商等。

1. 行商。民间的行商一般有两种形式。一种是资金雄厚进行长途跋涉大宗交易的商队，像历史上来往于丝绸之路上的骆驼商队、云贵高原的马帮等；另一种是小本经营的小贩，他们身背肩挑上山下乡，走街串巷赚取薄利以养家糊口。著名的如浙江永康的小五金货郎担，他们走村串巷；义乌的鸡毛换糖也是历史非常久远的行商小商贩。这种行商随着现代商品经济的发展，现在已基本上退出了历史舞台。

2. 坐商。这是一种有固定营业场所的商业行为。唐代之前城市中

---

① 门户：派别，因观念、主张不同而形成的小团体。

的"肆"大约是坐商的前身。到了宋代，坊市制度有了重大改变，使城中有了固定的经营者，这就是现在常见的商店。坐商一般都集中在居民区和大城镇，大都有固定的消费者。坐商除了特别重视店名之外，一个非常重要的标志就是在店门口按经营内容，悬挂幌子。

商人也可以按籍贯划分，历史上晋商（山西商人）、徽商（安徽商人）最为著名。

历史上在山西陕西民间，出外经商的习俗十分盛行，在黄河流域以外的地方进行商业活动的山西商人被叫做晋商。明清时期中原一带的晋商十分活跃，甚至日本的神户、大阪、长崎，韩国的仁川，都曾留下了他们的踪迹。晋商行商在外，不仅大大促进黄河流域和所在地区的经济发展，而且有些风俗对中原文化与各地的文化交流也起到了促进作用。

徽商，即徽州商人，一般认为，徽商始于南宋，发展于元末明初，形成于明代中叶，盛于嘉靖，清代乾隆时期达到高峰，至嘉庆、道光年间日趋衰败，前后达六百多年，在中国商业史上占有重要地位。明代中叶以后至清乾隆末年的三百多年，是徽商发展的黄金时代，无论营业人数、活动范围、经营行业与资本，都居全国各商人集团的首位。当时，经商成了徽州人的"第一等生业"，成人男子中，经商占70%，极盛时还要超过。徽商的活动范围遍及城乡，其足迹还远至日本、朝鲜、东南亚各国以及葡萄牙等地。

三、商帮

商帮，即商人团体。中国的商业盛于明清，那时民间的贩运贸易形成了四大主要商帮，即船帮、车帮、马帮、驼帮。

1. 船帮。船帮又叫漕帮，是指以船为主要交通工具，载运货物于江河湖海之间的商帮。在中国古代，由于交通不便和道路崎岖，大宗货物的长途运输主要依赖船只，船帮在当时的行商中名气颇大，多为资金雄厚的大商人组成。

2. 车帮。车帮交通一律为大马车，以贩运内地商品经东北至中俄边境贸易为主，沿途经过的多为平地草原。车帮出发时，一般二十辆组成一队，白天休息晚上赶路，一辆辆马车首尾衔接，每辆马车下挂一盏马灯，前后有二十多条大狗尾随，气势浩荡。

3. 马帮。马帮指以骡马毛驴等为交通工具的商帮。与船帮比，马帮的规模一般较小，贩运的距离也较近，主要贩运的货物为人们日常需要的粮、油、棉、布以及其他日用品，多在山区活动。马帮早期活动在云贵一带，大的马帮一般拥有牲口上百匹，小的则只有十几匹，甚至几匹。

4. 驼帮。驼帮是指以骆驼为交通工具的商帮。由于骆驼的忍耐力极强，所以驼帮主要从事的是远距离的长途贩运，他们跋涉于崇山峻岭或荒漠草原，行旅辛苦。在民间，驼帮主要以贩运茶叶到中俄边境恰克图进行贸易为主，在清代曾十分有名，恰克图曾被称为中国的陆地码头。内蒙古一带称驼帮所赶的骆驼队为"货房子"。

四、贩运

贩运，中国民间贩运生意的传统十分久远。中国商人最早从事的活动实际上就是贩运贸易。到春秋时期，贩运商人和坐商逐渐分离。古人有"行商坐贾（gǔ）"的说法，人们习惯上将贩运商人称为商，而销售商人则被称之为贾。商的地位远比贾高，他们虽无正式市民身份，却拥有大量的财富，是一种地位比较特殊的商人。而身有市籍的"坐贾"却多是一些终日坐店贩卖并以此而养家糊口的小商人。

贩运商人所承担的风险和所受的辛苦很大，没有极大的忍耐精神和随机应变的才能是很难有所成就的。因此，做贩运商人，从准备出门，到中途旅行，至交易场所，都必须谨言慎行，勤勉诚恳，既不受外界的诱惑，又要目光敏锐，讲求策略，不误时机。所以，民间行商贩运有不少训诫，如：晋商中就流传着"十诫"：一诫，守法；二

第九章 中国生产商贸民俗

诚,防避不测;三诚,谨慎小心;四诚,少年老实;五诚,刚柔相济;六诚,勤谨用心;七诚,良善忠厚;八诚:活动乖巧;九诚,老成君子;十诚,至实至诚。这些虽然是民间告诫,其中确实包含了不少世故①道理。

五、集市(图3)

集市是在商品经济获得一定的发展之后为便于货物交易而形成的一种村镇买卖交换场所。中国早期的集市一般仅仅是交换各自缺少的货物,并不计较商品价值之间是否等值。古书记载,殷商时期的集市贸易,是人们把自己的猎物或兽皮放在通往集市的路边,然后就躲进

图3 集市

---

① 世故:处理事情和与人打交道的经验。

215

草丛,等换取山货的商人放一些盐巴布匹或衣物并将皮货取走后,他们才将商人放置的物品拿回家。至于交换是否等价从来不去过问。这种交换形式一直到新中国成立以后,仍在一些山区盛行。

中国各地民间对"集市"的叫法不同。北方基本上叫"集",而南方则基本上叫"市",也有叫"步"的。两广一带则叫"墟",四川贵州常叫"场",云南叫"街子"。集市大都在城镇边缘或一些集镇中形成,一般并不天天有集市,而是有固定的时间。相近的集市时间相互错开,让商贩们可以多赶一些集市。农民则将自己多余的货物在集市中出售,同时购买日常生活必需品和生产用品,集市既丰富了市场,也方便了百姓日常生活。

六、 招幌(图4)

招幌的本意是为了追求吉利,民间也称"幌子""望子"。"望子"有希望的意思,这是一种具有广告意义的悬挂物。幌子,其实是一种商业广告,在中国,幌子历史也颇为悠久。它不仅表明自己正在经营生意,而且还与行业经营直接相关,久而久之约定俗成,特殊的幌子就成了某种商贸活动的象征。商贸民俗中的幌子可分为实物幌子、模型幌子、文字幌子、旗帘幌子和象征性幌子等。幌子简明易懂,让顾客一目了然。

贸易民俗中,服务业的幌子最具特色。如

图4 招幌

酒店悬挂写有酒字的旗子或悬挂一只葫芦；裁缝店则在木板上写"成衣"二字做幌子；当铺门前则悬一个斗大的"当"字（图5）；茶叶店门前是"茶"字。鞋店挂一双大鞋，帽店挂一顶精制的帽子，刀剪店挂一把大剪刀等。理发店门前则放置一盏红蓝两色相间的转灯等。

幌子不能随便乱挂，在有些地区招幌悬挂有等级象征。如在东北，旧时饭店挂用红绸包裹带流苏①的罗圈就很有讲究，如挂三只串联的罗圈，则表明是大饭店，有高级厨师，单间雅座，设备齐全，可包办酒席；两只罗圈表示一般饭店，既有高档佳肴，又有家常便饭可任顾客挑选；挂一只罗圈，则是小吃铺，是花钱少、吃得饱的地方，但门面不能太挑剔。挂一个笊篱（zhàolí）②头作幌子，表明是鸡毛小店，专招徕挑担的小货郎，贫穷的过路人，吃得很简单。

图5　当铺

---

① 流苏：由彩丝或羽毛做的穗状饰物。
② 笊篱：用金属、竹篾或柳条等制成的在水里捞东西的漏勺。

思考题

1. 简述中国农历的特点。
2. 为什么有些地方的猎手在上山打猎前一定要祭祀山神？
3. 说说"上山赶肉，见者有份"的利弊。
4. 简述渔业生产中的行为禁忌。
5. 明清时期，中国有哪四大商帮？

第十章　中国社会组织民俗

中国民俗中的"社会组织"是指中国传统社会官府组织之外具有稳定的互助关系的民间共同体，例如家族、行会、帮会、宗教信仰组织和庙会组织以及一些小社团等。社会组织民俗是人们在特定条件下结成的社会关系的惯制[①]，内容既包括由血缘、地缘、业缘、神缘、物缘等组合成的人际关系，也包括民间社会制度，如习惯法、人生礼仪、家法族规、乡规民约等。社会组织民俗规定了个人及社会各行业人群交往过程中传承性、集体性的行为方式，民俗组织制度的作用有时会相当大。

第一节　血缘组织民俗

以血缘关系为基础形成的家族组织是中国社会庞大而复杂的人际关系网络的核心部分。家族是传统社会最基本的组织，它的组织原则和人际关系为其他社会组织提供了典范，它的组织民俗也是最丰富的。传统的家族是聚居的、以明确的世系组织起来的、祭祀共同祖先的社会群体。中国的家族一般是按父系血亲关系构建起来的，成员之

[①] 惯制：习惯和制度。

间有充分的交往。与家族相关的血缘组织形式还有宗族和亲族。家族是一种实体性的组织,宗族是家族联合体。宗族是多个在地域上相邻或不相邻的家族按谱系确认一个共同始祖的血缘组织。亲族是由婚姻关系联结起来的家族亲缘。

一、家族组织民俗要素

在中国传统社会中,家族(宗族)是最重要的民间社会组织,在长期的文化积累中,形成了丰富多彩的组织民俗。最有代表性的是五服、九族、族谱、族长和家族称谓。

"五服"本来是丧服制度,用五种丧服作为死者与亲属的亲疏关系标志,按父系亲属计算,服丧范围是同一高祖的后裔。"九族"实际上是两个"五服"范围的重叠,即以本人为基点,分别向上下推衍四代。向上依次为父亲、祖父、曾祖、高祖;向下依次为儿子、孙子、曾孙、玄孙。后来在民间,五服的范围被认为是通常的血缘关系组织的范围,"出五服"就不算一个群体了。宋代以前,普通家族的祭祀以高祖为限,因而,"五服"指同一高祖的血缘祭祀群体,通常为若干个家庭组成的一个家族。

族谱,又称为"家谱""宗谱"。"谱"是家族共同体存在的文字形式,包括谱序、本族源流世系、先贤①礼赞、族产登录、族人诗文选集以及族规家训等等内容。家族组织主要的成员有族长、宗子和庄正。族长又称宗长、家长,是家族的全权代表,对外代表家族出面见官,与外族打交道;对内管理家族事务,维持家族秩序,组织家族活动。宗子是历代长房的长子,是家族血脉的象征,主要在家族祭祀中担任主祭(祭首)。庄正是理财的经理,负责族产的经营管理。家族

---

① 先贤:已经去世的有才德的人。

规模的大小决定了家族事务的繁简。家族事务单纯的小家族可能只有族长,没有族产的家族自然用不着庄正,一些家族由族长主持祭祀,并不立宗子。

中国家族称谓民俗很有特色。口语中,称谓的类别比较少,在族内使用时比实际的关系显得亲密。常用的称谓介于从曾祖到曾孙之间。例如:"我"称曾祖父母为太爷爷和太奶奶;称祖父母为爷爷和奶奶;称祖父的几个兄弟及其配偶为大爷、二爷、幺爷和大奶奶、二奶奶、幺奶奶;称父母为爸爸和妈妈,称父亲的哥哥们及其配偶为大伯、二伯、幺伯和大妈、二妈、幺妈,称父亲的弟弟们及其配偶为大叔、二叔、幺叔和大婶、二婶、幺婶;对同辈的兄弟及其配偶的称呼如大哥和大嫂、二哥和二嫂等,有多种排序方式,或者每一个父亲的儿子是一个序列,或者每一个祖父的孙子是一个序列。背后说到上辈族人时往往用比较正式的称呼,但当面称呼时通常比较口语化。族人当面称呼起来更让人感到是真正的一家人。

二、家族成员的民俗活动

家族成员集体参与的民俗事件可以按参与时机分为三类:在节日和生日举行的,如拜年、清明祭祖、寿庆等;择吉日举行的,如婚嫁、建房等;随机发生而成员闻讯前往的,如生诞、丧葬、家族救助等。每到这种时候,大家不约而同地聚集在一起,按部就班地各司其职,使事件得以顺利解决。

这些民俗事件实际上可以按照经办主体分为家庭民俗事件和家族民俗事件。前者如婚丧、寿诞、建房,由一家人经办,大家不同程度地参与。其参与方式有三种:前往致意(贺喜或抚慰)、出人帮工、出资送礼。各家按血缘关系的远近派出相应的参与成员,或派代表(家长、男性或女性)参加,或全家参加。民间通常称操办之家"有事""办事"或"做事",实际上,"事"是大家办的(主要是宗亲中的近亲），也是由大家资助的（包括宗亲和姻亲，一般送礼最多的是舅爷和姑爷）。

第二节　地缘组织民俗

地缘是指因地域关系而产生的人际联系。传统中国是典型的乡土社会，俗语说"老乡见老乡，两眼泪汪汪"，反映的正是中国人重视地缘情感的民族性格。因为家族毕竟不是部落或氏族，家族的存在必须以其他社会组织的存在为前提。为了通婚、进行物资交易、祭祀保佑一方水土的神灵或开展公益活动，人们走出家族，建立了更广泛的人际关系。这些关系的确立形成了地缘性的社区组织，并相应产生了一定的习俗惯制。

地缘组织可分为两种：一种是村落和社区型的本地组织，一种是设在外地的同乡组织。中国地缘关系的组合力很强，尤其是设在外地的。本地的地缘组织是由于某种公共事务设立地缘性的社区组织。村落中民间社区组织负责具体的公共事务。筹办公共事务的活动形成习俗，而协调公共关系，成为社区文化的基本内容。远离家乡，乡情更亲，地缘社会组织的作用也更突出。如旧时因交通不便，有钱的商人往往在外地设立会馆，为很多身在异乡的同乡无偿提供住宿和帮助。如今各类同乡会，依然十分活跃。美国的唐人街，大部分为中国人，可以看作是身在异国的中国人的地缘组织。

一、村落组织和管理

村落是中国基层社会单位，现在的城市中不少社区的名称中还保留着一些从前村落的痕迹。自然形成的村落有同姓村落、亲族村落和杂姓村落等多种。同姓村落和亲族村落的组织民俗与家族血缘组织相似，只有那些多姓杂居的村落才有必要在宗族组织之外建立村落组织，以协调居民的关系，维护村落的整体利益。村落组织往往有多种公益系统，提供村民基本的生存条件和环境：一般有村庙，供奉保护神，并有"会"之类的组织负责筹集钱物，安排聚会，祭祀鬼神；更有村规民约界定村民为人处世的原则，制定与生产有关的规则等。

村落的公益系统主要包括生活用水、自卫、风水、会场（演戏及聚会的场地）等方面。会场是每村都有的，有的在村庙之前，有的在某姓的祠堂之前，有的借用村中较大的打谷场。生活用水是村落最基本的公益事务，有关的习俗惯制大多是与自然环境相适应的：不同村落对提取饮用水、牲畜饮水、洗菜水、洗衣服水、洗卫生器具水（如马桶、小孩尿布）有不同的地段规定，利用自然水系（如溪、河）的村落通常以上下游而定；依靠堰塘的村落通常以方位而定，如果有几个堰塘，则对堰塘有所分工；有赖水井的村落可能既有时间规定，如早晨先挑吃水，又有距离规定，如井台上可以淘米、洗菜，很远的地方才允许洗涤卫生器具；一些有几个水系可用的村落会对水系进行分工，如井水饮用，洗衣服则到堰塘或河边。

村落的自卫系统有寨子、壕沟①，以及带有瞭望和射击功能的土楼或围楼等，也有的村落利用自然的水系、山隘作为天然的屏障。寨子一般为山村所用，壕沟大多出现在平原地区。寨子都是用石头依山势垒成，分两种类型：一种是居民固定的山村，一种是周围村民专门为保安而建造的有多层防御工事的临时住所。壕沟基本上是简陋的古代城防体系。土楼或围楼见于中国东南地区，是以楼为寨，如福建、广东。土楼多数是圆柱体的，也有四方体、长方体或八角体的，外墙约一丈厚，用黄泥土夯成。后来有的用石灰夯成，用石板砌成，被称为灰楼、石楼。楼寨只设一个大门，门内有重门，如遇战事，则禁闭楼

---

① 壕沟：村落外围的沟渠。

门，平时安排一人专司守更，每夜按时关锁楼门，确保安全。楼内有的是一个家族，有的是几姓共居。本书第六章居住民俗中也有介绍。广东饶平县客家楼寨，现存最大的土楼是镇福楼（图1），高四层，建筑面积1.13万平方米，分为六十间。有的家族在楼寨之外修筑围屋，形成更大的规模，如庆阳楼，楼高三层，内分四十八间，三落两天井，楼外筑三圈围屋。可谓壁垒森严。

图1　镇福楼

二、社区组织习俗

民间的社区组织是跨村落的或以城镇为中心的地缘组织。社区组织有多种形式：一是村与村之间的联合体，二是若干村的村民的联合体，三是城镇居民的联合体，四是城镇居民和周围村民的联合体。前两种可以称为"联村组织"，第三种可以称为"市民组织"，第四种可以称为"城乡组织"。传统社会的社区组织作为中型甚至大型的地缘组织，它的内部不像村落组织那样保持着比较亲密的人际关系，通常是因为某种特殊的活动而形成或建立的，但是一经产生，它又会派生出若干活动。传统社会的各种社区组织可能各有自己的实际事务，如纠纷、水利、社交，但是，它们又都是一个祭祀组织，都以某位神祇的名义把大家组织起来。拜神的祭典、庙会（图2）是社区习俗的重要组成部分，也是社区组织认同的基本标志。

图2　社区庙会

第三节　业缘组织民俗

业缘组织是若干当事人出于共同的个人意愿而结成的组织或社团。业缘组织在某些方面可能代表政府起作用。在现代社会中业缘组织民俗显示出越来越重要的作用。业缘与血缘、地缘组织的区别在于，先天的血缘和自然的地缘决定一个人是某个家族或某地庙会的成员，他的成员资格是先天的，但是，一个人加入某个社团却是他的个人选择，影响他选择的是一些后天的因素。血缘组织和地缘组织内部的社会文化差异越大，业缘组织就会越发达。业缘组织基础可能是职业相同（如行会），可能是信仰相同（如香火会），可能是志趣相同（如结义兄弟），也可能是利益相同（如帮会、钱会）。传统社会的民间社团都有自己的一套组织民俗发挥文化的维系作用。业缘组织民俗大致分为四类：行会、民间信仰组织、帮会组织和小社团组织（如钱会、喜事等）。

一、行会组织习俗

行业组织的构成要素主要有行首（会长）、值年（司年）、行业神、神庙、业务场所。成员拜师学艺、出师入行、在行营业以及参与同业的重大活动，都有一定的习俗惯制。

各行各业都供奉行业神，它们被供奉在称为庙、堂、馆、殿、宫、阁或祠的建筑内。行业神崇拜既有一业多神的情况，也有一神多业的现象。所崇拜的神包括祖师神和保护神。宜兴陶业既供祖师神范蠡（lǐ），也供保护神土地神和火神。鲁班被木匠、石匠、瓦匠、车铺等行业奉为祖师神（图3），以致有"百作手艺供鲁班"之说。许多行业组织的名称以其所奉之神命名，如老君会、鲁班社。

图3　鲁班庙

二、信仰组织习俗

中国民间信仰另有专章讲解，本节着重介绍信仰组织习俗。广义地说，中国传统的民间组织大都有共同的信仰和祭祀活动，无论它本来是（或主要是）什么样的组织，它都同时还是一个信仰组织，如家族的祖先崇拜、社区组织的保护神崇拜、各行业的祖师崇拜。狭义地说，如果人们个人自愿结成组织是为了共同从事某种信仰活动，那么，这一社团就是我们这里所谓的民间信仰组织，它们的宗旨是追求精神价值。一些信仰组织是公开的，但是，旧时由于官方意识形态的专制，许多信仰组织在力量不够强大时不得不处于秘密状态。

民间信仰组织可以按层次划分为体系化、制度化的宗教组织和普通的信仰组织。前者如各种民间宗教，后者如各地进香朝圣的香火会。有些宗教在民间传来传去，或者由于组织体系被摧毁，或者由于传教人的问题，组织涣散，但仍然以某些方式存在，大概只能算是普通的信仰组织了。

三、帮会组织习俗

帮会是江湖上经济互助、感情互通的联盟。它们大都有层出不穷的反对官府的表现。所以帮会组织历来上不为官方所容，下遭受家族敌视（许多家族的族规严禁子弟参加），通常都是"秘密结社"。帮会有两种组织类型：一是以歃（shà）血[①]结盟的形式聚义结拜，依据忠义信条和生死弟兄关系把赵钱孙李、东西南北的人结为一体，例如天地会[②]；一是以拜师认父的方式把徒子徒孙结成模拟式家族，例如青帮[③]。帮会与信仰组织有密切的关系，帮会都有崇拜对象和祭祀活动；

[①] 歃血：古代举行盟会时，嘴唇涂上牲畜的血，表示守信不悔。
[②] 天地会：清代的一个秘密帮派组织。
[③] 青帮：清末的一个秘密帮派组织。

有的帮会原先就是一种信仰组织。帮会在性质上是正统体制之外的组织。从正统的社会阶层分化出来的游民、移民、难民更容易加入帮会,他们即使是做乞丐也要结成丐帮。

除以上三类业缘组织民俗外,其他民间小社团的组织习俗也比较盛行。民间小社团可以分为信用组织,如钱会;红白喜事互助组织,如老会、喜事会、瓷器会;慈善组织,如施孤会、施茶会等;结拜组织,如结拜兄弟、十姊妹等,如今这些组织大多已经消失。

第四节　社会组织民俗要素总述

总体看来,社会组织民俗包括五个方面:即关于组织目标的民俗,关于组织成员的民俗,关于组织整合的民俗,关于组织活动条件的民俗和关于组织过程的民俗。民间社会组织能够顺利运转起来,就在于其成员以特定的条件为基础,在权威人物和规则的约束与指导下,围绕组织目标行动。各种稳定的社会组织都要围绕目标、成员、整合、条件、过程规则这五个方面积累一整套的习俗惯制,作为组织顺利运转的前提。

一、关于组织目标的民俗

目标是组织的逻辑前提,例如建立宗族是为了敬宗收族,设置庙会是为了敬神娱神。组织目标在某种意义上决定着组织的方方面面。宗族的目标当然是维护宗族共同体的血脉和利益。因此汉族的宗族通常都限制甚至禁止留女儿在家招婿,因为招婿对血统和财产的影响是违背宗族目标的。

二、关于组织成员的民俗

要成为任何层次的社会组织的成员，一是习得该组织的文化，二是被组织赋予某种身份、角色。如：要进入木工班子和行业，就得拜师学艺，等到三年出师，再举行一个入行的仪式。

三、关于组织整合的民俗

对组织起整合作用的因素有权威人物、组织认同、奖惩规范等，它们各自都涉及一系列民俗。权威人物，既是权威的标志，又是维持权威的习俗惯制。木工班子的大师傅不砍第一斧子，其他成员不能开工；大师傅吃饭坐首席，由他先端杯子，先动筷子。他得到的不仅是实惠，更有对权威的尊崇。各种层次的社会组织都会设计一些（有时是一套）组织标志、传说和仪式以加强成员对组织的认同。宗族成员通过宗谱、祭祖等活动向宗族认同，并与其他成员联络感情，在宗族内流传的祖先业绩和事迹，成为宗族成员共同景仰的对象。有些组织的奖惩规则基本上限于言传身教，有些组织的规则是成文的，或载入文书，或刻石立碑。

四、关于组织活动条件的民俗

组织活动的物质条件包括场所、设施、消耗材料和资金。各种民间社会组织都有一定的物质民俗为组织活动提供条件。宗族祭祖要设祠堂，祠堂祭祖要有供桌、牌位、香烛等等。并且组织活动，都要耗费一定的资财，所以从前，一些盛大的传统组织活动，只有在丰收之年才有财力隆重举办。

五、关于组织过程的民俗

从组织过程来看，社会组织民俗可以划分为确立组织的民俗、关于组织的活动程序的民俗、接纳组织成员的民俗、辞别组织成员的民俗、改变组织的民俗等。社会组织有形成、建立的过程，是一个环环相扣的系统，整个过程中都包含着相应的组织民俗。

中国社会组织民俗是官府组织之外维持社会秩序、调节人际关系、增进人间情感有效且有力的手段之一。

思考题

1. 汉语中常见的家族民俗称谓有哪些？
2. 家族成员的活动主要有几类？
3. 社区组织形式有哪几种？
4. 业缘组织主要有几种形式？
5. 总述中国民间社会组织民俗的要素。
6. 以你自己的经历为例，说说地缘组织民俗的作用。

第十一章　中国民间信仰

中国各地、各民族有不同的地方历史文化传统，各地民间的信仰也有所不同，呈现出多样性和区域性。中国民间信仰主要表现为各式各样的"崇拜"举动和心理。中国民间信仰可以有多种分类方法。既可以按信仰对象分为自然崇拜、祖先崇拜和行业崇拜，也可以按天、地、人三界分为神灵信仰、鬼魂信仰和人杰信仰。普通百姓的信仰与崇拜活动并不具有很多宗教的色彩，而完全是出于生活实际的目的，带有显著的功利性。祈求福禄寿禧财，既是民间信仰的宗旨，也是老百姓生活的梦想。民间信仰将人们对未来的希求，对生活的理解借助一定的仪式或程式表达出来。中国民间信仰除了民间诸神崇拜和祭祀外，还有很多禁忌和具体的消灾举措。

中国民间信仰的目的有以下三条：一为治病求医，身体安康；二为传宗敬祖、家族兴旺；三为升官发财、锦绣前程。所有这些既和人们的日常生活关系密切，又与中国传统思想相互交融。中国民间信仰活动中还保存了大量的神话、传说、歌舞等内容，对传播和发展文化、教育后人有着深远的影响。

第一节　民间诸神

中国民间神灵信仰没有完整的体系，神灵的地位和神灵之间的关系也往往因地而异，有很大的随意性和灵活性。各种神灵在性质上大致有神、神仙、人鬼、菩萨、妖魔等五类。

神包括自然神和社会神，自然神如日神、月神、风神、雨师等，是原始初民对不可理解的自然现象所做的一种人格化幻想的产物；社会神如黄帝①、夸父②等，是人类发展早期对氏族或部落做出过较大贡献的人，死后被人们奉为神。神仙是通过修炼③而达到长生不老的人，如八仙等。人鬼是人死后在另一世界（冥界）的存在形态，如城隍、家族先祖等。菩萨，是佛教的神灵，如观音、弥勒佛等。妖魔又称妖怪、精怪，是除人以外的其他有生物和无生物通过修炼后而达到的一种生命形态，通常能幻化为人形，如树精、狐狸精（狐仙）、蛇精、龟精等。

中国民间信仰的神灵有无数的名目，其中在近代影响较大的有玉皇、观音、八仙、关公、阎王、城隍、土地以及沿海的妈祖等。

一、玉皇大帝

在实际的中国民间信仰里，玉皇大帝并不处于中心地位。尽管如此，玉皇大帝在民间信仰中还是有一定的影响。对玉皇大帝的信仰在山东最为流行。全省各地有许多玉皇阁、玉皇庙，在这些庙宇中供奉着以泥胎塑成人间帝王模样的玉皇大帝神像。在一定意义上可以说

---

① 黄帝：中国传说中的上古帝王。
② 夸父：中国神话中追赶太阳的人。
③ 修炼：指道家的修养练功、炼丹等活动。

玉皇大帝是万神之主。传说农历正月初九是玉皇大帝的生日，有些地方人们要举行丰富多彩的庆祝活动，祈求玉皇大帝赐福于新的一年。人们在日常生活中不管碰到什么难事，例如求雨、建房、婚丧嫁娶等等，也常常祈求玉皇大帝的保佑。许多山川风物，都附会①在玉皇大帝及其妻子王母娘娘、女儿七仙女身上；很多优美的民间传说，传述着玉帝及其手下如太白金星、四海龙王、城隍土地等神灵的故事，表达了民众的喜怒哀乐之情。在明清以后广泛流行的通俗文学中，玉皇大帝作为天上万神殿的核心，成为一个不可缺少的文化背景。最有代表性的是小说《西游记》。

二、观音（图1）

观音是中国民间信仰中一个最有人缘的神灵。在佛教里，观音本来一般以男性形象出现，他能变化形体，可男可女，但在中国民众心目中，观音一般被看作是一位美丽善良、救苦扶难的女神，民间习惯的称呼是"观音娘娘""观音老母""观音妈"。观音又被翻译为"观世音""观自在""观世自在"，尊号为"大慈大悲救苦救难观世音菩萨"，唐代为避免与皇帝李世民的名字有重复，删去了"世"字，简称"观音"。

图1 观音

---

① 附会：把没有关系的事物说成有关系；把没有某种意义的事物说成有某种意义。

民间所熟悉的观音传说故事大多是女神故事。观音左有善财童子，右有龙女相伴佐助，在民间信仰中是一位全知全能的神，尤其受到求子妇女的崇拜。观音为人排难解忧，治病救命，保一方风调雨顺，为妇女送子保胎等等，可谓无所不能。最盛大的观音崇拜应该是浙江普陀山每年三次的观音法会，分别在农历二月十九日观音的诞生日、六月十九日观音的成道日、九月十九日观音的涅槃（nièpán）①日举行。各地信众长途跋涉赴会，规模很大。妇女常常到各地观音庙通过"偷观音鞋""拴娃娃"等活动求子。一些地方还有吃"观音素"（"观音斋"）的习俗，有的是从二月初一到二月十九日观音的生日期间吃素，有的是每月逢九吃素，因为观音的三大纪念日都有"九"之数。

三、八仙（图2）

在中国道教体系中，有八位神话传说中的散仙，通称为"八仙"。一般认为是：铁拐李（又

图2　八仙

---

① 涅槃：佛教用语，死亡的意思。

称李铁拐)、汉钟离(又称钟离权)、张果老、何仙姑、蓝采和、吕洞宾、韩湘子、曹国舅。中国民间传说有许多关于他们的故事,讲述他们得道成仙的经过和种种神奇的经历,其中"八仙过海""八仙庆寿"最为著名。

四、关帝(图3)

在中国民间诸神中,关帝的影响仅次于观音。关帝在民间全称为"关圣帝君",俗称"关公""关老爷"。关帝庙也叫"关王庙"或"武帝庙"。

关帝的原型是三国时的历史人物关羽,是三国时期的大将,民间各种故事所突出的都是关羽有忠心、有勇力、重义气等品质。关羽的忠义刚烈,不仅适合统治者的口味,而且符合民众的心理。关公在统治者那里被看成效忠王朝的样板,因而成为与"文圣"孔子并列的"武圣",是战神,是忠义之神。在民间,关羽更是万能之神,掌管福禄、保佑科举、治病消灾、驱邪辟恶、招财进宝、庇护商贾,可以说是无所不能。有不少地区把关羽看做财神,社会上的三教九流除了对关羽通常的信奉之外,还有许多行业奉之为行业保护神,关羽的义为江湖帮派提供了维系宗派的精神纽带,成为它们的精神

图3 关帝

系统的支柱。

相传农历五月十三日是关帝生日,一说是六月二十四日。各地关帝庙周围的民众在这两个时期举办庙会。庙会内容主要是公祭和演戏酬神,外加商贸活动。

五、财神(图4)

财神是中国民间供奉的招财进宝之神,属于道教系统。传说"正财神"叫赵公明,又称赵公元帅。此外,民间还有偏财神五显财神、文财神财帛星君和武财神关圣帝君关羽。中国各地,无论城乡,都有祭祀财神的风俗,但祭祀方法各地有所不同。有贴财神像、敬香上供品、焚烧财神像行礼念祝词等。财神的生日是正月初五,所以,过了大年初一,最重要的活动就是大年初四晚上接财神——在财神生日到来的前一天晚上,各家置办酒席、鸣放鞭炮,为财神贺寿。

六、阎王

在中国民间宗教信仰的"神灵"体系中,天宫和冥府都属玉皇大帝管辖,不过,玉帝主管神界,冥界则由阎王统一专管。在阎王之下,各地的死者的灵魂又由一级级的城隍、土地神主管。在道教系统中,冥界另有体系,东、南、西、北、中央

图4 财神

都有鬼帝，但只有北方鬼帝名声最大，四川丰都县被称为"鬼都"。

阎王，又叫"阎罗王"，是印度语。六朝以后佛教盛行，民间对阎王的信仰逐渐普遍，甚至超出了中国原来的冥界信仰。佛教传入中国后，"地狱"观念与中国原有的冥界观念相结合，使冥界体系化，把各种不同的鬼王、冥府罗列在一起，到唐末，出现了十殿阎王的说法。但在民间观念中十殿阎王并不细分，而笼统称为阎王。阎王一直没有专门的庙宇，或寄身于泰山东岳庙，或寄身于丰都大帝庙，或寄身于城隍庙。

七、城隍（图5）

城隍本是自然神，后来成为城镇保护神和冥神，由人鬼担任。唐代中期各地都有城隍。它除了保护城镇外，还负责当地的冥籍和水旱吉凶，成了阴间的地方最高神灵。宋代开始把城隍信仰列入国家

图5　上海城隍庙

祭典，明代更规定了统一的祭祀时间、祭祀仪式、祭祀祝文。明代以后，城隍庙遍及各地城镇。城隍是人鬼被任命的冥官，因此，各地有各自的城隍。死后为城隍的人，生前都为该地做出过相当的贡献，或者是有所作为的地方官。城隍是人鬼，所以人们还给他（们）配有城隍夫人（庙内往往有很华丽的卧室）、城隍少爷、城隍小姐，都在庙中立有塑像。

城隍是地方保护神、冥籍管理神，也是道德监督神。为了祈求城隍保护全境平安，以及本年风调雨顺，不受自然灾害和妖魔鬼怪的侵害，旧时中国各地普遍在清明、七月半、十月初一演示规模盛大的城隍出巡（三巡会）。城隍信仰的其他活动则各地差异较大，例如，因城隍和城隍庙的等级不同，城隍和城隍夫人的生日就不同，相应的神诞会的时间和规模也不相同。

八、土地神（图6）

土地神，也是土谷神，又叫"社神"，它实际上是城隍手下的乡村长官，负责阴差，收容羁押（jīyā）①刚死的鬼魂。据说新鬼须先到它那里报到，暂住三天再启程西行。因此，人们在死者咽气后先去"报庙"，或称"照庙"，并且一天三次去送饭，烧香烧纸，请求土地和鬼卒关照死

图6 土地神

---

① 羁押：拘留；拘押。

者。有句俗语对土地神作了形象的概括："土地土地，住在石头屋里。不看笑的，光看哭的。"中国各地供奉、祭拜的土地神有多种形象。上古三代①曾以树或石头象征社神。不同方位的社用不同的树作标志。近代土地神多是人形，通常是一位穿袍戴乌帽的白发老翁，旁边配一位老妇，谓之土地公公和土地婆婆、田公和田婆等。土地神的住所有祠，有庙，有石头屋，有旧水缸，还有的在野外露天，各地差别很大。

九、妈祖（图7）

妈祖是源于福建的称呼，在闽南方言中，"妈"是对年长者或德高望重女性的尊称。在山东、辽东则称妈祖为"海神娘娘"。在台湾又称"天上圣母"。妈祖与关公一样，是由人鬼被尊奉为神的。传说妈祖在世时姓林名默，祖籍福建省莆田湄州屿，自幼聪明，后来学习巫术，为民占卜吉凶，驱灾治病，成为当地的名巫。林默死后，被民众奉为地方保护神，历代统治者也封她为"夫人""天妃""天后"等。妈祖在宋代只是小地区的海神，明清以后，升格为中国沿海各地信奉的万能之神。人们不仅相信妈祖能够保佑航海安全，而且相信妈祖能够主宰风调雨顺、生儿育女、战争胜负、灾病吉凶。妈祖是整

图7 妈祖

---

① 上古三代：较早的古代，指中国历史上的夏商周时代。

个沿海地区的信仰,尤其对渔民来说更突出。渔民造船,要先造一个船的模型供在妈祖庙内,以求神灵保佑航行平安。凡是出海的海船,必在船上供奉妈祖,作为航行海上的保护神。如果海浪恶起,渔船危险,船工就抱着妈祖像呼叫,许愿求妈祖保佑。

祭祀妈祖有两种形式:一种是固定的祭祀,即在妈祖生日(农历三月二十三日)和逝世日(农历九月九日)两天,有隆重的庙会祭祀;一种是不固定的祭祀,即求行船平安、求子、求雨等的祭祀活动。庙会期间还有分身妈祖回娘家的习俗。旧时闽台各地妈祖庙要到湄州屿进香、朝拜妈祖,香客举着旗,抬着神像挑着香炉,浩浩荡荡去朝湄州祖庙。在湄州屿以外的地区,人们则把妈祖神像送到当地福建会馆去(如天津天后宫就把妈祖送到天津闽粤会馆)住几天。

第二节　民间禁忌

禁忌,也叫忌讳或顾忌,是指在特定的时间和空间,不适宜或被禁止某些言语和举动。禁忌多与恐惧有关。中国民间信仰中禁忌的内容多而杂,本节主要介绍部分节日、数字、婚姻、丧葬、行业等方面常见的禁忌。

一、节日禁忌

中国人的春节,是一年中最重要的节日。春节期间只能说吉利话,不能说死、杀、鬼之类的不吉利的言辞。除夕不能向别人借东西,初一不能催人还债。忌打碎器物,打碎了要说"岁岁(碎碎)平安"之类的吉利话。还有忌丧葬、忌丧家拜年、忌吵架骂人、忌请医生、忌剃头理发等。还有的地方忌扫地,扫了地也不能把垃圾倒掉,认为会把财气倒掉,等等。

其他节日也多有禁忌，如农历二月初二，俗称"龙抬头"，忌动剪刀针线，忌推磨，打水忌碰井沿，都是怕伤了龙。清明节前一二日为寒食节，禁忌烟火。农历七月十五为"鬼节"，忌晚间外出，以免惊动鬼神。八月的中秋节忌阴雨，否则来年收成不好。有的地方九月重阳节忌讳出嫁不到三年的女儿回娘家，等等。

二、数字禁忌

大体说来，中国人忌单数，因为"好事成双"，所以给人送礼或礼金都忌单数。也有时忌双数，比如举办丧礼时，因为人们不希望坏事成双。"3"的谐音是"散"，祝寿和结婚有的地方忌这个日子，贺喜、送礼也忌这个数；商人特别忌讳这个数，因为怕"散"财。"4"谐音"死"，大凶，所以门牌号、汽车牌号都不喜欢用这个数字。有的地方也忌讳"7"这个数字，有的地方有"七不出，八不归"之说，意思是逢七的日子不要出门，逢八的日子不要返回；"8"本是个吉利数字，很多时候、很多事情人们喜欢用，但在这一点上却成为禁忌，是因为有"分离"的意思。人们还忌年龄七十三、八十四，因为俗语说"七十三、八十四，阎王不请自己去"，因为孔子七十三岁去世，孟子八十四岁去世。

三、婚姻禁忌

中国民间婚姻禁忌也很多，体现了人们对婚姻大事的慎重态度。在择偶方面，中国大多数地方禁忌同姓通婚。另外，按算命的观点，属相禁忌不能通婚。如鼠马、牛羊、猴虎、兔鸡、龙狗、蛇猪、龙兔、鸡犬、犬猴不宜相配。在选择结婚日期上，忌讳在没有立春节气的年份结婚。忌讳五、七、九月结婚。忌讳单日结婚。婚礼中，新娘忌穿黑色衣服，忌有小孩哭，忌戴孝的人、寡妇、四眼人（孕妇）进新房，忌讳别人坐在新人床上。

四、丧葬禁忌

中国民间历来对丧事非常重视。一般办丧事时，不能随便说笑、不能游戏、唱歌。死者的装殓（liàn）①也有各种禁忌，比如口里不能空着。古代有含玉习俗，后来有含饭团的习俗。有的地方忌给死者穿黑色衣服，说会变成驴；有的忌穿皮衣，说会变成兽。死者进棺，脚忌悬空，定要踏着棺材板，头却忌顶着棺板，要隔以衣物。入殓时，亲属哀哭的眼泪忌讳滴在尸体上，等等。

五、行业禁忌

中国民间各行各业都有自己的禁忌。军队忌讳说"伤"和"死"，要改称"挂花"和"光荣"。商人最忌讳的是输和亏，所以凡能通过联想联系上的东西都忌讳，如有的地方不许店员在店铺中看书，因为书与"输"同音。有的地方忌讳坐在柜台上，忌讳站在店铺门槛上，忌讳往店外扫垃圾，忌讳有人朝店门小便等等，都是担心冲了生意亏本。

木工忌讳别人摸他的斧、墨斗②和曲尺，锯树时忌讳树墩上留有竖立的木片，认为那是灵牌树，不吉利。屠夫忌讳亥（hài）日③杀猪，杀猪时忌讳杀两刀。对读书人来说，最忌讳的是烧掉写了字的纸，忌讳用有字的纸充当便纸，因为那是污辱了圣人。有的地方忌讳学龄前儿童用手随意拨算盘，认为那样会数不清。

---

① 装殓：将死者装入棺材。
② 墨斗：木工用来打直线的工具。从墨斗中拉出墨线放到木材上，绷紧，提起墨线后松手，趁着弹力打上黑线。
③ 亥日：亥是地支的最后一位，亥日每十二天出现一次。

第三节　民间消灾

民间消灾是民众习惯采用的解决、缓解各种麻烦、困难乃至灾难的精神手段——实际上只是心理上的作用，这些手段主要建立在信仰而不是技术的基础之上。民间消灾的最终目的，可以说是趋吉避凶，在心理上保证安全和健康、走向幸福生活。除了祭拜、念佛、吃斋①等佛教和道教的精神手段之外，中国民间消灾的手段可谓五花八门，有时间上的、空间上的和行为上的。常见的有念咒（zhòu）、画符、下神、镇邪等。

一、念咒②

语言是交流的媒介，民间通常相信一些神秘的文本具有巫术媒介的作用，人们念诵这些文字可以收到实现愿望，消解难题的效果。最普遍的要数念"阿弥陀佛"了，人们几乎遇到各种事都会念它，人们相信反复念诵可以消灾免祸。

婴幼儿有时有夜哭现象，民间通行的消除办法是——贴咒语，有的地方是"小儿夜哭，请君念读。如若不哭，谢君万福"；有的地方要念"天皇皇，地皇皇，我家有个夜哭郎。过路君子念一遍，一觉睡到大天光"。民间通常相信小儿夜哭是"魂不守舍"，父母要在路口、街道等处多贴以上的文字，用众人之口消除不祥，以求一家安宁。

各地各行业的咒语很多。野外作业靠运气得到收获的人尤其重

---

① 吃斋：吃素。
② 念咒：一种迷信行为。即念诵自认为可以产生神奇力量的神秘语句。

视咒语，四川北部猎户的"箍（gū）山咒"和渔民的"箍水咒"很有代表性：以神的名义和灵魂转世的逻辑博取较好的收获，前者为"天灵开，地灵开，玄元老祖下天台，灵山聚集百种兽，猎得群兽换人胎"；后者为"天灵灵，地灵灵，敬告水中神龙君。泗（sì）水赶尽鲢鳜鲤（liánguìlǐ）[1]，祭尊九天仙与神"。东北挖参人找到人参，要大叫一声"棒槌（bàngchui）"，就可以把人参定住，否则人参会入土消失。

二、画符（图8）

符是和尚、道士、巫师或民间术士所画的一种图形或线条，俗信认为它可以驱除鬼神给人带来的灾祸。符的名目很多，如斗口符、护法符、诸天符、喇嘛符、镇宅符、镇魂符、托生符、安胎符等等。现在很多寺庙宫观依然有符出售。施符的时间一般选在太阳初升和傍晚太阳快落之时，所用的法器主要是水、墨、毛笔、香等。画符所用纸、笔、砚、墨、水，都是极普通的，但这些东西被施法术后就被赋予了特殊功力。以"符"祛病为例：一般在室内，有两种方法：一是画好符，然后焚烧成灰，兑水让病人口服，称之"符水"；二是将画好的"符"让病人藏（或贴）在某个固定的位置，以驱鬼镇邪。

三、下神

百姓为解决疑难或病患，请巫婆或神汉通过一定的仪式请来神灵、大仙，帮助人们惩恶解难或指导解决办

图8 符咒

---

[1] 鲢鳜鲤：鲢鱼、鳜鱼、鲤鱼三种鱼。

法，民间俗称"下神"或"跳神"。这种风俗在中国很多地方都曾广泛流行，有的属于萨满①教系统，有的属于傩（nuó）神②（图9）信仰系统。现在中国农村或中小城市里还可以看到。这种消灾祈福的方法曾经长期为中国民众所接受，至今民间还有少数人深信不疑。萨满可以沟通人、神以及万物的意志，并且可以让各种魂灵之间产生血缘关系。傩神能帮人驱鬼消灾赐福，各地傩戏又各具特色，也是中国民间祈神、娱神与民间祭祀的工具和手段，几乎遍及中国各地。

图9　傩神面具

四、镇邪

民间的"邪"是指鬼神带来的灾祸，镇邪也称"辟邪"，就是指压住或避免这些灾祸。民间用来辟邪的东西很多，大致可以分为三类：实物、具体的拟物图像、抽象的文字符号。即使是实物，大多也是因为被赋予了某种象征意义才具有镇邪作用的。

1. 民间用于镇邪的实物有：

金属制品　　比如铜镜，民间相信铜器有辟邪的能力，用铜制作镜子又增加一层照妖现原形和反射的作用，因此铜镜常被安置在宅院中。现在你要是留意一些地方的民居，还能看到镜子高挂在门前。

---

① 萨满：多流行于以狩猎、采集为生的原始民族之间，主要信仰者为中国北方的部分民族。崇拜自然、精灵、并以能与精灵沟通的灵媒萨满为中心的宗教。萨满具有治病及预卜未来的能力。

② 傩神：驱除瘟疫的神。

中国民俗文化

火　在民间信仰中，鬼祟是害怕火焰的，所以火是常见的镇邪物。

爆竹　民间在节日祭祀、庆贺、丧葬等场合大放爆竹（鞭炮），以驱逐邪恶，免灾祛祸。

艾草　端午节时各家各户都在门檐上插菖蒲、艾草用以辟邪。

红色物件　民间认为，房屋上插的小红旗，病人头上缠的红布条，小孩子穿的红衣、红裤，戴的红帽、红肚兜，以及朱砂、朱印、朱笔等等，凡与红色有关的物件都可以充当驱邪物、镇邪物。

2. 图像。民间用于镇邪的拟物图像有吉兽、凶兽、灵兽图像等，诸如麒麟（qílín）、凤凰、狮子、老虎的画像、塑像都被用作镇物，民间常常把它们贴在墙上、门上或用来制作成童衣、童帽、童鞋上的装饰品。以狮子为例，传说狮能镇山，更能镇宅，雕个"镇山狮"、"镇宅狮"就能护佑祖产家宅，过去的豪门富户常常采用，如今一些大公司门前也可经常看到。

3. 文字符号。民间用于镇邪的文字符号有："姜太公在此，百无禁忌"或"姜太公在此，诸神退位"。姜太公即姜子牙，是民间传说的封神之神。因为各路神仙皆由他所封，所以他就成为神上之神。"姜太公在此"，各路神仙、鬼怪自然要退避三舍。民间盖新房上梁、迎亲布置车轿大多用这些文字写成的条幅。它在各地还有不同的变体，如台湾民间有的书写"黄飞虎在此"或"普庵（佛）在此，百无禁忌"。其他如《周易》[1]及太极八卦图[2]。俗信以为《周易》及一些经书、卦书[3]有驱邪消灾[4]的能力，一些人出门时习惯随身携带一册，而居家时在窗

---

[1] 《周易》：《易经》的内容最早只是记载自然、天文和气象的变化，古代帝王作为施政之书，百姓用为占卜之书。孔子作传后，始为哲理之书，是儒家的重要典籍。

[2] 八卦图：中国古代的一套有象征意义的符号。用"—"代表阳，是"--"代表阴，用三个这样的符号组成八种形式，叫作八卦，相传是伏羲所造，后世用来占卜。

[3] 卦书：讲解八卦的书。

[4] 消灾：预先消除灾难。

口悬置一册。许多地方民间都有在店房门头、屋房梁上绘制太极八卦图的习俗。

思考题

1. 中国民间信仰的目的是什么？
2. 中国民间信仰的神灵有哪些？
3. 春节都有哪些禁忌？生育都有哪些禁忌？为什么会有这些禁忌？
4. 民间消灾有哪些方法？你对这些方法是怎么认识的？
5. 给大家介绍几个你家乡的民间神灵。

第十二章　中国娱乐民俗

　　中国民间娱乐形式千姿百态，富有浓烈的乡土色彩。各地民众充分利用乡土物产，发明创造的娱乐活动争奇斗艳、令人拍案叫绝。娱乐民俗的起源比较复杂，包括了原始宗教和民间信仰、生产劳动、战争兵事等多种因素，并且经过长期的发展，其自身也在不断丰富、完善。民间娱乐活动在一定程度上丰富了民间的生活，有益于人们的身心健康。娱乐仅仅是它的表面特征，它的深层目的是通过竞技和游戏，达到人与人、人与自然以及人与神之间和谐相处的目的，并使生产、生活更加有序和有趣。

　　娱乐民俗还在经济、社会、信仰等活动中起到纽带作用。娱乐民俗的活动大多不是孤立、单独地进行的，它们往往配合生产活动、社会活动及信仰、礼节等展开。娱乐民俗的作用十分广泛，它渗透在各种民俗生活中，以节日民俗和竞技民俗表现得最为突出，成为各种民俗事象的鲜明标记。如春节、元宵节的舞龙、舞狮、秧歌、腰鼓等。我们对节日娱乐民俗已经有所了解，本章主要介绍民间游戏、民间竞技和民间杂艺，三者之间时有交叉复合之处，它们共同构成了中国民俗娱乐活动的全貌。

第十二章　中国娱乐民俗

第一节　娱乐民俗的特征

一、竞技性和娱乐性

竞技性和娱乐性是娱乐民俗文化的本质特征。娱乐民俗文化如果失去了竞技性，就会显得缺乏活力和无趣。竞技是人们试图从身体上或心理上压倒对手的一种最好的表达方式，人们在竞技中获得愉悦，也获得某种心理平衡。任何游艺民俗都包含有竞技的成分或竞技的心理。儿童的跳高是这样，成人的打球是这样，民间的龙舟竞渡和赛马更是如此。娱乐民俗文化在产生之初，可能带有实际的功用目的或隐含某种深刻的文化意义。但随着社会的发展，文化传统的衍化，民俗文化原始的功用性慢慢淡化，娱乐色彩越来越浓。如端午节的赛龙舟，起初可能是为了纪念屈原，但到后来发展成为龙舟竞渡比赛，成了一种竞技娱乐活动，而且是中华民族具有代表性的娱乐民俗。竞技性和娱乐性增强了娱乐民俗的观赏性和人们的参与度，使娱乐民俗活动充满了生机和活力。

二、大众性和民族性

民俗娱乐一般都是全民大众的活动。这种娱乐虽不强求每个人都直接参与，但它却是适宜于任何个体的。它的大众性可以从三个方面去认识：第一，它是一种人人都会的娱乐民俗；第二，它是一种获得普遍认同的娱乐方式；第三，它是一种部分人直接参与，部分人从观赏中获得愉悦的娱乐方式。如牧业民族的赛马，牧民们既可以参与比赛活动，也可以作为观众观赏喝彩并从中获得快乐，两者都是民间大众普遍认同的行为方式。

娱乐民俗具有鲜明的民族性和地域性。竞技民俗文化的民族性，使其表现出内容丰富、样式新颖和色彩斑斓的特色。中国辽阔的地域，生活在不同地区不同民族的人们，往往根据自己生活环境和生产方式的需要对某些娱乐民俗进行吸收改造或创造，从而形成了各民族各地区不同的娱乐民俗文化。比如傣族的泼水节，大理白族的"绕三林"，苗族的三月三歌会，白族、彝族和普米族的火把节，它们都是各民族特别的节日和娱乐活动。而这种民族个性又源于他们的独特的地理环境、生活方式和文化传统。

三、时节性和模式化

中国娱乐民俗，一部分是四季通行的，一部分是随季而兴、遇节而盛的。民间娱乐活动是一种具有集体意义和区域特色的民俗形式，娱乐活动的时间性或季节性非常强。如春节、元宵节的娱乐活动，只有在春节、元宵节期间进行；赛龙舟也只有在端午节才进行。不在特定的时间或季节，人们就不认可它是一种正规的或完整的民俗活动，而仅仅是一种竞技或消遣。如重阳节登高爬山，是一种民俗娱乐文化活动，但平时的爬山则纯粹只是一种锻炼或消遣罢了。原因就在于，重阳时节登高爬山还伴随着其他相关的民俗文化内容，如饮菊花酒、佩戴茱萸等，而更重要的是重阳登高所具有的民俗文化中蕴含着一种祛邪避害的信仰心理。这种心理是其他登高爬山活动所无法具备的。

娱乐民俗经过长期传承而形成，它得到民众的认可，在现实生活中已凝固成特定的类型或模式，民众依据特定样式，每年在特定的时间重复进行特定的娱乐活动。如喜庆时燃放鞭炮，结婚仪式后闹洞房，清明节扫墓时附带踏青等，都是一些固定的程式和类型，投射出中华民族文化的个性气息。再如舞龙灯或舞狮子，是汉民族在喜庆和节日当中进行的一种模式化的娱乐活动，如今在对外文化交流中，它已成为中华民族的一种象征。

第二节　民间游戏

民间游戏是民众生活中最常见的、最普遍的、最有趣味的娱乐活动。民间游戏俗称"玩耍"。有些游戏项目在发展中逐渐完备，成为竞技项目或杂技艺术。民间游戏可分为活动游戏、助兴游戏及智能游戏等，各选几种简单介绍如下：

一、活动游戏

1. 抽陀螺（tuóluó）（图1）

抽陀螺又叫"打陀螺"或"抽黄牛"是中国各地非常普遍的传统体育活动。孩子用一根木棍绑上一把棕叶或棕绳，做成打陀螺的鞭子。用一段很短的圆木头，把它的一头削成圆锥形，圆锥的顶端钉一个铁钉做成陀螺，然后拿一根绳子把陀螺绕几圈用力一丢，陀螺就会在地上转起来，然后用鞭子不停地抽打，陀螺就会不停地转动下去。

打陀螺场地器材简单，容易掌握和推广。打陀螺不但能增强人的体质，而且具有对抗性、竞赛性和娱乐性。打陀螺现已被列入中国"少数民族传统体育运动会"的竞赛项目之一。

图1　打陀螺

2. 滚铁环（图2）

滚铁环流行于中国各地。用铁丝做一个圆环，然后再做一个长柄的铁钩子，推着这个铁丝圆环滚着走。推铁环的动作有一定的难度，需要一定的技巧。游戏时发出"哗啷哗啷"的声音。有的还在铁环上

图2 滚铁环

套两三个小环，滚动时更响亮。个人活动、集体竞赛都可以。

用铁钩推动铁环向前滚动，以铁钩控制其方向，可直走、拐弯。技术好的孩子能把铁环从家一路滚到学校，绕过各种障碍，甚至可以过水塘上楼梯。

滚铁环游戏有助于提高身体的平衡性、肢体的协调以及眼力等。廉价而又方便实用的铁环，不限场地，随处可玩，运动量大而又灵活多变，能让孩子在游戏中运动，在运动中成长，给他强健的体魄，灵巧的身躯，过人的精力。最重要的是它让孩子们有一个无忧的童年。

3. 丢手绢（图3）

丢手绢，也叫"丢手帕"，游戏开始前，大家推选一个丢手绢的人，其余的人围成一个大圆圈蹲下。游戏开始，大家一起唱起《丢手绢》歌谣："丢，丢，丢手绢，轻轻地放在小朋友的后面，大家不要告诉他，快点快点抓住他，快点快点抓住他。"被推选为丢手

图3 丢手绢

绢的人沿着圆圈外行走，一边唱一边走一边做丢手绢的动作，在歌谣唱完之前，要不知不觉地将手绢丢在其中一人的身后。被丢了手绢的人要迅速发现自己身后的手绢，然后迅速起身追逐丢手绢的人，丢手绢的人沿着圆圈奔跑，跑到被丢手绢人的位置时蹲下，如被抓住，则要表演一个节目，可表演跳舞、讲故事等。如果被丢手绢的人在歌谣唱完后仍未发现身后的手绢，而让丢手绢的人转了一圈后抓住，就要做下一轮丢手绢的人，他的位置则由刚才丢手绢的人代替。

4. 老鹰抓小鸡（图4）

老鹰抓小鸡，俗称"黄鹞（yào）吃鸡"，又叫"黄鼠狼吃鸡"，是一种多人参加的游戏，在户外或有一定空间的室内进行。这种游戏，对发展灵敏性和协调能力，培养合作意识有一定的促进作用。

游戏方法为：游戏开始前先分角色，定出老鹰、鸡妈妈、小鸡，即一人当母鸡，一人当老鹰，其余的当小鸡。小鸡依次在母鸡后牵着衣襟排成一队，老鹰站在母鸡对面，做捉小鸡的姿势。游戏开始时，鸡妈妈为了防止老鹰抓住自己身后的小鸡，可以张开双臂，尽量拦住老鹰，不让它抓住自己身后的小鸡们。鸡妈妈在拦的同时，可以大声喊着老鹰从哪边过来了等话语，告诉自己身后的小鸡们。鸡妈妈的身体为防止老鹰的捕捉，可以左右移动，在鸡妈妈身体左右移动的同时，身后的小鸡们也随着以相同方向来转动，万一老鹰突破了鸡妈妈的防线，快要抓住最后面的小鸡时，小鸡立即

图4　老鹰抓小鸡

蹲下，双手捂住耳朵，这样老鹰得重新站在鸡妈妈的前面，游戏就得重新开始。而老鹰一旦用手拍到最后面的小鸡，就算老鹰为赢，游戏重新开始。

这个游戏有一个重要规则，就是老鹰不可侵犯母鸡，这才使得母鸡对小鸡的护卫成为可能。老鹰抓小鸡的游戏特别简单，没有更多的花样，但其中最为重要的是排成一队的小鸡们，他们之间必须要配合好，大家齐心，随着鸡妈妈而动，叫停即停，不然的话，最后面的小鸡就容易被捉到。

5. 抓石子（图5）

抓石子也叫"抓瓦"或"丢沙包"，一般2～4人，简单易学、不受场地限制。方法是将3～5颗石子（或用布做的小沙包）在桌面上或地面上丢开；拿起其中一颗石子向上抛；趁向上抛的石子未落到桌面前或地面前，抓起第二颗石子，再来接住刚才向上抛的石子。依次类推，抓起地上的一子或数子，或翻掌将抛起的石子接住，边掷边拾边接，连续不断，全靠眼明手快。如果抛起的石子没接住，或者桌面（地面）上的石子没抓起，就结束游戏，该对方开始。

图5 抓石子

二、助兴游戏

助兴游戏多用于节日聚会和宴饮活动中，如行酒令、猜拳（图6）等。酒令，古代就有，推一人做令官，宣布酒令的要求，其余人轮流按令表演，违令者罚酒，古人称"酒令大于军令"，这是宴会上助兴的重要娱乐项目。

猜拳也叫"划拳""豁拳""拇战",是喝酒时的一种助兴游戏。如在两人之间进行,双方在出指头的同时喊数字,若喊出的数目与双方手指数的和相等,则赢,喊错者为输。中国民间喜庆寿诞、婚嫁迎送,有酒席招待时,常常以猜拳来为喝酒助兴。猜拳喊令简单的是直接喊数字"1"至"10"的,多数情况下人们喊吉祥意思的文雅词句,如:2说"哥俩好"、3说"三结义"、4为"四季发财"、5为"五魁首"、6为"六六大顺"、7为"七星高照"、8为"八仙过海"、9为"九天仙女"、10为"十全十美"等等,各地叫法大同小异,随着此起彼伏的猜拳声,宴席的气氛被推向高潮。

类似的还有以握拳、伸食指中指、张手三种手势分别代表石头(锤子)、剪刀(或锥子)、布的形状,布包石头,石头砸剪刀,剪刀剪布,相互克制定胜负。还有用筷子对敲,每敲一下同时喊"虎""猎人""枪"中的一种,道理与上同。

助兴游戏还有"击鼓传花"等配乐器、有声有势的娱乐方法:众人围坐一圈,圈外一人蒙眼敲鼓,随着鼓声,众人依次传花(或手帕),鼓停,花在谁手,谁即中彩,需当众表演一个小节目,以让众人开心一笑。

三、智能游戏

中国民间游戏在娱乐的同时也有培育、开发智力的目的,还有纯粹的智力游戏,如猜谜、

图6 猜拳

搭积木、下棋、猜掌中物、藏物找物等。以猜谜为例，它是中国人非常喜爱的一种益智、休闲、娱乐活动。不仅以书面文字形式广为传播，在口语中的流传也十分广泛，几乎每个中国人都能说出几个甚至几十个谜语，猜谜已经发展成为一种智力游戏。在民间还有许多数学计算性的测验游戏，如江南流行的"王老五切豆腐"，3刀要切出8块的巧算游戏；火柴棍计算或造型游戏；空格填字——使左右或上下都可以衔接连成词的游戏等都是常见的益智游戏。另外还有培养口头语言表达能力的游戏，如绕口令、背诵识数歌谣等；培养动手能力的游戏，如折纸、剪纸等，都具有浓厚的智能色彩。折衣裤，折车、船、桌、椅、衣、帽等，剪窗花、剪动物图案等游戏可以培养工艺审美能力。在农村还有许多竹编、草编游戏（图7），如用马莲叶编动物、用草编草帽等游戏，就地取材，寓教于乐。

图7　草编工艺

第三节　民间竞技

民间竞技活动是指中国民间各种形式的体育、技巧类比赛活动。古代的竞技活动往往与生产、部族争战等紧密相关。中国民间竞技历史很久，早在旧石器时期的原始狩猎时代，人类已经开始了自然本能的竞技活动。

现行中国民间竞技可分为力量型和技巧型两大类。中国民间竞技活动花样繁多,本节主要介绍举重、摔跤、叼羊、爬竿、拔河、跳绳、跳高、踢毽子、荡秋千等较为常见的几种。

一、力量型民间竞技

力量型民间竞技活动,是民间竞技的常见项目。如举重、摔跤、叼羊、爬杆、拔河等,各民族都有相似的活动。

1. 举重(图8)

民间举重和传统武术有关,晋代有能举一千五百斤以上的"力人",唐以后各朝直至清代的武举科考,往往以举重为主考科目。中国民间举重多举"石担""石锁"。石担举法包括单双手抓举、挺举、推举、扯旗、背箭、头花、颈花、腰花等;石锁举法有单手抓举、推举、砸肘、背箭等。

图8 举石锁

图9 蒙古族摔跤

2. 摔跤(图9)

摔跤是蒙古、彝、维吾尔、瑶、壮、朝鲜、藏等许多民族古代传袭下来的角力竞技。彝族婚礼时,男方背亲的青年都是摔跤手,到女家吃完宴席就与女方摔跤手比赛,一对一对分场进行,优胜者为"力士",发给奖品。拉祜族有一种"拔腰"比赛,类似摔跤,两人对抱,看谁先把对方抱起双脚离地。

3. 叼羊(图10)

叼羊是中国游牧民族传统的马上游戏。这种游戏既是一种力量和勇气的较量,也是一种马术和骑术的比赛,一般都在节日期间举行。叼羊的形式主要有三种:一是两人叼,二是分组叼,三是集体叼。

叼羊这天,广大牧民,不论男女老少,都穿着节日的盛装,喜气洋洋地来到指定地点,习惯而自觉地站成一个大圈,进行围观。叼羊既需个人娴熟的技巧,又要集体的密切配合,而且讲究战略战术。一旦夺得羊羔,同伴有的前拽(zhuài)缰绳,有的后抽马背,前拉后推,左右护卫,叼羊者才能冲出重围。

图10 叼羊

4. 爬杆(图11)

爬杆是一种身体附着于长杆向上攀缘的中国民间体育活动,又称拔高。爬杆起源很早,汉代张衡《西京赋》中就有记载。爬杆也是少数民族地区一种特殊的娱乐健身活动,如广西苗族过节时常举行爬杆比赛:在空场立起一根光滑的长杆,顶端缚红绸等物,凡能爬到杆顶取物且下杆时

图11 爬竿

头朝下滑而不碰地便能站稳的男青年，会受到称赞，并成为姑娘们爱慕的对象。现在一般的爬法是手握垂直而立的竹竿或木杆伸屈肢体而上，或用双腿夹杆，或用脚掌蹬杆，手脚协调配合，臂力较强者可两脚悬空，只用双手攀缘。特别长的杆，可数人同时爬，也可立若干根竹竿比赛，以最先到达顶端者为胜。

5. 拔河（图12）

拔河，是一种人数相等的双方对拉一根粗绳以比较力量的对抗性体育娱乐活动。拔河起源于中国，古代称为"牵钩"，源于春秋战国时期。最初拔河主要用来训练兵卒在作战时钩拉或强拒的能力，后来被水乡渔民仿效，成为一项民间体育娱乐活动。唐宋以后，拔河渐在民间盛行。712—756年，唐玄宗时曾举行过千人参加的拔河比赛活动。拔河的场地要求很简单，只要有一块能容纳比赛人数的场地，就可进行拔河活动。拔河比赛的一般方法是：在地上画划两条平行的直线为河界，比赛双方在河界两侧各执绳索的一端，随着一声令下，双方用力拉绳，以将对方拉过河界为胜。

图12　拔河

二、技巧型民间竞技

以技巧为主要竞赛内容的中国娱乐民俗，包括多种竞技活动，本节主要介绍跳绳、跳板、跳高、踢毽子、荡秋千等。

1. 跳绳（图13）

跳绳是一种在环摆绳索中间做各种跳跃技巧动作的民间娱乐活动，俗称"跳白索"。跳绳大致有三种类型：一种是游戏性跳绳，这是最普通的方式；一种是技巧性跳绳，有单脚跳、换脚跳、双脚并跳、双脚空中分跳、蹲跳、侧卧式跳等多种花样动作；还有一种快速跳绳，又分快跑快跳比赛和原地快跳比赛两种。跳绳技巧主要表现在跳的竞技，上肢摇绳技巧也比较重要，绳的环摆与人跳跃配合默契，才能完整。跳的方式有个人跳、集体跳、双人对跳、鱼贯顺序跳等跳绳形式。绳大约有两种，一种是长绳，供多人跳，由两人摆绳；另一种是短绳，由单人双手摆绳。

图13　跳绳

2. 跳板（图14）

也叫"跷跷板"，是中国东北朝鲜族妇女中盛行的竞技活动。每年多在喜庆丰收时节举行。活动时，通常选几米长的条形平板，中间垫高一尺多，使两端平衡，中段压稳，两人各站一端，交替向空中跳起，落下时用力踏板，弹起对方，以跳高的技巧取胜。动作以腾空动作

图14　跳板

技巧性强,多有分腿、转身、跳花环、摘苹果等花样。

3. 跳高(图15)

跳高在民间常在农闲时进行,各民族大多有各种独特的跳高方式。如傣族多在丰收打谷场上跳谷堆草垛,进行比赛;汉族、满族、蒙古族多用人俯身做"马",扶背跳跃,常排列多人,连续腾越,多采用分腿跨越式跳法。另外,彝族牧民有跳水牛比赛。云南大理三月三节时,白族举行跳花盆比赛。

图15 跳马

4. 踢毽子(图16)

踢毽子又叫"打鸡",多在冬季进行。这种活动起源于汉代,盛行于南北朝和隋唐,至今已有两千多年的历史了。踢毽子是一项简便易行的民间竞技活动,一直深受青少年儿童的喜爱,尤其是少女。毽子有四种:羽毛毽、皮毛毽、绒线毽和纸条毽。踢毽子不仅花样奇特,而且技巧也多种多样,最基本的技巧有四种,即"盘",双脚向内侧交替的踢法;"磕",是屈膝弹毽;"拐",又称"外拐",是外侧反踢的方法;"蹦",用

图16 踢毽子

脚尖正踢的技法。在花样上各地还有许多各异的创造，有旋转踢、穿手圈踢，屈一腿另一腿脚连续单踢。北方的"过海"是一只脚从后侧越过另一条腿掏毽弹起的高难度动作。集体比赛时还进行花样技巧比赛，常以肩、背、胸、腹、头与两脚配合，还附加远吊、近吊、高吊等踢法，做各种姿势，使毽子经久不落地，缠身绕腿，翻转自如，令人眼花缭乱，叹为观止。

5. 荡秋千（图17）

荡秋千本是中国古代北方少数民族创造的一种运动。早在远古时代，人们为了获得高处的食物，在攀缘和奔跑中，他们往往抓住粗壮的蔓生植物，依靠藤条的摇荡摆动，上树或跨越沟涧，这是秋千最原始的雏形。荡秋千设备简单，容易学习，所以深受人们的喜爱，在中国各地普遍流行。秋千已有两千多年的历史，至今仍传承于民间。荡秋千主要比蹬技。秋千有单人、双人两种形式，比赛以荡高为取胜目标，测法不一。朝鲜族测高法是在秋千架后高处系铜铃绳一条，荡高后碰绳则铃响，多响证明荡高次数多。（图17）有些地方在秋千蹬板下系一个标有尺寸的绳子，以此来测量高度，决定胜负。苗族、壮族多在节日举行秋千比赛，他们常在街上搭高架，男女青年还利用比赛良机寻找伴侣。台湾高山族称荡秋千为"渺绵"，相当于"飞天"的意思。

图17　荡秋千

第四节　民间杂艺

中国娱乐民俗中还有一部分与民间游戏、竞技相近又带有表演色彩的活动，我们将其归类为民间杂艺，包括民间杂技、戏法以及抖空竹、放风筝等活动。

以观赏为主的表演性杂艺是民间杂艺中比较重要的一部分。如民间流动表演的杂技、戏法、猴戏都属于这类活动。这些活动都是中国传承已久的娱乐形式，始终保持着固有的朴素风格和传统的表演技法，是古代百戏①中最有生命力的一部分，一直为中国老百姓喜闻乐见，其技巧、道具和表演具有鲜明的民俗特色。

1. 玩杂技

大约在新石器时代，中国的杂技就已经萌芽。杂技艺术中的很多节目是对生活技能和劳动技术、武术技巧的提炼和艺术化。学术界认为中国最早的杂技节目是"飞去来器"（图18）。这是用硬木片削制成的十字形猎具，原始部落的猎手们常用这种旋转前进的武器打击飞禽走兽。在不断抛掷中，人们发现不同的十字交叉，在风力的影响下，能够回旋"来去"。后来，它成为原始部落盛会中表演的节目。这种节目至今在舞台表演中还深受观众喜爱。

图18　飞去来器

---

① 百戏：对古代民间表演技艺的泛称，尤以杂技为主。指各种杂技表演。

由于杂技艺术来源于五花八门、缤纷多姿的现实生活,"杂"成为它的整体特征。杂技包括角力、形体技巧、耍弄技巧、高空节目、马戏与动物戏等。中国民间杂技具有如下特点:

一是特别重视腰腿顶功,特别讲究险中求稳、动中求静,要求表演者具有冷静、巧妙、准确的技巧和千锤百炼的硬功夫。二是努力追求平中求奇,轻重并举、软硬功夫相辅相成,超人的力量和轻捷灵巧的技艺相结合。三是大量运用生活用具和劳动工具为道具,富于生活气息;碗、盘、坛、盅、绳、鞭、叉、竿、梯、桌、椅、伞、帽等等,这些平凡的东西,在中国杂技艺人手里,变幻莫测,显示了中国杂技与劳动生活的紧密关系。有些节目就是劳动技能和民间游戏结合的产物。如绳技、神鞭等,就是牧民套马、赶车和儿童跳绳的艺术化。四是古朴的工艺美术和形体技巧相结合,如"耍坛子""转碟"等节目把中国的陶瓷艺术与杂技交融在一起。"蹬技"中的花伞和彩带同样给人以传统艺术的美感。五是中国杂技有极大的适应性,表演形式、场所多样化。广场、剧场、街巷、客房,多至百人大荟萃,小至一人的现场即席献艺。正是这种广泛的适应性,使中国杂技千古犹存。

中国杂技有严密的师承传统和内向性,每一种技艺都是代代相传,又与姊妹艺术关系密切,同时还有鲜明的地域性。中国有多个杂技之乡,河北省沧州吴桥县(图19)是其中历史最悠久、群众基础最雄厚和在海内外的影响最大的之一。

图19 吴桥杂技

2. 变戏法

戏法俗称"魔术"。中国古代习惯于穿长袍大褂,民间戏法艺人的服装也遵循传统,一般穿大褂表演。戏法的道具,大部分是人们司空见惯的日常生活用品或生产工具。如:盆、碗、碟、勺、笼、箱、柜、刀等。艺人在表演戏法前要向观众展示双手,必须上、下、反、正都要亮明,然后把盖布里外让观众看过。戏法的基本技巧有四套,即"丹、剑、豆、环"。丹,是吞铁蛋;剑,是吃宝剑;豆,是两个碗把七颗胶豆[①]扣在一起,来回变幻,来去无踪,出入无影;环,是指九连环,将铅丝制成九个铁圈,可变幻成形象性的东西,如:三轮车、官帽、花篮、灯笼等物。近年,民间戏法也走向国际化,中国民间魔术师的服饰也在渐渐西化。

3. 放风筝(图20)

中国风筝最早出现于春秋战国时代,相传由著名的工匠鲁班用木头制成。后来,以纸代木,称为"纸鸢(yuān)"。汉代起,人们开始将其用于测量和传递消息;唐代时,风筝传入朝鲜、日本等周边国家;到五代时期,又在纸鸢上扣上竹哨,风吹竹哨,声音跟乐器等很像,因此称为"风筝"。至宋代,放风筝逐渐成为一种民间娱乐游戏;元代时,风筝传入欧洲诸国。唐以前的风筝用丝绸制作,晚唐后改用纸制。

放风筝一般在二三月。风筝的技艺全在做工,从扎细竹骨架,到糊纸绢,涂彩绘,调准提线,系长线,各道工序十分讲究。风筝形象多为鸟、兽、虫、鱼及戏曲人物,最常见的有燕子、蝴蝶、蜈蚣等动物及孙悟空、猪八戒等神话人物,品种繁多,题材广泛,形式多样。

[①] 胶豆,即豆子,魔术表演道具,一般都是用橡胶做的。

民间还创造了风筝上的附加物，如有音响的"鹤琴""锣鼓"，有灯光装置的"灯笼"等，独具特色。风筝有硬翅与软翅、有尾与无尾之分，硬翅风筝吃风大，易于迅速飞高；软翅风筝不兜风，只飞远飞不高；无尾风筝易摇摆失控，有尾风筝稳定性强。放风筝活动在平原地区十分活跃，渐渐成了表演的正式竞赛项目。中国最大的风筝制造地在山东的潍坊，被称为"世界风筝之都"，每年都举办大型风筝会。

图20 风筝

4. 抖空竹（图21）

空竹，以竹木为材料制成，中空，因而得名。抖空竹也叫"抖地铃""扯铃子"。空竹最初为宫廷玩物，后传到民间并广为流行，特别在中国北方地区曾风靡于城乡百姓之中，成为家喻户晓的健身娱乐玩具。这种民间游艺活动如今已被列入大型杂技的表演项目，甚至成为中国杂技节目中的国粹精品，演遍世界各地。

空竹分双轴、单轴，轮和轮面用木制成，轮圈用竹制成，竹盒中空，有哨孔，旋转发声，中柱腰细，可缠绳抖动产生旋转。玩的人双手各拿两根小竹棍，顶端都系一根长约五尺的棉线绳，绕线轴一圈或两圈抖空竹，一手提一手送，不断抖动，加速旋

图21 抖空竹

转时，铃便发出鸣声。抖动时姿势多变，绳索翻花，表演出串绕、抢高、对扔、过桥等动作，称作"鸡上架""仙人跳""满天飞""放捻转"等。也有用壶盖、酒瓶等器具代替空竹的。

抖空竹集健身、娱乐、表演于一体，四季寒暑都可练，男女老少皆适宜，深受广大群众欢迎。近些年来抖空竹在中国各地有很大发展，特别是北京、天津、郑州、西安、石家庄、济南等地练习者众多。

民间娱乐活动分类是相对的，有许多娱乐民俗活动或介于游戏与竞技之间，或与民间歌舞音乐结合；还有一些民间娱乐活动已经被列入正式竞技项目，如中国的棋类、武术等。中国棋类活动早在春秋战国时就盛行了。这些棋类都以它们的精巧结构和变化多端得到各阶层的喜爱，传承久远，流传广泛，现在许多已被列入正式的竞技项目参与到大型比赛活动。武术也曾是属于中国民间娱乐项目的重要内容，它多少世纪以来直接间接影响着中国各种关于力量和技巧的竞技活动。另外，武术在中国体育中已是自成体系的学科，并成为学校体育课程的学习内容之一了。

思考题

1. 中国娱乐民俗有哪些特征？
2. 中国民间游戏有哪些类别？请举例说明。
3. 中国民间竞技活动主要类别是什么？请举例说明。
4. 给同学表演你最拿手的一项娱乐民俗。
5. 介绍一项你家乡的特色娱乐民俗。

第十三章 中国语言民俗

语言民俗，是言语行为中的表达方式习俗。从总体上说，语言与民俗都是一种社会文化现象，在长期的历史发展中相互影响，具有广泛而密切的联系。语言是民俗的载体，生活中有大量的民俗事象是以口头形式传播和交流的，同时，民俗也反映着语言的变迁。在纷繁复杂的中国语言民俗中，谚语、俗语、谜语、歇后语、吉祥语和禁忌语等的民俗特色较为浓厚，民俗意味较为深长。

第一节 谚语和俗语

一、谚语

谚语是民间集体创作、言简意赅、流传广泛并较为定型的一种民俗语言，是民众丰富智慧和普遍经验的规律性总结。谚语既是汉语中一种重要的语言现象，也是中国民俗文化的结晶。它不仅数量多，使用频率高，而且具有语言精练，形象生动，说理深刻，比喻恰当等特点，因而深受人们的喜爱，是一种大家喜闻乐见的表情达意方式。谚语不仅在人们的口头上广泛流行，而且在各种形式的书面作品中普遍被引用。谚语的主要特点由民众创作、靠口头流传、语言简短、寓有比较深刻的道理。

谚语按内容可分为农谚、风土和物产、修养身心、待人处世、事理谚语等类别。

风土和物产类谚语能精炼地概括出某地的风土或物产、特产。如：

（四川）峨嵋天下秀，夔（kuí）门天下险，剑阁天下雄，青城天下幽。

（吉林）吉林有三宝：人参、貂皮、乌拉草。

（上海）三泾不如一角。

（福建）山里好吃麂（jǐ）、鹿、獐(zhāng)；海里好吃鲥鱼、马鲛（jiāo）、鲳（chāng）。

（江苏、浙江）上有天堂，下有苏杭。

修养身心类谚语是民间对提高修养、使身心健康的经验总结。如：

人有志，竹有节。

活到老，学到老，学到八十仍嫌少。

师傅领进门，修行在自身。

成人不自在，自在不成人。

饭后百步走，活到九十九。

吃得苦中苦，方为人上人。

三百六十行，行行出状元。

远亲不如近邻，近邻不如对门。

待人处世类谚语是教导人们一些为人处世的经验教训。如：

一个朋友一条路，一个冤家一堵墙。

在家靠父母，出门靠朋友。

礼多人不怪，油多不坏菜。

平时不帮人，急时无人帮。

人心难测，海水难量。

树怕剥皮，人怕揭短。

事理类谚语是前人对办事道理的精炼概括。如：

百闻不如一见。

眼看千遍不如手做一回。
世上无难事，只怕有心人。
平地跌死马，浅水溺死人。
小洞不补，大洞吃苦。
一把钥匙开一把锁。

二、俗语

俗语是通俗并广泛流行的定型的语句，简练而形象化，大多数是劳动人民创造出来的。俗语通常在群众口语中流传，具有口语性和通俗性。俗语同民俗联系尤为紧密，是语言中的"风俗化石"。汉语俗语本身带有传承性、变异性、社会性、历史性、民族性、地方性等民俗的主要特征，所以俗语中涉及多种民俗内容。以下按民俗大类分别列举一些相关俗语。

1. 有关岁时习俗的俗语

如：老皇历；龙抬头；猴年马月；十冬腊月；四时八节；二八月，乱穿衣；过了芒种，不可强种；头伏萝卜二伏菜，三伏里头种荞麦；八月十五过年，还差一个季节；三伏天穿皮袄，里外发热；腊月三十看皇历，没日子了。

2. 有关职业、生产习俗的俗语

如：吃老本；赔老本；散摊子；收摊子；插杠子；打折扣；打保票；打幌子；拉大网，一锤子买卖；一网打尽；士农工商；三天打鱼，两天晒网；三个臭皮匠，凑个诸葛亮；没有规矩不成方圆；三分手艺，七分家伙；趁热打铁，趁水和泥；武大郎卖棉花，人熊货软；关公卖豆腐，人硬货不硬；木匠带枷，自作自受。

3. 有关服饰习俗的俗语

如：穿小鞋；穿连裆裤；穿一条裤子；扣帽子；戴高帽；揪辫子；穿新鞋，走老路；穿新鞋往泥里踩；光脚的不怕穿鞋的；宁穿过头衣,不说过头话;城隍老爷不穿裤子,羞死鬼;癞蛤蟆穿大褂,硬充绅士。

4. 有关饮食习俗的俗语

如:炒鱿鱼;老油条;白吃饱;半瓶醋;大锅饭;吃瓜络(落)(lào);香饽(bō)饽;炒冷饭;夹生饭;闭门羹;吃小灶;生米煮成熟饭;滚瓜烂熟;目光如豆;囫囵(húlún)吞枣;粗茶淡饭;饮水思源;看菜吃饭;坐吃山空;杀鸡取卵;不蒸包子蒸(争)口气;肉烂在锅里;巧妇难为无米之炊;一斤肉包个饺子,好大面皮。

5. 有关居住习俗的俗语

如:挖墙脚;撑门面;开天窗;下台阶;骑墙头;死胡同;大街小巷;大院深宅;土阶茅屋;茶馆搬家,另起炉灶;打开天窗说亮话;隔窗吹喇叭,名声在外;灶王爷贴在腿肚子上,人走家搬。

6. 有关交通习俗的俗语

如:拦路虎;坐轿子;抬轿子;开倒车;开快车;开夜车;上水船;顺水船;一路顺风;一路平安;水涨船高;车到山前必有路;张果老骑毛驴,倒行;骑驴看唱本,走着瞧。

7. 有关婚嫁习俗的俗语

如:打光棍;牵红线;出门子;倒插门;三姑六婆;三媒六证;少是夫妻老是伴;男大当婚,女大当嫁;捆绑不成夫妻;会选的选儿郎,不会选的选家当;大姑娘坐轿,头一回。

8. 有关生育、寿诞、丧葬、祭祀习俗的俗语

如:生儿育女;呱呱落地;传宗接代;老寿星,寿星老;人寿年丰;生辰八字;生不逢时;人死留名;刨祖坟;寻短见;龙生龙,凤生凤;龙生九子;乳名都是父母起的,坏名都是自己惹的;不见棺材不掉泪,不到黄河心不死。

9. 有关交际习俗的俗语

如:帮倒忙;打不平;打圆场;两面光;出风头;跑江湖;吃哑

271

巴亏；打哈哈；托门子；跑外交；人情冷暖；人情世故；反客为主；以礼相待；千里送鹅毛，礼轻情义重；冤家宜解不宜结；只许人无情，不可我无义；铁公鸡，一毛不拔；楚霸王请客，去也得去，不去也得去。

10. 有关宗族、家庭习俗的俗语

如：枕边风；婆婆妈妈；求爷爷告奶奶；六亲不认；手足之情；长幼尊卑；世代相传；五百年前是一家；一家人不说两家话；丑媳妇总得见公婆。

11. 有关迷信、俗信、禁忌等信仰习俗的俗语

如：怀鬼胎；抱佛脚；断香火；点鬼火；鬼画符；活见鬼；鬼门关；鬼点子；半路出家；牛鬼蛇神；百无禁忌；入国问禁；不怕鬼吓人，就怕人吓人；不做亏心事，不怕鬼叫门；大水冲了龙王庙，自家人不认自家人；螺蛳壳里做道场，施展不开。

12. 有关娱乐习俗的俗语

如：耍把戏；变戏法；唱白脸；唱双簧；吹鼓手；打哑谜；乱弹琴；唱对台戏；把龙门阵；马后炮；钓鱼要忍，拿鱼要狠；树林里放风筝，缠住了；桌子底下放风筝，起手不高；木偶跳舞，自有牵线人。

不难发现，俗语与民俗的主要联系大致有如下三个主要方面：

第一，一些俗语直接源自某些民俗事象语汇。这种情况在俗语中占有一定比例。如俗语"打牙祭"的本身即为一种食俗，就是定期或不定期地改善伙食。一般人平时多食蔬，隔若干时日吃一次荤菜就叫"打牙祭"。这种本身直接出自某一民俗事象的俗语，是语言民俗的一个组成部分。

第二，一些俗语的语言构成中含有民俗事象，或者以这一民俗事象为中心词构成俗语，这类俗语则由此而同民俗直接联系起来，具有显著的民俗性。如俗语"六亲不认"中的"六亲"，在汉族风俗中是一种亲族范围。关于"六亲"的范围所指，古来并无定说。再如俗语

"另起炉灶"的"炉灶"也是民俗事象。人类聚居是以"火"为中心的,"炉灶"是家庭的必备设施,"另起炉灶",意味着另立门户。民俗事象语汇使一些俗语变得更加活跃,更富于语言表现力,进而也使一些俗语进入民俗语汇行列。

第三,俗语作为一种民间语言的独特语类,比其他语汇更为集中地体现着民族风俗习惯。也就是说,各民族的习俗惯制,都可在其民族语言的俗语中展现出概貌来。有些俗语,虽不出自某一具体民俗事象,或并不含有民俗语汇作为中心词,但也会直接或间接地同习俗惯制联系在一起。而且,这种同民俗的联系和一般语汇比较,要紧密得多。如"入境问俗""入乡随俗"等构成中没有民俗语汇,却直接在讲民俗。

第二节　谜语和歇后语

谜语和歇后语既是汉语的游戏类文字,也是广大人民群众非常喜爱的一种益智、休闲、娱乐活动。因为它们的趣味性和智慧深为人们所喜爱,不仅在书面上广为传播,也在口语中流传广泛,几乎每个人都能说出许多谜语或歇后语。

一、谜语

谜语是隐含事物特点或含义的隐语。它高度概括,又有丰富的内涵。谜语的语言简短精练,虽然只有寥寥数个字,却以生动的形象、巧妙的语言,勾画出事物最为显著的特征。谜语含蓄而朦胧,具有耐人寻味的趣味性。民间谜语覆盖了各种自然现象以及社会生活中各种事情,包括劳动、日常生活及自然界中各种事物。通常所说的谜语包括"灯谜"和"语谜"两类。前者是书面的,后者是"口头"的,很多谜语是两者都可以的。谜语由"谜面"和"谜底"两部分构成,前者是题,后者是答案。如谜面——"麻屋子,红帐子,里头住着个白胖子",谜底——"花生"。

一般人都以为猜谜难,其实出题更能体现一个人的才智。许多较好的谜也是经过不断优化的结果。

猜谜的方法:

谜语的猜法多种多样,比较常见的有二十多种。如会意法、加减法、离合法、象形法、谐音法、比较法、拟人拟物法等。

1. 会意法:通过理解谜面的意义寻求谜底。

如:脸上长钩子,头角挂扇子。四根粗柱子,一条小辫子(打一动物),谜底为"象"。

2. 加减法:多用于字谜,将谜面提示的部分字的笔画予以增加或减少,或将某些字相加或相减,来求得谜底。

加法如:好山好水(打二字)。这里"好"扣"佳","好山"及"佳山",自身相加得"崔";"好水"及"佳水",自身相加成"淮"。

减法如:池中没有水,地上没有泥(打一字)。将"池"的三点水去掉是"也",将"地"的土字旁去掉也得"也"。

还有加减法同时使用的。如:上头去下头,下头去上头,两头去中间,中间去两头。谜底是:至。因为"至"的上头是"去"的下头,"至"的下头是"去"的上头。"至"的中间是"去"的两头,"至"的两头是"去"的中间。所以是"至"。

3. 离合法:谜面反映的是谜底的拆离。猜时,将谜面合成或拆离,去求得谜底。

如:七人(打一县名),谜底是"开化";如:诧(打一俗语),谜底是"一家之言"。

4. 象形法:根据事物的特征,汉字的结构(象形),进行拟人拟物,加以形象化,使人引起联想,增加趣味。

如:冰上两点嫌它多,石头压水水爬坡(打一名词)。谜底是"水泵"。

5. 谐音法:利用声音相同或相近的字来代替本来应该用的字,把人的注意力引开,达到隐藏谜底的目的。

如:增加十两(打一城市)。谜底为"天津"。"增加十两"即"添斤",与"天津"谐音。

6. 比较法:是将形状、字义相近或相反的词放在一起,加以比较而揭示谜底。

如:加一笔不好,加一倍不少(打一字)。谜底为"夕"。

7. 拟人法:将谜面的字词人格化来揭示谜底。

如:有位小姑娘,身穿黄衣衫,你若欺负她,她就戳一枪(打一动物)。谜底为"蜜蜂"。

二、歇后语

歇后语又叫"俏皮话",是中国民众喜闻乐见的一种语言形式,它轻松活泼,幽默俏皮,在民间的社交场合广泛使用,表达了民众旷达乐观的胸怀,有着强烈的戏剧性交际效果。歇后语由两个部分组成一句话,前一部分类似于谜面,后一部分类似于谜底,通常只说前一部分,而本意在后一部分。如"泥菩萨过河——自身难保","外甥打灯笼——照旧(舅)"。

歇后语有两种,一种是在民间口头流传的歇后语,一种是在文人中盛行的歇后语。两者起源不同,性质各异。我们关注的是民间歇后语,因为它一直具有强大的生命力,它产生于中国语言的表现特点,产生于事物与其特性的有机的内在的联系。民间歇后语有以下几方面的特点:

第一,寓意深刻。如:"猫哭老鼠——假慈悲"。以前者解释后者,它们所用的材料跟社会生活有联系。

第二,形象生动。如"懒婆娘的裹脚布①——又长又臭"。概念成为形象就具体了。

第三,描写准确。以生活中存在的事物作比较,表现出事物本身的特性和内在含义,如"剃头挑子②——一头热",描写非常准确。

第四,想象丰富。以生活中不存在的事物作比,想象联想后才能理解。如:"棺材里伸手——死要钱",上半截写的事是生活中不曾有的,是借助于想象而创造出来的。

第五,诙谐有趣。民间称歇后语为"俏皮话"。运用歇后语常常能收到诙谐幽默、引人发笑的效果。如:"多三的弟弟——多四(事)"。

歇后语以具体事物表现抽象的概念,形象出现于上半句的具体事物的描绘上面。民间歇后语的表现手法,有如下几种:

1. 以事释义。以一般的事释义,如:"擀(gǎn)面杖③吹火——一窍不通";或者以历史故事、戏曲小说故事释义,如:"关公卖豆腐——人硬货不硬"。

2. 以物释义,如:铁公鸡——一毛不拔。

3. 同音别解,如:四两棉花——不弹(谈)了。

4. 同字别解,如:狗赶鸭子——呱呱叫。

5. 析字解义,如:心字头上一把刀——忍了吧。

6. 其他,如:三流子的哥哥,大流子的弟弟——二流子。

---

① 裹脚布:中国古代女子为了让脚小、好看,用来裹脚的布。
② 剃头挑子:剃头用具,一般只用一头。
③ 擀面杖:制作面食时用的实心木棍儿。

第三节　吉祥语和禁忌语

日常生活中，人们一般都喜欢用祝颂性的话语来表达祝福和吉祥，而忌讳说不吉利的话语，生怕不吉利的话语会成为现实，因此，民间表示祝贺颂扬的吉祥语和表达禁忌、避讳的禁忌语就产生了。吉祥语和禁忌语可以是口头的，也可以是书面的。吉祥语和禁忌语同社会生活、民俗文化关系密切，反映了传统社会中人们祈求平安如意、期盼吉祥的心理。

一、吉祥语

吉祥语俗称"口彩"或"吉利话"，是一种表示祈福的词语，有些为谐音词，在民间流传很广。在特定时间或场合，如过新年、办喜事等，人们常用这些带有吉祥意义的词语来表达美好的愿望。如过春节时，把大红"福"字倒贴在门上（图1），"倒"与"到"谐音，意思是"福到了"。结婚时，贴双喜，以求"双喜临门"。在中国广东沿海的潮州和汕（shàn）头地区，每逢新年，家家户户都在厅前桌上摆上一大盘橘子，叠成高高的宝塔形，亲戚朋友来拜年，要一一请吃大橘，互相恭祝"大吉利市""万事如意"。这种互送大橘的风俗，至今保留在民

图1　福到了

间。客人送上两个大橘，主人接过之后，要换上主人的两个大橘还给客人，祝客人"大吉利市"。

1. 吉祥语的特点

吉祥语作为一种独特的语言现象，其内容构成和使用具有鲜明的特点。从内容构成上看，吉祥语具有祝福性，大多含有福、禄、寿、喜、财等内容，具备明显的祝福性质，能表达人们对未来的美好希望和追求。如："一帆风顺""旗开得胜""五谷丰登""能文能武""健康长寿""国泰民安"等。随着社会的发展和人类的进步，吉祥语的内容也有着不同的层次，这种层次与人类的需求层次有着密切的关系。

吉祥语也具有时代性。随着社会的发展，吉祥语在内容和形式两个方面也在不断变化。比如在旧社会，汉民族受宗法观念的影响，把传宗接代看作最大的事，"不孝有三，无后为大"，于是"人丁兴旺""多子多福"成为最常用的吉祥语。而现在国家的计划生育政策深入人心，这种内容的吉祥语已不复存在。而随着社会主义市场经济的发展，"恭喜发财""生意兴隆""财源茂盛""发家致富"等吉祥语的使用频率越来越高。

2. 吉祥语的社会功能

吉祥语的运用，其重点在于协调和维系良好的人际关系。因此，它的功能和作用更多地体现在人际关系协调方面。具体为：

第一，吉祥语可以满足人们的求吉利心理。人们做事的动力，主要来自于自身，但也离不开他人在行动上的支持和语言上的鼓励，而吉祥语正具有鼓励他人的动力功能。一般人们总认为多使用吉祥的语言，就能够逢凶化吉，吉祥如意。吉祥语的应用，是人们积极向上心理的外在反映，是人们寄希望于未来的乐观主义态度的充分表现。同时也是在不利条件下自我安慰的一剂良药和强有力的精神支柱。如祝愿在困境中的人"一切顺利"，他就不仅会得到一些安慰，也许还能更乐观地对待目前的处境，走出困境。人们做某事的动力越大，实现目标的可能性就越大。

第二，吉祥语令人心情愉悦，能促成交际成功。言语交际是以交际双方相互不侵犯对方的利益为前提的。言语交际中，听者的内心感受是一个重要的环节，只有顾及到听者内心感受的话语交际才容易成功。从内心感受而言，吉祥语是动因，是引起听者愉悦的内心感受的前提条件。从口语表达形式来看，吉祥语可以恰如其分地表达自然得体的情感，达到情感和声音的和谐统一。听者容易接纳，自然会产生高兴的口语表达效应，促成交际的成功。

第三，吉祥语能够调节人际关系，使之趋于和谐。人们无时无刻不需要交往、和睦和友谊。因此人们喜欢与志同道合的人交际，吉祥语的应用无疑会成为人际关系和睦的桥梁。俗话说："好言一句三冬暖，恶语伤人六月寒"。朋友外出，一句"一路顺风"，定会使他感到深情无限；同事结婚，一句"白头偕老"，无疑会带去真诚的祝福。吉祥语不仅能使本来的友好关系锦上添花，而且也可以使不融洽的关系得到改善，甚至化干戈为玉帛。吉祥语不仅是交际中的润滑剂，协调人际关系的捷径，还可以消除尴尬，活跃气氛。不慎打碎了东西，一句"岁岁平安"，马上消除紧张和尴尬。

吉祥语也是一种礼貌语言。即是用尊重别人的言语来表达自己的意图。相互尊重，以礼相待是进行一切正常交往的基础和前提。

3. 吉祥语的分类

根据内容和使用场合的不同，可以把吉祥语分成婚庆吉祥语（如：比翼双飞、白头偕老）、拜寿吉祥语（如：福如东海、寿比南山）、开业吉祥语（如：财源滚滚、日进斗金）、升学祝福语（如：金榜题名、独占鳌［ɑo］头）等。

根据不同的节日，可以分为春节祝福语（如：新年吉祥、新年新气象）、端午节祝福语、七夕祝福语、中秋节祝福语（如：月圆人亦圆、千里共婵娟)等。春节是说吉祥语最多的时候,如:鼠年兴,牛年壮,虎年猛,兔年强,龙年飞,蛇年祥,马年奔,羊年放,猴年高,鸡年升,狗年旺,猪年发等等,人们根据每年生肖的不同,编创出相应的吉祥祝辞。

吉祥语还可以根据祝福语的表达方式分为贺卡祝福语、短信祝福语、手势祝福语等。现在由于手机普遍使用,人们把祝福更多地通过发送短信的方式传达给自己的亲朋好友。可以根据接收祝福对象的不同,分为教师祝福语(如:桃李满园)、老人祝福语(如:松鹤延年)、病人祝福语(如:早日康复)、儿童祝福语(如:茁壮成长)等。

吉祥语还多采用可直接张贴的吉祥图案反映出来。吉祥图案的主要题材均直接或间接取自自然界和平民生活中常见的动植物、器皿、用具等,并且现在还依然存在于民众的日常生活中。例如山东省中部的淄博、莱芜等地表示吉祥的图案就有"吉祥如意"(图案多为童子手持如意,或在大象背上戏耍;或在大象背上驮一宝瓶,瓶中插"戟(丬)"及"如意"),借"戟"与"吉","象"与"祥"音相谐,意为"吉祥如意"等。表示长寿的通常是"鹤寿延年",民间把鹤看作长寿的象征,有"鹤寿"之说。"松鹤遐龄",亦称"松鹤同春""松鹤长春""鹤寿松龄",画面以青松、仙鹤构成。

吉祥语也可以采用实物谐音的方式。实物方式,如橘子、筷子、生菜、石榴象征"吉利""快子(早生孩子)""生财""多子"的祝愿。江苏盐城郊区小孩过生日的时候,习俗是"姑姑鞋,姨娘袜,宝宝活到八十八"。意思就是生日这天小寿星须穿姑姑送的鞋,姨娘送的袜,都表达了吉祥、吉利、健康、向上的期望。上海有升学舅舅送书包的习俗,道理相同。

民间吉祥语丰富多彩,并与各地节庆民俗活动融汇在一起,渗透在民众的日常生活中,并且影响着人们的生活。

二、禁忌语

禁忌语指人们在说话时，由于某种原因，不能、不敢或不愿说出某些具有不愉快的联想色彩的词语。绝大多数语言中都有禁忌语。由于人们认为有超自然的神力存在，在言语中，凡遇到这类话题，总是心存余悸（jì），深怕言语不当冒犯冲撞了神灵，招来灾祸。同样，在语言交际中，为了避免发生不快，人们常常要躲开那些犯忌讳的字眼，选用别的适当的词来表情达意。这些被代用的词语或句子就是禁忌语。禁忌语因禁忌内容的不同而有比较复杂的分类，比较常见常用的有：帝王称谓禁忌语、生理禁忌语、凶祸词语禁忌语等。

1. 帝王称谓禁忌语

中国古代等级制度森严，帝王自命为"天子"，有着至高无上的权威。普通百姓若随意提及他们的姓名就会遭遇杀头之祸。帝王姓名甚至朝代名、帝王曾经从事过的职业都会成为"禁忌语"。农历的一月叫"正月"，这个"正"因为与秦始皇的名字"嬴政"的"政"同音，不得不改念第一声"正"——zhēng。唐代散文家柳宗元的《捕蛇者说》有"故为之说，以俟夫观人风者得焉"一句，"人风"其实就是"民风"，由于唐太宗李世民的名字里有个"民"字，所以这个字就不能说。明太祖朱元璋出身微贱，曾做过和尚和乞丐，他当了皇帝以后总怕别人提及，哪怕只是相关的或者只是同音的，他都会认为是在取笑自己。据说常州蒋镇《贺圣旦表》中有"睿（ruì）性生智"之语，这本是一句颂扬的话，却因为"生"和"僧"音近，就被认为是在讽刺皇帝当过和尚，因此受到了惩处。清朝雍正时，徐骏的诗集中被查出有两句诗"清风不识字，何故乱翻书"，被认为是有意诽谤清政府，招致杀身之祸。

帝王称谓禁忌语如今已经成为历史，但在民俗中，人名的禁忌依然存在。如晚辈一般不能对长辈直呼其名；晚辈取名不可与长辈同字，甚至同音的字也不可以。

2. 生理禁忌语

生理禁忌语是指描写人身体的隐秘之处、有关人的若干生理现象以及性行为的词语,包括裸体、下体、排泄、性爱、生育等传统禁区。中华民族是个比较含蓄的民族,这些涉及人的隐秘之处的词,容易让人联想到性,因此往往是传统文化中禁忌的领域。在汉语中当涉及性行为时,往往用"办事""房事""圆房""同房""同床""夫妻生活""男女关系""试婚"等词语来代替。民间甚至连一些正常的生理反应,如"拉屎""撒尿""上厕所"甚至"怀孕"等等也在禁忌之列,一般要改为"出恭""解手""去洗手间""解决大小问题""上一号""去唱歌""去轻松一下""去洗洗手""有喜""添喜""有了"等等,其中最为突出的是"来月经"的替代词语,如:"有客人""亲戚来了""小妹妹来这里了""把画家请来了""红衣主教来了""老/好朋友来了""我的朋友跟着我呢""例假""来事儿""好事儿""不舒服"等等,可谓丰富多样。

3. 凶祸词语禁忌语

凶祸词语,亦称不吉利词语,通常与灾祸、疾病、死亡等有关。中国有句俗话"说好不准,说坏则灵①",民间甚至有"说凶即凶,说祸即祸"的畏惧心理,因而民间禁忌提到凶祸一类的字眼,唯恐因此而导致真正凶祸的来临。如乘船的人,忌讳说"住、翻、沉、扣"等词语,甚至也不能说与这些词语同音的词语,于是"筷子"代替了"箸","抹布"代替了"幡布","包东"代替了"陈","添饭"代替了"盛饭"等等。

凶祸词语中最典型也是最普遍的禁忌莫过于"死亡",死亡可以说是人们最恐怖、最忌讳的了,所以"死"这样的词语是不能随

---

① 灵:灵验、有效果。

便提及的。中国语言民俗中有大量的死亡代用词,如"走了""去了""逝世了""谢世了""夭折了""睡着了""过去了""呜呼哀哉了""完蛋了""毙命了""老了""升天了""上西天了""见马克思了""回老家了""不在了""丢了""捐躯了""牺牲了""光荣了""静静地睡着了""停止了呼吸""心脏停止了跳动""永远离开了我们""蹬腿""翘辫子""回到永久的家"等。

多了解一些语言民俗,一方面可以使自己语言生活丰富多彩,另一方面可以加深对汉语交际以及汉语阅读中深层文化的理解。

思考题

1. 举例说明猜谜的方法。
2. 看谁说得多又好。(谚语和俗语竞赛)
3. 字谜竞猜:
1)失去凡心。(打一字)
2)失之交臂。(打一字)
3)十滴水。(打一字)
4)十个哥哥。(打一字)
5)十五日。(打一字)
6)十一点进厂。(打一字)
7)十月十日成一家。(打一字)
8)石头成堆。(打一字)
9)时差一天。(打一字)
10)时到日落人方归。(打一字)
4. 根据中国语言民俗的内容分类,介绍一下你家乡的语言民俗情况。(非汉语的请翻译成对应汉语)

第十四章 中国民间文艺

中国地大物博,处处盛开着五彩缤纷的民间文艺花朵。中国民间文艺包括民间文学和民间艺术两大部分。中国民间文艺或者以语言为主要载体,或者以表演为主要形式,形象而有趣地反映民间生活,生动而深刻地表达民众的情感。

第一节 民间文艺概述

民间文艺是广大民众集体创作、口头流传的文艺作品。它具有口头性、群体性、传承性、变异性等特点。中国民间文艺既是民众的审美活动,也是一种常见的民俗文化现象。因为民间文艺与民众生活有着密不可分的关系,以至于一些民间文艺本身就是生活的一部分。民众的口头创作与运用一般都是在生活的自然状态下发生的,或是出于劳动、娱乐的需要或内心感受的自然抒发,而不是脱离日常生活的专门创作,许多时候民众也不把这种事情看作艺术创作。有些民间文艺活动通常是在休闲时进行的,如讲故事、说快板、演小戏等,虽然脱离了生产、宗教、礼俗等活动,有不同程度的专门性,但它们是民众休闲、娱乐生活的一部分,并不脱离日常生活,一般也不是为获取某种利益而专门进行的活动。再如民歌,有为表达爱情向异性唱的,有为协调劳动节奏、增加劳动兴致而唱的,有在祭祀、巫术仪式中为沟通神灵或施行法术而唱的，有在节日、庆典活动中出于欢庆或礼俗需要而唱的，等等。这些民歌都是在生活中出于生存活动的需要而产生和传承的，既有实际的用途，也不脱离相关的活动，而且一般就是相关活动的一部分。

中国民俗文化中的民间文艺具有多重价值，至少包括实用价值、艺术价值和科学价值三方面。

1. 实用价值

首先，民间文艺是民众表达思想、感情和愿望的一种方式，既可以满足民众的表达需要和创作欲望，也是民众交流思想感情的一种艺术化的手段。如客家山歌：

唱歌不是贪风流，唱歌本为解忧愁，唱到忧愁随水去，唱到云开见日头……

其次，民间文艺还常常被民众用来传达自己的政治见解。在这方面，时政民谣的作用最为突出。如：

当官不为民做主，不如回家卖红薯。

卖盐的喝淡汤，编席子的睡光床。

第三，有些民间文艺样式可以在劳动过程中表演，目的是协调劳动节奏、增加劳动兴致。这种功能突出表现在劳动歌上。如《打夯歌》《船工号子》等。

第四，民间文艺可以使民众在日常生活中获得娱乐和放松。民间文艺的大多数作品都有娱乐功能。有些民间文艺作品还体现了人们的生活理想，民众在现实中不能实现的愿望，在故事情节里得到了满足，这使民众感到快慰。

第五，民间文艺还是民众传授知识、实施教育的一种有效工具。民间文艺是民众口传知识体系的主要载体，而口传的知识体系是人类知识体系的重要组成部分。社会群体的生活常识、道德观念、礼仪规范等知识，大都是口传的，这些是民族文化的根基；如果这些知识在某个时期被严重破坏或发生混乱,就会导致整个社会文化体系的紊乱,影响社会的良好运行。

2. 艺术价值

民间文艺为普通民众所喜闻乐见,有很高的艺术成就和欣赏价值。民间文艺作品大都经过长期流传、千锤百炼,是无数人智慧与才能的结晶,往往思想精粹、艺术高超,其优秀之作可以和第一流大作家的名著相媲(pì)美。以民间文学为例,其中既有歌谣、笑话、寓言那样的精致小品,也有四大传说、英雄史诗那样的篇幅较长甚至结构恢宏的名篇巨著。

民间文艺的艺术价值还在于它对其他艺术形式的发展产生了重大影响。它对作家文艺的发展与繁荣也起到了重要作用:以中国韵文文学为例,不管是四言诗、五言诗、七言诗,还是词、曲、戏剧、小说,它们都起源于民间文艺。中国文艺史上有多次文艺高潮,几乎每次高潮都在不同程度上借鉴了民间文艺形式。

3. 科学价值

民间文艺表现了民众的思想、感情,传承着对客观世界的认识和经验,也记载着民众生活的历史。这些资料往往是文献记载中所没有的,所以是值得许多学科开发和利用的宝贵资料。有学者认为民间文艺是"口传的历史",许多历史资料特别是史前资料以及各个时期的部分民众生活文化资料是文献记载所缺少的,民间文艺对历史学有重要的借鉴价值。

民间文艺反映着民众世代积累的经验性知识,有对自然现象的认识和对自然规律的归纳,也有对自己的劳动技术、生存技能的总结,所以民间文艺是一般人了解科学知识的途径之一,也可以作为自然科学史研究者的重要资料。

中国民间文艺包括民间文学和民间艺术。民间文学可分为两大类。一类是民间散文作品,包括神话、传说、民间故事、笑话等。这里的"散文"一词是个宽泛的概念,指散说的非韵文①的作品。另一类是民间韵文作品,包括民间歌谣、民间长诗、绕口令等。

中国民间艺术也可分为两大类。一类是民间说唱表演艺术,包括民间曲艺和民间小戏。曲艺又有评书、鼓词、弹词、快板、相声、快书等许多形式。另一类是民间手工艺术,包括剪纸、年画、刺绣、捏面人、泥人等多种手工技艺。

第二节 民间文学

一、散文类民间文学作品

1. 民间神话

神话是人类在远古时期所创造的关于自然现象和社会生活的幻想性的故事。按神话的内容来划分,可分为两大类:自然神话与社会神话。自然神话是关于天地万物的形成及人与自然关系的神话。社会神话是反映远古时期社会生活的神话。自然神话包括天地开辟神话、人类起源神话、洪水再生神话、自然万物神话等。如《盘古开天辟地》神话:

> 世界开辟以前,天和地混混沌沌地成一团,像个鸡蛋一样,盘古就生在这当中。过了一万八千年,天地分开了,轻而清的阳气上升为天,重而浊的阴气下沉为地。盘古在天地中间,一天中有多次变化。他的智慧比天还要高超,他的能力比地还要强大。天每日升高一丈,地每日增厚一丈,盘古也每日长大一丈。这样又过了一万八千年,天升得非常高,地沉得非常深,盘古也长得非常高大。天地开辟了以后,才出现了人世间的三皇。

---

① 韵文:泛指用韵的文体,读起来富有节奏感和音乐美。

中国民俗文化

　　盘古临死的时候，将自己的整个身躯化成了世间的万事万物。他呼出的气变成了清风和云朵，发出的声音变成了轰鸣的雷霆，左眼变成了太阳，右眼变成了月亮，四脚五体变成了大地的四极和五岳名山——东岳泰山，西岳华山，南岳衡山，北岳恒山，中岳嵩（sōng）山，血液化成了滔滔的江河，筋脉变成了山川道路，皮肤肌肉化作了肥田沃土，头发和胡须变成了天上的星星，皮肤上的汗毛变成了草木，牙齿和骨头变成了金属和岩石，精液和骨骼变成了珍珠美玉，流下的汗水变成了润泽万物的甘露，就连寄生在身上的各种小虫，受了暖风的吹拂，也变成了生活在大地的黎民百姓。盘古为一个美好世界的诞生，贡献出自己的一切。

社会神话包括文化发明神话、部落战争神话、民族族源神话等。如《嫦娥奔月》神话：

　　相传，远古时候有一年，天上出现了十个太阳，直烤得大地冒烟，海水枯干，老百姓眼看无法再生活下去。这件事惊动了一个名叫后羿（yì）的英雄，他登上昆仑山顶，运足神力，拉开神弓，一口气射下九个多余的太阳。

　　后羿立下神功，受到百姓的尊敬和爱戴，不少志士慕名前来投师学艺。奸诈刁钻、心术不正的逢蒙（Páng Méng）也混了进来。不久，后羿娶了个美丽善良的妻子，名叫嫦娥。后羿除传艺打猎外，终日和妻子在一起，人们都羡慕这对郎才女貌的恩爱夫妻。

　　一天，后羿到昆仑山访友求道，遇到了由此经过的王母娘娘，便向王母求得一包不死药。据说，服下此药，能即刻升天成仙。然而，后羿舍不得妻子，只好暂时把不死药交给妻子珍藏。嫦娥将药藏进梳妆台的百宝匣里，不料被逢蒙看到了。

　　三天后，后羿带领徒弟们外出打猎，心怀鬼胎的逢蒙假装生病，留了下来。

　　待后羿率众人走后不久，逢蒙手持宝剑闯入内宅后院，威逼嫦娥交出不死药。

嫦娥知道自己不是逢蒙的对手，危急之时她当机立断，转身打开百宝匣，拿出不死药一口吞了下去。嫦娥吞下药，身子立时飘离地面，冲出窗口，向天上飞去。由于嫦娥牵挂着丈夫，便飞落到离人间最近的月亮上成了仙。

傍晚，后羿回到家，侍女们哭诉了白天发生的事。后羿既惊又怒，抽剑去杀恶徒，逢蒙早逃走了。后羿气得哇哇大叫，悲痛欲绝，仰望着夜空呼唤爱妻的名字。这时他惊奇地发现，天上的月亮格外明亮，而且有个晃动的身影酷似嫦娥。

后羿急忙派人到嫦娥喜爱的后花园里，摆上香案，放上她平时最爱吃的蜜食鲜果，遥祭在月宫里的嫦娥。百姓们听说嫦娥奔月成仙的消息后，纷纷在月下摆设香案，向善良的嫦娥祈求吉祥平安。从此，中秋节拜月的风俗在民间传开了。

2. 民间传说

传说是民众口头创作和传播的描叙特定历史人物或历史事件、解释某种地方风物或习俗的传奇故事。传说可分为四大类：人物传说、史事传说、风物传说、习俗传说。民间传说作者一般是不留姓名的民众或群体。传说的内容与两个方面的事实相联系：一是历史上的实有之人、实有之事；二是特定地方的风物或习俗。但这种与事实的联系并不是以非常科学的态度记录或解释的，而是常常以艺术化的方式去联想或夸张。

中国民间传说以古代四大爱情传说最为有名，这四大传说分别是：牛郎织女（图1）、孟姜女（图2）、梁山伯与祝英台（图3）和白蛇传（图4）（见本章附录）。它们都用曲折奇妙的情节讲述着凄婉动人的爱情故事，故事里都有一对深受民众喜爱的情侣形象，特别是故事里的主人公都聪明美丽、情深似海，而且敢作敢为；故事的意境也很优美，富于神奇的幻想色彩，使生活艰辛的民众获得无限的精神享受。四大传说在中国家喻户晓，影响深远，已成为传统文化宝藏里引人注目的灿烂明

中国民俗文化

图1　牛郎织女

图3　梁山伯与祝英台

图4　白蛇传

珠。（图1-4）

3. 民间故事

民间故事是民众口头创作的内容，一般是具有泛指性、虚构性和生活化特征，是指神话、传说以外的民间散文叙事作品。

民间故事与神话、传说有共同之处，即都是带有虚构性的散文叙事作品，人们有时用"故事"来统称三种文体，但它们也有本质的不同：神话的内容充满神奇荒诞的幻想，情节是超人间化的，主角是神；故事的内容是生活化的，神奇的幻想较少，情节按照现实的逻辑来构想，主角是人；传说的内容虽然也有较强的虚构性，但是都与实有的人物、事物和地方风物相联系，而故事内容都是泛指性的。因此，贴近生活、泛指性和类型化成为民间故事的三个基本特点。中国民间故事很多，在很多地方有系列故事。如："阿凡提的故事""吉高的故事""徐文长的故事""苏小妹三难新郎"等等。

4. 民间笑话

笑话是民间口头传播的简短而引人发笑的故事。中国的笑话大部分是讽刺性笑话，既有对不合理或丑恶的社会现象的尖锐讽刺；也有对人的智力、性格、世界观等方面的缺点、弱点所进行的善意嘲讽；还有小部分是幽默笑话，是为了活跃气氛或表现个人的幽默素养而讲述的引人发笑的话语。这种笑话巧妙机敏地揭示事物的可笑之处而风格优雅，没有或很少有对别人的攻击性。有些笑话是自嘲的。

民间笑话的特征有三点：一是短小精悍，二是尖锐泼辣，三是结构精巧。笑话往往截取社会生活的一个侧面，在简短的情节中展开尖锐的矛盾，待矛盾冲突发展到高潮时，突然揭底，造成强烈的喜剧效果。民间笑话常常运用夸张手法，突出对象的本质特点，使人在笑声中领悟到生活中的某些真理。如"有能耐的人"——

> 一个吝啬的老板叫仆人去买酒，却没给他钱。仆人问："先生，没有钱怎么买酒？"

老板说:"用钱去买酒,这是谁都能办到的,但如果不花钱能买到酒,那才是有能耐的人。"

一会儿,仆人提着空瓶回来了。老板十分恼火,责骂道:"你让我喝什么?"

仆人不慌不忙地回答说:"从有酒的瓶中喝到酒,这是谁也会的,但如果从空瓶里能喝到酒,那才是真正有能耐的人。"

二、韵文类民间文学作品

1. 民间歌谣

民间歌谣,简称民歌,是中国韵文类民间文学作品的主要形式。它渊源久远,多以口头形式流传,又适应生活内容和语言的发展而有所创新。它是中国各族劳动人民丰富多彩的精神生活、美学趣味和诗歌传统的生动反映。中国民间歌谣是一种综合性的艺术形式,它不仅有富于韵律的语言形式,而且合于乐曲,可以用来演唱,甚至演唱时还常常伴着舞蹈。根据句式、章法、韵律、唱法等表现形式方面的特点,民歌可分为山歌与小调两大类,每大类之下又有多种具体的民歌样式。

山歌也称田山歌,是指在山野间劳动、集会、社交等活动中所唱的形式较为自由、音调高亢悠长的歌谣,主要流传在中国长江以南的广大地区;北方的信天游、爬山歌、花儿等也属于山歌。山歌形式多样,有:

(1)四句式。整齐的五言或七言,每行均有整齐的四次停顿,一、二、四行押韵。它也可以略加变化,如用三字句起头,或增至六句、八句组成一节或一首。四句式的田山歌在南方最为流行,人们通常把它叫作"四句头",广西壮族歌剧《刘三姐》中两方对唱的山歌,就是七言四句。如:

山歌不唱忧愁多,大路不走草成窝,钢刀不磨生黄锈,胸膛不挺背要驼。

(2)五句式。由七言五句构成一节或一首民歌,这种格调比四句式多加了一句，使作品情浓意深，更加动人。五句式民歌流行于湖北、湖南、河南、安徽等地，而以湖北西部最为昌盛。如：

　　高山顶上一丘田，郎半边来姐半边，郎半边来种甘草，姐半边来种黄连，半边苦来半边甜。

（3）十字调。十个字一行，每行采取三三四的结构形式，上下句相对，灵活自由地由若干行构成一节或一首。如：

　　十月里 百样花 严霜杀死，孟姜女 送寒衣 哭倒长城。

民间流传的唱本，多用这种格调编成。它是一种咏叹调，适于叙说长篇故事，具有较强的艺术表现力。十字调在叙事中饱含着诗意，表现出一种特殊魅力，常被作家吸收运用来写作现代叙事诗。

（4）信天游与爬山调：它们都属于两行一节的即兴诗体，格调基本一致。信天游流行于陕北①，爬山调流行于内蒙，唱时曲调不同。下面是两句信天游：

　　鸡娃子叫来狗娃子咬，当红军的哥哥回来了。

每行多采取七言四顿的节奏，然而语句长短又有一定伸缩性，并不要求整齐划一。停顿数的安排上下对称，两行一节，一节一韵。每节既可独立存在，又可蝉联成篇，以多行多节表达出更丰富的内容。艺术手法多用触景生情的比兴②手法，第一句比兴，第二句正文。它们看似单调，歌手们运用起来却十分灵活自由，变化万千。

形式上，爬山歌对双声叠韵连绵词③用得更广泛、普遍一些，句式结构也比较复杂、多样一些，有的短到六个字，而长句子可达十五六

---

① 陕北：陕西省北部。

② 比兴：是中国诗歌的传统表现手法，比就是比喻，兴就是供助其他事物作为诗歌的发端，以引出要歌咏的内容。

③ 连绵词：是由两个音节联缀成义而不能分割的词，这两个字有的是声母相同（双声），如"慷慨"；有的是韵母相同（叠韵），如"窈窕"；有的是同音重复，如"孜孜"；还有的两个音节没有什么关系，如"嘀咕"。

个字,节奏延伸到五顿。如:

  大青山上的老虎砚石山上的猴,你要是妹妹的真朋友挎上妹妹走!

(5)花儿:流行于甘肃、青海、宁夏一带,是一种格律体民歌,其结构形式富于变化,以大体押韵、上下两节句式和节奏的均衡对称来造成优美和谐的格律,于变化中构成具有统一风格的调子。花儿形式特别,主要分为"河湟花儿"和"岷花儿"两大流派。"河湟花儿"的基本形式是四句一首,每句七至十一字、划分为三顿,上下两节相对称。如:

  称下羊毛捻成线,一条一条的断了;维下尕妹十天半,一天一天的淡了。

还有六句一首的,前三句与后三句对称,实际上是在四句花儿的一、二句之间和三、四句之间各加一个衬句构成。如:

  青石头根里的药水灵,担子担,桦木的勺儿舀干;

  要得我俩的婚姻散,三九天,青冰上开一朵牡丹。

"岷花儿"的基本形式是三句一首,称"单套子",也可翻成六句一首的"双套子",每句七至十一字,多为三顿。如:

  日头上了高山了,毛主席回到延安了,穷人才算活到阳间了。

花儿格调独特,影响深远,在西北广大地区的汉族和回族、土族、撒拉族、东乡族、保安族、裕固族民间流行,共同用汉语歌唱,成为兄弟民族之间交流思想感情的重要手段。青海每年以莲花山为中心举行花儿会(图5),各族群众边走边唱,行经百余里赶来参加,常聚众上万人,情景极为壮观。关于花儿的起源,一般认为起源于明代,也有人认为开创于盛唐。它是源远流长、富于生命力的一种民间口头诗歌。

2. 民间史诗

史诗是讲述天地形成、人类起源或者民族历史、民族英雄等内容的一种规模宏大、自古流传的民间叙事文学形式。史诗是各民族幼年时期的产物；史诗以神话世界观为基础，又有逐渐增强的现实性；史诗是各民族的特殊知识总汇；史诗风格崇高，叙述庄严，具有较高的权威性。中国的史诗分为两大类：创世史诗和英雄史诗。

中国著名的民间史诗有：藏族的《格萨尔王传》（是世界上最长的一部英雄史诗）、蒙古族的《江格尔》、柯尔克孜族的《玛纳斯》、汉族创世史诗《黑暗传》等。

图5　青海花儿会

3. 绕口令

绕口令既是中国民间语言艺术，也是一种民间智力游戏。绕口令的特点是用声母、韵母或声调极易混同的字，组成反复、重叠、绕口的句子，要求一口气快速说出。绕口令读起来很绕口，但又妙趣横生。绕口令也是汉语发音练习和口齿表达训练的好素材，认真练习绕口令可以使头脑反应灵活、用气自如、吐字清晰、口齿伶俐，可以避免口吃，更可作为休闲逗趣时的语言游戏。如"严圆眼与杨眼圆"：

山前有个严圆眼，山后有个杨眼圆，二人山前山后来比眼；不知严圆眼比杨眼圆的眼圆，还是杨眼圆比严圆眼的眼圆。

再如"算卦的和挂蒜的"，听起来也很有韵味：

街上有个算卦的，还有一个挂蒜的。算卦的算卦，挂蒜的卖蒜。算卦的叫挂蒜的算卦，挂蒜的叫算卦的买蒜。算卦的不买挂蒜的蒜，挂蒜的也不算算卦的卦。

绕口令大多诙谐而活泼，节奏感较强，富有音乐效果。有的绕口令用汉语方言朗读更具有浓郁的乡土特色。

第三节 民间艺术

一、民间说唱艺术

民间说唱艺术也叫民间曲艺，是由古代民间的口头文学和歌唱艺术经过长期发展演变形成的一种艺术。中国各地区、各民族的说唱艺术品种繁多，常见的有三百多个。民间说唱艺术是土生土长的口头传承文学。它的流传一般没有文本而依靠严格的师徒间口耳相传的师承，依循中国民众的思维定式及模式化艺术欣赏特性，贴近现实生活和创作因时而变的发展。中国各地流行的曲艺形式具有各自不同的艺术表现手法、音乐曲调和表演方式，所以中国的曲艺品种繁多，绚丽多姿。其主要种类如下：

1. 评话类

评话类如评书、苏州评话、扬州评话、福州评话、湖北评书、四川评书等。这些评话类各有特点，如福州评话，是以福州方言讲述并有徒歌体唱调穿插吟唱的独特说书形式，它与其他评话最大的不同之处是注重表情，动作幅度不大，首重眼神，次及手势、姿态，以体现各种人物的精神状态和外表特征，重神似，而不求形态。

2. 相声类

相声类如相声、独角戏、答嘴鼓、四川相书等。最吸引人、影响最大的是相声。相声是以语言为主要表演手段的一种艺术，它的特点是寓庄于谐，即运用轻松诙谐的形式表现严肃的主题，它的特殊表现手段是"包袱"，犹如打开一个口袋，悄悄地把可笑的东西装进去，包起来，再突然抖露出来，引人发笑。如《日遭三险》相声，说的是县官上任就叫差役为他找三种人：急性子，办事快但不误公事，可以为他当差；慢性子，办事稳妥有耐心，可以为他哄小孩；贪小便宜的，善于投机取巧，为他买东西不会吃亏。这三种人都找到了，结果却是：急性子把他扔在河里；小少爷掉入井里，慢性子过了一天也没禀告；让贪小便宜的去买棺材，却买了个大的又偷了个小的……整个段子大包袱中套着一连串的小包袱，笑料不绝。抖"包袱"贵在自然，即所谓"我本无心说笑话，谁知笑话逼人来"。

3. 快板类（图6）

快板类如数来宝、快板书、任丘竹板书、锣鼓书、萍乡春锣、山东快书、说鼓子、四川金钱板等。数来宝流行于中国南北各地，又名顺口溜、流口辙、练子嘴等。最初是艺人用以走街串巷、在店铺门前唱演索钱。由于艺人把商店经营的货品夸赞得丰富精美，"数"得好像"来"（增添）了"宝"，因而得名。诙谐、风趣是数来宝的艺术特色之一，它的句式是上六下七，两句一组，唱句中还可以插入些话白，如过口白、夹白等。数来宝在它的演化过程中使用过多种击节乐器，最后普遍使用的是七块板儿，大竹板儿两块叫作大板儿，小竹板儿五块叫作节子板儿。七块板儿有多种打法，有演唱之前的开头板儿和演唱中的小过门儿，还可以打击出种种花点儿制造气氛，有时摹拟某些音响，有助于表达唱词内容。

图6　快板

4. 鼓曲类

（1）鼓词。一般指以鼓、板击节说唱的曲艺形式。其如梅花大鼓、京韵大鼓、京东大鼓、沧州木板大鼓、西河大鼓、乐亭大鼓、潞安鼓书、襄垣鼓书、东北大鼓、温州鼓词、安徽大鼓、山东大鼓、胶东大鼓、河洛大鼓、河南坠子、三弦书、湖北大鼓、陕北说书等。这些鼓词各有特点，富于乡土气息，曲调朴实清新。

（2）弹词。包括苏州弹词、扬州弹词、四明南词、平胡调、长沙弹词、木鱼歌等。

（3）时调小曲。包括天津时调、上海说唱、扬州清曲、江西清音、赣州南北词、湖北小曲、襄阳小曲、长阳南曲、湖南丝弦、沔阳小调、四川清音、盘子等。这类时调小曲源于民间歌曲，盛行于明清。时调小曲在南北各地广泛流布，并吸收当地的音乐曲调，经过艺人们的不断创造，逐渐形成近代各种具有地方特色的时调小曲一类的曲种。

（4）道情。道情源出于唐代道教在道观内所唱的"经韵"，文体为赞体诗，后吸收词调、曲牌，演变为在民间布道时演唱的"新经韵"，渔鼓和简板是道情的专用乐器，现已处于濒危。

（5）牌子曲。如单弦、岔曲、南音、福州伬（chě）艺、聊城八角鼓、大调曲子、广西文场、西府曲子、安康曲子、兰州鼓子、青海平弦、越弦、打搅儿等。

（6）琴书。有北京琴书、冀城琴书、武乡琴书、徐州琴书、安徽琴书、山东琴书、恩施扬琴、四川扬琴、贵州琴书、云南扬琴等。

（7）走唱。有十不闲莲花落（lào）、二人转、宁波走书、凤阳花鼓、车灯、商洛花鼓等。

二、民间小戏

民间小戏是由劳动民众集体创作并演出的一种有歌有舞、有唱有白、有故事情节和舞台表演的小型综合性艺术。通常称为"二小"，即小旦、小丑，或"三小"，即小旦、小丑、小生戏。在广大农村及小乡镇产生并发展起来的民间小戏，深为中国老百姓所喜闻乐见、百听不厌。民间小戏与中国戏曲有着血脉相通的亲缘关系，与正宗戏曲相比，具有以下特征：

一是在创作演出上，多是草台班子①，地摊演出，具有简便性。二是在内容上具有广泛的群众性。三是在艺术形式上，民间小戏多用乡音土语，亲切活泼，具有灵活性。

劳动民众是民间小戏的真正创作者和观赏者，民间小戏植根于人民生活的沃土中，保持着浓郁的生活气息，有着深厚的群众基础，其内容大多反映乡村民众的生活，表现民众对黑暗现实的抗争，对劳动的热爱，对美好爱情的向往等。民间小戏与地方大戏（如评剧、河北梆子、豫剧、越剧、粤剧、晋剧、川剧、沪剧、秦腔等）和全国性大戏（如京剧）不同，它在传播中很少跨越外省或遍及多省。

民间小戏常常在一个省内就拥有很多剧种，其中有的小戏即使跨省流传，往往也是以交界地带为主要活动区，流传的范围总是有限的。东北三省广泛传唱的小戏"二人转"，是中国流传范围较大的跨省剧种之一。在中国，不仅汉族聚居地区有小戏，少数民族聚居区，也有自己的小戏流传，如广西的僮戏、苗戏，西藏的藏剧，贵州的布依戏、侗戏，云南的傣戏等就是少数民族民众十分喜爱的民间小戏。根据1949年以后发现的民间小戏剧种看，全中国大约有360多种。其中相近的或同出一源的剧种也很多，如各种"花鼓戏"就不下三十种，"花灯戏"约有十五六种，"采茶戏"约有十多种，各种小型的"梆子腔"（不包括山西梆子、陕西梆子、河南梆子、河北梆子等大型地方剧种在内）也约有十四五种，各地传唱的"秧歌戏"也有七八种之

---

① 草台班子：在乡间或小城镇流动演出的小型戏班子。演员不多，道具、布景都相当简陋。

多。根据民间小戏的流传情况和传统称谓，人们一般把它们分为五大系统，分别为：

1. 花灯戏：主要流传在中国西南地区，比较重要的有四川灯戏、贵州花灯戏和云南花灯戏。它的形成来源于民间灯舞，最初是当地农民为庆贺丰收或春节期间演出的"跳灯"，也就是平地围灯，边歌边舞，洋溢着喜庆的气氛，后来逐渐发展成表演故事的灯戏。其演出特点是以唱为主，说白很少，以旦、丑为主要角色，唱腔质朴明快。代表性剧目有《拜年》《三访亲》《刘三姐挑水》等。

2. 花鼓戏（图7）：主要流传于中国南方。花鼓戏在南方甚至成为民间小戏的代称。中国重要的花鼓戏有湖南花鼓戏、湖北花鼓戏、皖南花鼓戏。其演唱特点是，演唱时有人帮腔，有锣鼓伴奏。代表性的剧目有湖南花鼓戏《刘海砍樵》，湖北花鼓戏《卖棉纱》《绣荷包》，皖南花鼓戏《凤阳花鼓》等。

图7　花鼓戏：刘海砍樵

3. 采茶戏（图8）：主要流传地是江西和广东、广西等地。它是歌舞性很浓的民间小戏，起源于采茶灯，也叫茶篮灯，主要是描写采茶人的劳动，是民间茶农采茶叶时所唱的采茶歌与民间舞蹈结合而形成的载歌载舞的表现形式。表演时具有浓厚的生活气息，伴随着有趣的舞蹈动作，小丑要走"矮子步",小旦要表演"扇子花",增强了视觉艺术效果。代表性的剧目有《瞧妹子》《采茶歌》《挖笋》《拣田螺》等。

图8 采茶戏

4. 秧歌戏（图9）：主要流传在北方。秧歌是在农村节日社火①中或农闲时节演出的,其特点是化妆表演,重舞不重唱,动作很大,大扭大作,在表现民俗风情、生活情趣方面很有魅力。比较重要的有陕南大秧歌、陕北秧歌、河北定县秧歌、山西祁太秧歌。代表作有《刘三推车》《送樱桃》《打酸枣》《看秧歌》《偷南瓜》等。

图9 扭秧歌

5．道具戏：主要特点是,不通过演员直接扮演,而是将戏曲内容借助人工制作的偶像、皮影或面具来表演的民间小戏。主要有木偶

---

① 社火：中国民间一种庆祝春节的传统庆典狂欢活动。也是舞狮、舞龙、秧歌、高跷、旱船的通称,具体形式随地域有较大差异。

戏、皮影戏、傩（nuó）戏。

（1）木偶戏（图10），由幕后演员操纵木偶进行戏剧表演，也叫"傀儡（kuǐlěi）戏"。它常以对话为主，或兼有歌舞伴随，通过虚拟、幻想、夸张等手法表现戏剧冲突，反映社会生活，风趣而又简练，带有漫画化格调。其演出，要求演员与偶人之间在动作、语言、感情方面高度和谐统一。

图10　木偶戏

图11　皮影

（2）皮影戏（图11），由剪纸发展而来，起源于陕西西安。最初是用纸剪成侧面人形，后来逐渐以半透明的驴皮、羊皮、牛皮制作，更加结实耐用。它用动物皮革制做成道具，再用灯光照射在白色方幕上，投影演出，观众坐在黑暗处观看。

（3）傩戏（图12），起源于民间巫术，主要功能是驱逐疫鬼，其特点是演员戴着狰狞（zhēngníng）可怕的面具表演。它是在民间祭祀仪式基础上吸取民间戏曲而形成的一种戏曲形式，广泛流行于安徽、江西、湖北、湖南、四川、贵州、陕西、河北等省。

三、民间手工艺术
1. 年画

年画是中国画的一种，源于古代的"门神画"，在过年时张贴。过年也叫过春节，是中华民族最隆重的传统节日。在传统习俗中，新年

图12 傩戏

快到来的时候，家家户户都会把房子打扫得干干净净的，在大门、窗户上贴上年画。张贴年画既烘托了喜洋洋的新年气氛，又表达了主人祈求平安幸福的心愿。年画一年更换一次，张贴一次可欣赏一年。

中国年画基本上属于百姓的艺术，色彩一般比较鲜艳、夸张。人们把幸福的生活、美好的愿望都放进了年画里。著名的年画有"老鼠嫁女"（图13）。老鼠想给女儿找一个最厉害的婆家，最后找来找去

图13 年画老鼠嫁女

找到了猫。在民间，老鼠会吃掉人们的粮食，很让人讨厌。所以，老百姓构思了这样一张年画，老鼠高高兴兴地把女儿嫁到猫那里，让猫吃掉。

中国民间年画有三大产地：天津杨柳青（图14）、山东潍坊和江苏桃花坞。杨柳青年画以人物为主，转红脸蛋儿是其绝活。拿笔一转，中间深，外边浅，画出来的人很好看。

2. 民间剪纸

剪纸是一种历史悠久、在中国农村流传很广的民间艺术。过年过节、结婚办喜事时，人们都贴剪纸，表达了中国人的美好愿望。

图14　年画

过去在农村，每个女孩子都要学剪纸（图15）。很多女孩子都能够剪出自己喜欢的东西，想剪什么剪什么，像花啊、草啊、房子啊什么的，一般不用画稿，随手就剪出来了，连非常复杂的故事情节也能通过剪纸来表达。剪纸多表示吉祥欢庆之意。如"双喜字"是中国婚礼必备的符号，"喜鹊登枝"表示喜事降临，"五谷丰登"寓意农业丰收。

图15　安塞剪纸

现在，剪纸艺术得到了很大的发展，内容更加丰富。人们除了过年过节贴剪纸，平时也把它作为艺术品收藏。2001年，中国民间剪纸被列入"世界非物质文化代表作名录"。

3. 民间刺绣

刺绣是用各种颜色的线，一针一针绣在丝绸上的工艺品。中国的古人在五千多年前就发明了丝绸纺织技术。在中国几千年的农业社会里，男子耕田、女子织布，是最基本的社会分工。那时候的女子都会绣花。皇帝的龙袍，官员的服装，普通的百姓家里的被面、枕套、鞋面之类，都要绣上各种图案。

有一种刺绣叫双面绣（图16），一根头发粗的线被分成十二分之一、甚至四十八分之一的细线。双面绣里面藏了千万个线头、线结，无论从正面或反面看到的都是同样的栩栩如生的画面，让人觉得十分神奇。

图16　双面绣

4. 民间面塑

面塑就是"捏面人儿"。捏面人的主要原料是糯米面。糯米面经过加工，制成各种颜色的面团。利用简单的工具，艺人就能把面团捏成各式各样的人物或动物。

天津的"面人赵"（图17）和北京的"面人汤"（图18），代表了两种不同的风格的面塑艺术，"面人赵"的面塑比较细致，色彩鲜艳，"面人汤"的面塑则古朴生动。

图17 天津面人赵作品

图18 北京面人汤作品

面人体积不大,不易变形和褪色,携带方便,是很好的旅游纪念品,尤其受到小朋友的喜爱。所以,在中国各地的旅游景点经常可以见到现场捏面人儿的民间艺人。

5. 民间泥塑

泥塑就是用泥制成的雕塑。泥塑的著名产地有无锡惠山、天津、陕西凤翔、河北白沟、山东高密等。

图19 泥人张作品

天津的"泥人张"(图19)以塑造人物为主,人物的造型、神情、装饰都追求真实。无锡惠山泥塑中的"大阿福"(图20),造型丰满活泼,色彩明朗热烈,有着浓厚的乡土气息。

泥塑的尺寸一般不大,可以作为室内的装饰和摆设。因此很多中国人把它们用做家居饰品,也常常把它们作为礼物赠送给亲朋好友。

图20 无锡泥人大阿福

附录：中国四大民间传说

（一）牛郎织女

盛夏的夜晚，仰望群星闪烁的夜空，人们能看到银河两岸有两颗遥遥相对的亮星。他们就是牵牛星和织女星。织女星旁边有四颗小星组成像是一只织布的梭子形；对面的牵牛星，它同前后两颗小星组成宛如一个人挑着一副担子在赶路的一字形。"牛郎织女"讲的就是他们之间的爱情故事。

相传织女是天帝的女儿，她心灵手巧，善于纺织，能用一双灵巧的手织出五彩缤纷的云朵。人间有个孤儿叫牛郎，他虽然勤劳，但一直过着贫苦的生活。后来，牛郎在老牛的指点下，取走了在湖中洗澡的织女的衣裳，织女也喜爱牛郎，两人就结成了夫妻，并生下一儿一女，男耕女织，过上了幸福美满的生活。

织女下凡在人间成亲的事让王母娘娘知道了，她大发雷霆，派天兵将织女捉回天宫。牛郎在老牛的帮助下，用箩筐装着儿女，挑着追到天上。王母见牛郎追来，就用头上的金钗在织女和牛郎之间划出一道大河，这就是银河。滔滔的银河水无情地把牛郎和织女隔在两岸，他们只得隔河痛哭相望。后来王母见他们哭得伤心，动了恻隐之心，命喜鹊传话让他们每隔七日相见一次。谁知喜鹊传错了话，说成每年七月七日相见一次。于是王母就罚喜鹊给他们搭桥。每年农历七月初七的晚上，牛郎织女就在喜鹊搭成的桥上相会，倾诉衷肠。

传说这天晚上，到了夜深人静的时候，在葡萄架下能听到牛郎和织女的窃窃细语，天上要是落下雨点，那就是他俩伤心的眼泪。据说这一天喜鹊们忙着去搭桥了，所以人间一只也看不见。

（二）孟姜女

相传有一家姓孟的人家种了一棵南瓜，在隔壁姜姓人家的房顶上开花结果。收获时，南瓜中生出一个白胖可爱的小姑娘，因为这个瓜是孟、姜两家的，所以取名孟姜女。

孟姜女长大了，长成了一个聪明美丽的少女。当时秦始皇筑长城到处抓民夫，一个叫万喜良的小伙子为躲避差役，无意闯进了孟家的花园，正好撞见孟姜女在湖边捞扇子。当时，有一种习俗，一个女子洁白的皮肤如果被某位男人看见，就必须做他的妻子；而且，孟姜女也喜欢这个小伙子，于是两人就成了亲。不幸的是成婚才三天，万喜良就被抓走了。

孟姜女思念丈夫，天天以泪洗面。她不顾路途艰险，历尽千辛万苦，不远万里寻夫送寒衣。当她寻到长城脚下时，却得知丈夫已经死了，尸体被埋在城墙脚下。这时，她悲痛欲绝，哭得天昏地暗，竟使长城倒塌八百多里。

再说昏君秦始皇听说孟姜女哭倒了长城，便下令抓来问罪，但看到孟姜女长得美貌非凡，就硬逼她和自己成亲。孟姜女机智地提出三个条件：一、为万喜良造坟隆重安葬；二、秦始皇必须像孝子一样为万喜良披麻戴孝，在灵前跪哭；三、陪孟姜女游海三日。秦始皇一心想得到美女，便答应一一照办。

孟姜女在完成祭奠自己的丈夫的心愿之后，趁游海之机，投入大海以身殉情。有的说孟姜女后来变成了银鱼；也有的说她变成了一种像蚊子似的飞虫，螫死了秦始皇。

（三）梁山伯与祝英台

传说祝员外的女儿祝英台生得聪明伶俐，爱好诗文。在封建社会，女子是不得出门求学的，可祝英台酷爱读书，父亲答应了她的请求，于是她女扮男装，外出求学。

路上,她认识了同去求学的梁山伯,两人结拜为兄弟。以后,两人以兄弟相称,同窗读书,同床而息。三年中,梁山伯处处保护、关心着"贤弟"祝英台,却怎么也没想到英台是个女子。

三年后,英台回家,山伯相送。一路上,聪明的英台巧用比喻暗示山伯,两人可结百年之好,而忠实憨厚的山伯一直不能明白她的真意。英台只得借口说愿为山伯作媒,将家中同胞妹妹嫁给山伯,让山伯早日来祝家提亲。

后来,山伯到祝家拜访"贤弟",才知英台是位女子,当初由英台作媒许配的胞妹原来就是英台自己。但因山伯来迟,误了约期,英台已由父亲作主,被迫许给了马家。山伯得知实情,悔恨交加,回家后一病不起,不久就离开了人世。

而祝英台被逼无奈只得嫁给马家。成亲那天,她要求在花轿经过山伯墓时,让她祭扫一番。当她全身素装来到山伯墓前时,随着英台一声撕心裂肺的"梁兄——"悲号声,顿时天昏地暗,风雨大作,电闪雷鸣之中,只见山伯坟墓崩裂,英台纵身投入墓穴。众人抢拦不及,只扯到一片碎裙。瞬间山伯墓又合拢如旧。这时,雨后的晴空挂着美丽的彩虹,墓地上两只硕大的彩色蝴蝶,上下飞舞,形影相随。传说,它们就是梁山伯与祝英台的精魂。

(四)白蛇传

相传,有一条在西湖里修炼了五百年的白蛇,因为抢吃了许仙口中吐出来的、仙人吕洞宾卖的小汤团,又增加了五百年的仙力。成仙的白蛇十分羡慕尘世生活,就变成一位年轻美貌的女子来到人间,取名叫白娘子。跟随她的女婢叫小青,是一条青蛇变的。白娘子爱慕许仙,就利用西湖游春之机,呼风唤雨,找到与许仙共舟而行的机会。交谈之间,许仙也爱上了美丽、多情而又善良的白娘子,于是两人成了亲。婚后,许仙和白娘子在镇江开了一家药店。由于白娘子医术高明，又热心帮助穷人，药店名声大振，生意越来越兴隆。夫妻俩相亲相爱，日子过得十分美满。

而当年没有抢到那颗汤团的癞蛤蟆却与白蛇结了仇，它变成了一个和尚，取名叫法海，来到人间处处与白娘子作对。他为拆散白娘子的美满家庭，唆使许仙让白娘子在端午那天喝下雄黄酒。白娘子为表达自己对丈夫的真挚爱情，仗着自己有千年仙力，喝下了雄黄酒，但还是显露了原形，把许仙吓得昏死过去。为救丈夫，白娘子不顾怀有身孕，飞往昆仑山，经过奋力争斗，盗来仙草，救活了许仙。

以后，许仙去金山寺还愿，法海又强将许仙软禁起来，逼他削发出家。白娘子为维护自己的爱情，和小青一起上金山寺寻夫，与法海进行了一场恶战，打得水漫金山。白娘子因有孕在身，没能取胜，只得与小青一起回到西湖，准备继续修炼，等待时机再与法海交战。

许仙被关在寺内，死活不肯出家，并找个机会逃了出来。回家不见妻子和小青，又怕和尚再来寻事，他也就回到杭州。在西湖断桥处，许先遇见了即将分娩的妻子和小青，便一起寄住到姐姐的家中。不久，白娘子生下一个白白胖胖的儿子，正在大家高兴地准备庆贺之时，法海和尚闯了进来，用金钵收走了白娘子，并将她压在雷峰塔下。

小青为救出白娘子，再度进山修炼，几年后赶回杭州，寻法海和尚报仇。他们交战三天三夜，小青毁掉雷峰塔，救出白娘子，又和白娘子一起将法海和尚打下西湖。法海无处躲藏，钻进了螃蟹的肚脐，小青念咒语将它定在里面，使它永远不能出来了。

思考题

1. 民间文艺有哪些价值？
2. 民间笑话的特点有哪些？

3. 讲述你家乡流传的最有名的民间故事。

4. 讲述一则你最喜爱的中国民间故事、传说或笑话。

5. 绕口令实践：

（1）童子打桐子，桐子落，童子乐；丫头啃鸭头，鸭头咸，丫头嫌。

（2）打南边来了个喇嘛，手里提拉着五斤鳎（tǎ）目。

打北边来了个哑巴，腰里别着个喇叭。

南边提着鳎目的喇嘛要拿鳎目换北边别喇叭哑巴的喇叭。

哑巴不愿意拿喇叭换喇嘛的鳎目，喇嘛非要换别喇叭哑巴的喇叭。

喇嘛抡起鳎目抽了别喇叭哑巴一鳎目，哑巴摘下喇叭打了提拉着鳎目的喇嘛一喇叭。也不知是提拉着鳎目的喇嘛抽了别喇叭哑巴一鳎目，还是别喇叭哑巴打了提拉着鳎目的喇嘛一喇叭。

喇嘛炖鳎目，哑巴嘀嘀嗒嗒吹喇叭。

参考文献

（一）专著

1. 鲍宗豪著，《婚俗与中国传统文化》，广西师范大学出版社2006年。
2. 常敬宇编著，《汉语词汇与文化》，北京大学出版社1995年。
3. 陈　克编著，《中国语言民俗》，天津人民出版社1993年。
4. 陈来生著，《风俗流变——传统与风俗》，长春出版社2004年。
5. 陈勤建著，《当代中国民俗学》，上海文艺出版社1998年。
6. 陈勤建著，《中国民俗学》，华东师范大学出版社，2007年。
7. 陈勤建著，《中国民俗》，中国民间文学出版社，1989年。
8. 费孝通、张之毅著，《云南三村》，天津人民出版社1990年重印。
9. 费孝通著，《乡土中国》，上海人民出版社2006年。
10. 冯尔康等著，《中国宗族社会》，浙江人民出版社1994年。
11. 冯桂林编著，《中国名城汉俗大观·武汉篇》，中国友谊出版公司1993。
12. 高　格著，《细说中国服饰》，光明日报出版社2005年。
13. 高　奇著，《走进中国民俗殿堂（插图本）》，山东大学出版社2005年。
14. 高有朋著，《中国民间文学史》，河南大学出版社，2001年。
15. 高有鹏著，《中国庙会文化》，上海文艺出版社1999年。
16. 顾希佳著，《礼仪与中国文化》，人民出版社2001年。
17. 贺　琛编著，《民间服饰》，中国社会出版社2006年。
18. 胡朴安著，《中华全国风俗志》，河北人民出版社1986年。
19. 胡武功、石宝琇主编，《中国民间体育》，汕头大学出版社2008年。
20. 华国梁、马健鹰、赵建民主编，《中国饮食文化》，东北财经大学出版社2002年。

21. 黄 伟、卢 鹰编著，《中国古代体育习俗》，陕西人民出版社2004年。
22. 金受申编著，《老北京的生活》，北京出版社1989年。
23. 李德复、陈金安编著，《湖北风俗志》，湖北人民出版社2002年。
24. 李玉川著，《熟语趣话》，世界知识出版社1990年版。
25. 林耀华主编，《民族学通论》，中央民族大学出版社1997年。
26. 刘兆元编著，《海州民俗志》，江苏文艺出版社1991年。
27. 马之骕著，《中国的婚俗》，岳麓书社1988年。
28. 乔闰令著，《山西民俗与山西人》，中国城市出版社1995年。
29. 丘桓兴编著，《中国民俗采英录》，湖南文艺出版社1987年。
30. 曲彦斌著，《民俗语言学》，辽宁教育出版社2004年。
31. 任 骋著，《中国民间禁忌》，中国社会科学出版社2004年。
32. 山 曼等著，《山东民俗》，山东友谊书社1988年。
33. ［清］邵文杰总纂，《河南省志》，河南人民出版社1995年。
34. 舒 燕编著，《中国民俗》，北京语言文化大学出版社2002年。
35. 宋永培、端木黎明编著，《中国文化语言学词典》，四川人民出版社1993年。
36. 孙旭军等编著，《四川民俗大观》，四川人民出版社1989年。
37. 索振羽著，《语用学教程》，北京大学出版社2004年。
38. 陶凤珍编著，《少数民族奇俗荟萃》，农村读物出版社1991年。
39. 天 龙主编，《民间酒俗》，中国社会出版社2006年。
40. 王 仿著，《中国谜语、谚语、歇后语》，浙江教育出版社1989年。
41. 王金玉等编著，《中国民间游戏》，希望出版社2010年。
42. 王 勤著，《谚语歇后语概论》，湖南人民出版社1980年。
43 王世雄、黄卫平编著，《黄土风情录》，陕西人民教育出版社1991年。
44. 王世雄、黄卫平编著，《陕西风情录》，陕西人民教育出版社1991年。
45. 王希杰著，《语言学百题》，上海教育出版社年1983年。
46. 王跃年、孙 青编著，《百年风俗变迁》，江苏美术出版社2000年。
47. 韦 滔编，《俗语》，吉林摄影出版社2003年。

48. 温端政、沈慧云、高增德编《歇后语词典》，北京出版社1984年。

49. 温　幸、薛麦喜主编，《山西民俗》，山西人民出版社1991年。

50. 吴诗池、邱志强著，《文物民俗学》，黑龙江人民出版社2003年。

51. 萧　放编著，《荆山楚水的民俗与旅游》，旅游教育出版社1992年。

52. 萧　克主编，《中华文化通志》，上海人民出版社1998年。

53. 徐吉军、贺云翱著，《中国丧葬礼俗》，浙江人民出版社1991年。

54. 许长荣、石颖川编著，《最美丽的民俗与中国文化》，新世界出版社2008年。

55. 许杰舜编著，《汉族民间经济风俗》，广西教育出版社1990年。

56. 宣炳善编著，《民间饮食习俗》，中国社会出版社2006年。

57. 叶炳昌编著，《中国名城汉俗大观·广州篇》，中国友谊出版公司1993年。

58. 叶大兵、乌丙安主编，《中国风俗词典》，上海辞书出版社1990年。

59. 叶　禾编著，《少数民族民居》，中国社会出版社2008年。

60. 叶　涛编著，《中国民俗》，中国社会出版社2006年。

61. 叶　涛、吴存浩著，《抢婚》，中央民族大学出版社2000年。

62. 尹　雯主编，《礼仪文化概说》，云南大学出版社2004年。

63. 云中天编著，《民居》，百花洲文艺出版社2006年。

64. 张雪杉、张春生主编，《中国传统礼俗》，百花文艺出版社2002年。

65. 张紫晨著，《中国民俗与民俗学》，浙江人民出版社1985年。

66. 赵丙祥编著，《民居习俗》，中国社会出版社2006年。

67. 郑勋烈、郑　晴编著，《中国谚语》，东方出版中心1996年。

68. 郑振满著，《明清福建家族组织与社会变迁》，湖南教育出版社1992年。

69. 钟敬文主编，《民俗学概论》，上海文艺出版社1998年。

（二）论文

1. 陈立浩，《春节民俗杂说》，《琼州大学学报》2001年第3期。

2. 陈连山，《春节民俗的文化功能、文化意义和当前文化政策》，《民间文化论坛》2004年第9期。

3. 陈永香，《论火把节及其民俗意义》，《楚雄师专学报》，2000年第1期。

4. 崔　梅，《吉祥语的文化意蕴功能和社会意义》，《云南师范大学学报》2003年第1期。

5. 邓启耀，《中国西南民族服饰文化论》，《二十世纪中国民俗学经典.物质民俗卷》，社会科学文献出版社2002年。

6. 范　红，《端午节起源新考》，《广西民族学院学报》2005年第3期。

7. 范新华，《禁忌语浅论》，《东疆学刊》1999年第1期。

8. 高丙中，《端午节的源流和意义》，《民间文化论坛》2004年第5期。

9. 洪　长，《浦江县建筑与村居习俗琐谈》，《浙江民俗研究》，浙江人民出版社1992年

10. 胡　滨、杨启辰，《论礼仪及其文化作用》，《宁夏大学学报》2000年第2期。

11. 刘魁立、萧　放、周星等，《传统节日与当代社会》，《民间文化论坛》2005年第8期。

12. 刘宗迪，《从节气到节日》，《江西社会科学》2006年第2期。

13. 牟元圭，《中国岁时节日的起源和演变》，《寻根》1999年第1期。

14. 屈正平，《重阳节的源头及咏唱诗》，《语文学刊》2003年第4期。

15. 宋轶兰，《浅议传统人生礼仪》，《阴山学刊》2003年第6期。

16. 王光荣，《人生礼仪文化透视》，《广西右江民族师专学报》2004年第5期。

17. 向柏松，《元宵灯节的起源及文化内涵新论》，《中南民族学院学报》2000年第2期。

18. 萧　放，《端午节的来源和民俗》，《百科知识》2005年6月下。

19. 萧　放，《中秋节的历史流传、变化及当代意义》，《民间文化论坛》2004年第5期。

20. 谢继昌，《中国家族的定义》，载李亦园、乔　健合编《中国的民族社会与文化》，台北食货出版社1981年。

21. 宴　波，《端午节的渊源和民俗的初步形成》，《西安文理学院学报》2005年第6期。

22. 应长裕，《象山港沿海乞人习俗调查》，《中国民间文化》总第17集，1995年。

23. 章英华，《家户组成与家庭价值的变迁》，载乔　健、潘乃谷主编《中国人的观念与行为》，天津人民出版社1995年。

24. 赵德贵，《重阳节饮食习俗》，《烹调知识》2005年10期。

25. 钟　铭，《湖州建房习俗调查》，《中国民间文化》总第九集，学林出版社1993年。

26. 周　红，《浅谈彝族火把节及其文化内涵》，《文山师专学报》2006年第3期。

27. 朱炯远，《中秋赏月习俗渊源考辨》，《沈阳师范学院学报》1994年第3期。

28. 朱仕珍，《四川建房民俗探索》，《中国民间文化》总第九集，学林出版社1993年。